笹川日中友好基金
SASAKAWA PEACE FOUNDATION

图解国际法

ビジュアルテキスト

国際法

[日]
加藤信行　植木俊哉　森川幸一
真山全　酒井启亘　立松美也子　编著
张诗奡　译

社会科学文献出版社
SOCIAL SCIENCES ACADEMIC PRESS (CHINA)
南京大学出版社
NANJING UNIVERSITY PRESS

作者及分工

加藤信行（北海学园大学教授，第四、五、六章）

植木俊哉（东北大学教授，第二、三、七章）

森川幸一（专修大学教授，第一、十三章）

真山全（大阪大学教授，第九、十四章）

酒井启亘（京都大学教授，序章、第十二章）

立松美也子（共立女子大学教授，第八、十、十一章）

目　录

序章 为什么要学习国际法？

——学习国际法的意义

1 我们与国际社会的联系

在现在这个时代，不论我们在家还是在外面借宿，通过电脑或者智能手机等电子设备，足不出户便可以在第一时间知晓国内外发生了什么大事，或者发生了什么事故（当然，前提是我们想知道这些事情）。此外，在这个时代，如果我们想得到一件商品，基本上可以通过网络订购，之后便可以在自己的住处直接收取（当然我们只能够通过图片来货比三家挑选自己想要的商品，或许有一天，我们可以直接通过网络尝到味道、闻到气味，或者感受到触觉）。现在我们居住的房间里，除了电、自来水和煤气之外，网络接口也几乎已经成了标准配备。在现在这个时代，如果我们的工作只是需要在家里通过电脑就可以完成的话，那么即使一整天不出门，我们也可能会生活得十分惬意。即便是一个人在家的时候，我们也可以通过网络与所有人保持联系。在这样的生活中，我们可以说是无忧无虑的，所以，我们也不会意识到类似“法律有什么作用”这样的问题。

现在的你是不是就过着这样的日子呢？每天都可以轻松地获取很多的东西，不管是好吃的，还是好玩的。如果不在意价格的话，在东京、大阪或者京都也有很多的米其林星级餐厅可以光顾。国外知名的交响乐团或者音乐人，也会特意跑来表演歌剧、音乐剧，或者来开演唱会。更有甚者，自家附近的大超市或者网上也都在以相对平易近人的价格贩卖着之前一些价格高到令人咋舌的外国知名产品。可是另一方面，国外发生的一些令人厌恶或者难过的事情，也可能在不知不觉间映入眼帘、传入耳中。比如那些因为被内战中击中自家房屋的火箭弹爆炸声吓坏了的孩子们凄厉的哭叫，那些被抛尸在路边的战斗员的尸体，等等（图 0－1）。不过选择对这些事情抱以关心，抑或视而不见、充耳不闻，却是我们每个人的自由。

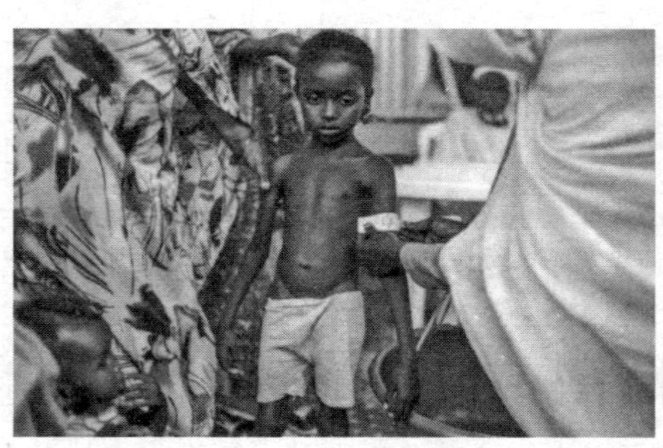

图 0－1　乍得难民营中正在领取救济的苏丹难民儿童（2014 年）

你们可以看到远方世界发生的事情吗？（图片出处：UNHCR/C. Foblen）

于是，我们需要思考这样一个问题，那就是，或许因为我们生活在这样的一个国家，我们才能有此所见所闻，才能这样获取资讯。生活在拥有完备卫星通信和网络系统的较为发达国家的人更容易了解到像是在乍得或者苏丹（如果不知道这两个国家的地理位置的话，建议查阅世界地图）发生的事情之类的资讯。如果是在非洲的话，即便是居住在同一块非洲大陆的邻国，也不是所有人都能享受到这种条件——更不用说他们可能本身也正身处内战的泥潭，无暇顾及其他国家发生的事情。反过来说，也只有那些条件允许的人，才有机会去接触这样的资讯，或者将自己的信息传递出去。如果我们不能意识到我们自己就恰恰是生活在这样一个条件当中的话，便无法真实地感受到我们与这个世界的联系，也无法正确地理解这个生活条件对我们的意义。

或许对于我们来说，应该常常意识到我们在每天的生活中都在面对这个世界，继而我们应当了解到，这其实并不是一个偶然，而是在满足了许多条件之后才能够实现的事情。

2　国际社会中国际法应当发挥的作用

在这个连接着你我的世界中是存在法律的。比如，就像我们在使用一家外国书店的网购服务时，就会涉及适用到一些有关国际贸易的法律一样，涉及生活的方方面面、包含各种各样内容的法律，就像一张大网一样围绕在我们身边。但是，一般情况下“法律”的存在并不容易被察觉到。就像大家经常说的那样，作为社会规范的“法律”，在日常生活中悄无声息地影响着人们的一举一动——直到我们与别人产生了冲突，到了非解决不可的地步时，我们才会意识到法律的存在。

国际法，从作为国际社会中存在的法这一角度上来说，也是法律的一种。因此，或许很多国际社会的成员们也并没有意识到国际法的存在。天下太平、海清河晏的时候我们似乎可以说，国际社会的成员们都在顺利地处理着各种日常业务。但是，在国际社会中大量存在的大规模冲突（或者关于冲突的大量报道）却是如此刺眼。于是，关于引发这些冲突的行为与国际法之间存在着怎样的关系，采取行动的当事者是否遵守了国际法等问题，势必会造成很多机会让我们去意识到国际法的存在。

事实上，大家应该知道国际法的用途不仅限于处理国际争端，即便在国际社会成员间的日常关系中，国际法也发挥着越来越重要的作用。在政治、经济、文化、语言和宗教以及其他层面拥有各种各样不同背景的国际成员之间想要进行沟通与交流的话，就需要某一种共通语言来作为沟通媒介。特别是在处理国家间关系的时候（图 0－2），国际法一直以来便被作为这样的共通语言而被使用着。

从历史上来看，就像美英战争结束后签署的根特条约一样，国际法通常是作为将主权国家之间的争端（战争）所带来的损害降到最低限度的一种解决方案而出现的。时至今日，在避免出现这样的争端而进行的日常交流（外交）活动中，国际法更是作为一种好用而有效的外交工具发挥着重要的作用。以日本为例，在江户幕府末期，日本通过与美国、英国以及俄国等国

图 0-2 日澳首脑会晤（2014 年 4 月）

现代国家间关系基于首脑会晤等方式展开。（图片出处：首相官邸网站）

缔结亲善条约而开始接触这种以欧美各国为中心的主权国家体系。虽然被胁迫签订了一系列的不平等条约，但同时也掌握了这个与国际社会的其他主权国家共生共存的重要工具。幕府末期的日本，通过使用国际法这种共通语言，开始和其他主权国家进行交往，由此完成了在国际社会的初次亮相。

当年俄国海军上将普提雅廷为交涉缔结亲善条约而来到日本，结果其所乘海军军舰狄安娜号在安政大地震中严重受损。由于俄国是当时欧洲正在进行的克里米亚战争的交战国，所以如果在日本国内港口对俄国海军军舰进行维修的话，那么日本很有可能就会违反国际法上关于中立国义务的规定。于是，没有得到维修的狄安娜号最终在骏河湾搁浅沉没。因此，英国等国便没有追究日本是否违反了中立义务。就像狄安娜号这样的例子，在江户幕府统治下闭关锁国的日本，即便身处远东，也能通过国际法与在遥远欧洲发生的克里米亚战争产生联系。用当时的话来说，文明国家之间理所当然地适用国际法，而文明国家与所谓非文明国家之间也适用国际法，关键在于适用哪些内容。

为了能更好地理解国际法的性质和内容，学习国际法从出现到发展的历史是极为重要的。即便是现在，国际法也仍在发展。现代国际法中，不仅存在着国家与国家之间的利益，还出现了超越国家利益的地球全体的利益，即**“国际社会共同利益”**。这个所谓的“国际社会共同利益”的概念与我们每个人有什么样的关系，需要我们去认真思考（**第一章**）。

如此，主权国家基于国际法来构建与他国的关系，并促进保障国际社会全体利益的制度的发展，所以从这个角度来说，相对于国内社会，敦促国际社会的成员根据国际法开展活动的必要性或许更为重大。国际法在国际社会运营中的不可或缺性，是超乎我们想象的。也正因为如此，国际法要随着时代的变化而发展，丰富其本身的内容。为了基于这样不断发展的国际法来实现国际社会的“**法治**”，很多人都在不懈地努力着。

在国际法的发展过程中很重要的一点是，现在国际法规则的目的并不是为了调整国际法应用对象间的利害关系，而更多是能够为国际社会全体的和平与繁荣做出贡献。作为国际法的适用对象（比如说国家），在参与制定国际法的时候，理所当然地会考虑到本国基于遵守某一部法律而可能获得的国家利益。但是现在，有一些超越了国际法适用对象的个别利益、保护国际社会全体利益（国际社会共同利益）的法规则也慢慢地开始进入了国际法。

当然，国际法当中还存在着很多问题。比如，如何保证国际社会的成员都能够遵守那些为了保护国际社会共同利益而制定的国际法（**履行确保**），或者，某一些国际社会的成员在结果上并没有能够遵守这些规则，那么其他的成员可以采取怎样相应的行动加以应对（**国家责任**），等等，这样的问题依然存在。再比如，某一个邻国虽然受到防止核扩散或禁止核武器开发等相关条约的约束，但是该国为了开发本国的核武器而强行退出了相关条约、推动核武器的开发并拒不履行国际义务时（图0－3），该国周边其他国家在国

图0－3　联合国安理会通过决议谴责和制裁朝鲜核试验（2016年11月）

联合国可以代表国际社会对条约义务违反国做出反应。（图片出处：UN Photo/Manuel Elias）

际法上应该采取何种措施来进行应对（**第二章**）。像这样的国际法的实际作用，是大家都有必要了解的。

3 被主权国家视为国际社会之法的国际法

随着国际法的出现而开始被认识到的国际社会，主要由主权国家构成。这一认识是基于前面所说的国际法的内容和特征而得出的一个重要结论。其原因在于，国际法作为国际社会之法，其主要任务便是为了协调和规范国家之间的关系。

这样便会产生一个问题，即，作为国际法规范对象的主权国家是如何成立的。主权国家的成立，与国际法之间存在着怎样的关系。如果说国际法也规范着主权国家的成立，那么主要由主权国家确立的国际法又是从何而来的？这就像一个先有鸡还是先有蛋的问题一样，先有主权国家还是先有国际法也是这样的一个问题。因为国际法上存在着关于国家成立要件的规定，所以如果主权国家是通过满足国际法规定的要件而成立的话，那么便可以认为国家成立是受国际法规范的。但是，在国际社会中，依然存在着即使看起来满足了国家成立要件，却依然不被作为国家对待的例子。

例如，截至 2016 年 12 月，有超过 110 个国家承认前南斯拉夫科索沃自治省的主权国家地位，日本也同科索沃建立了外交关系（图 0－4）。然而，与之相对的，还有大约 80 个国家并没有承认科索沃是一个独立国家，其中还包括了中国和俄罗斯。可以预见，短时间内科索沃将无法加入联合国。

此外，日本并没有承认巴勒斯坦是一个国家。事实上与科索沃相同，巴勒斯坦具备自己的领域、居民以及对其进行统治的政府，但是日本却没有对其进行国家承认。巴勒斯坦与科索沃之间有什么样的不同，而国际法规则在这样的问题上又发挥了什么样的作用呢？（**第三章**）

另外，在相互高度依存的现代国际社会中，国家会通过与另一个国家缔结条约的方式来达成各种各样的约定，以期获得本国的利益并实现国际社会共同利益。规定如何缔结这样的条约，以及这样的条约有怎样效力的国际法

图 0－4　日本－科索沃首脑会谈（2012 年 6 月）

日本于 2008 年 3 月 18 日对科索沃给予国家承认，2009 年 2 月 25 日与其建立外交关系。（图片出处：日本外务省网站）

规则被称为**条约法**。同时，在维持友好关系与和平息息相关的思维下，促使外交关系稳定化是被称为**外交关系法**的国际法要发挥的作用（**第四章**）。

作为国家间协议的条约，基于追求法安定性的性质将现状固定化，并以此来发挥确保签约时和平状态的作用。1965 年，在与实现日韩关系正常化的日韩基本关系条约一同签订的日韩请求权协定中，两国协议相互放弃本国以及本国国民关于战后赔偿的请求权。这一协定也解决了慰安妇问题——或至少可以说两国政府是这样理解这一协定的①，并以此确保了两国关系的稳定性。当然，基于主权国家体制的稳定这一观点来说，日韩两国的国家间关系是需要重视的，但是如后文所述，似乎有必要从对国际法应保护之利益的不同观点来重新审视这一问题。

说到与主权国家有关的话题，关于规范某一国家如何将某一地区纳入本国的规则，也是由国际法来规定的。比如，日本和韩国同时宣称主权的竹岛（韩国称"独岛"）问题，事实上可以依据国际法中关于领域归属问题的相关规则通过法律形式来进行解决。日本和中国同时宣称主权的钓鱼岛也是如

① 译者注：根据平成 28 年（2016 年）1 月 26 日国会答辩记录，日本政府对于这一问题的基本立场是，日韩两国基于 1965 年的协定已经"完全且最终"解决了慰安妇问题。参考日本国会众议院答辩记录：http：//www. shugiin. go. jp/internet/itdb _ shitsumon. nsf/html/shitsumon/b190050. htm（2018 年 3 月 5 日最后登录）。

此。日本声称是本国“固有领土”的北方领土（图0－5）问题或许也可以如此解决。以上所有争端中，关于争议领域，往往会存在着大量的国家实践，如每个相关国家都会制定并施行本国国内法等各种各样的行为，或者也会存在关于领域归属和边界划定的条约。如想和平解决领域争端，首先需要研究这些国家实践和国际文书，之后才可以依照国际法的相关规则来判断这些问题领域在法律上属于哪一个国家（**第五章**）。

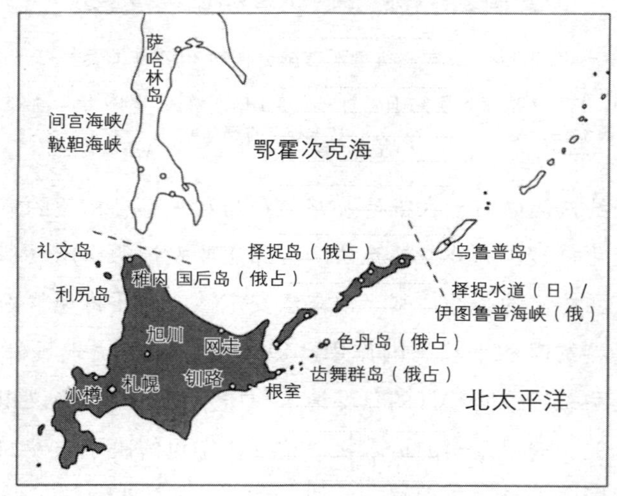

图0－5 北方领土的范围

日本对齿舞群岛、色丹岛、国后岛和择捉岛全部作为本国领土宣称主权。（图片出处：外务省网站）

译者注：本图显示的是日方主张，俄方实际控制国后岛/库纳施尔岛、色丹岛/施科坦岛、择捉岛/伊图鲁普岛、齿舞群岛/赫巴马伊岛等岛屿并主张主权。

相对于在陆地上适用的国际法，在海上适用的国际法通常被称为海洋法，其适用范围也是极其广阔的。例如，外国船舶进入沿海国领海时，沿海国的公务船可以随时对其进行管制吗？如果那艘外国船舶恰好是该国的巡视船等公务船的话应该如何对待？中日两国之间贮藏有油气田的东海大陆架的边界线应该如何划定？外国渔船在本国沿海的专属经济区中肆无忌惮地捕捞珊瑚时，沿海国只能束手无策、无奈旁观吗？上述问题，都是只有在深入理解了关于领海与大陆架和专属经济区等海洋法中的各制度之后才能够回答的。同时，像为保护野生鳗鱼以及黑金枪鱼而对渔获量进行的必要限制等，所谓的资源保护措施也是海洋法所涉及的事项。日本从地理上来说是一个被海水环绕的岛国，因此人们的生活与海洋有着紧密的关系。为了自己，同时也为了整个国际社会，更为了我们的子孙后代，应该构建怎样的海洋制度，这就需要海洋法给我们提供答案（**第六章**）。

主权国家以本国的领域为核心开展活动。主权国家通过与其他有关的主权国家划定国境线以及划定海洋边界的方式，明确本国的权限范围以及本国领域事项的范围，继而可以对本国领域内发生的问题进行处理。国际法支持主权国家的此类行为，并且，国际法也是作为控制主权国家越权行为的手段发展而来。

但是，经常也会发生一些某一国家无法单独处理的问题。比如在邮政通信、卫生医疗领域以及安全保障领域，从一开始就大量存在这类问题。出现这样问题的时候，就需要所有相关国家来一起应对，甚至有时候需要为此特别设立一个组织，以承担本国的一部分权限。像这样的，不仅为了维护本国自身利益，更是以维护各相关国家共同利益而成立的组织，一般被称为**（政府间）国际组织**。用于规范这一类国际组织的创立以及其活动内容的法律，也逐渐发展成为国际法的一部分（**第七章**）。

日本当然也是作为很多国际组织的一员来为国际合作贡献着力量，在所有国际组织中，日本都作为主要成员在积极地开展着活动。同时，像在东日本大震灾和福岛第一核电站事故中，日本接受了国际原子能机构（IAEA）提供的援助一样（图 0－6），现在的日本也经常需要得到国际组织的帮助。

截至 2016 年 12 月，已经有 193 个会员国的联合国也是国际组织的一种。联合国在从社会经济领域到国际和平和安全的领域中，以对应全球化时代的需求为目的，拥有着广泛的权限。我们很多人可能会对联合国抱有“联合国什么都做不了”，或者“说到底联合国不也是根据政治动机开展活动的嘛”等负面的印象。但是，一个客观的事实就是，世界上再也找不出第二个能够像联合国一样将构成国际社会的主权国家齐聚一堂并广泛开展意

图 0－6　国际原子能机构（IAEA）调查团视察福岛第一核电站

2011 年 3 月 11 日发生的福岛第一核电站事故引发了国际社会的关注。（图片出处：东京电力控股集团）

见交换的国际组织了。

的确，国际组织或者国际会议制定法律或者规则抑或是决议的通过和实施，事实上都与政治博弈有关联，但可以说，规范这些进程本身也是国际法的一个作用。具体在核裁军问题上（图 0－7）或者在环境等问题上，我们

图 0－7　岸田文雄外务大臣在 2015 年不扩散核武器条约（NPT）审议大会上发表演讲

日本从本国安全保障的考虑出发，主张维持 NPT 体制。（图片出处：外务省网站）

应该了解到，国际法与国际社会以及国际社会的成员的互动是一个动态发展的过程，其与国际政治以及外交活动的关系是时而紧张对立、时而相对统一的。

4　关于“国际社会成员也包括个人”的见解

对于可以接触到大量信息的我们来说，了解到国际社会是由主权国家组成的社会，并且了解到国际法在国家间发挥着怎样的作用这些问题，并不是一件困难的事情。困难的是，能够了解到在这些信息背后所隐藏的、国际法向我们每个个人所呈现的姿态。国际法不仅规范和协调着我们的国家与其他国家之间的关系，它与我们这些在本国国内的人也有着直接的关联。如果我们仔细观察一下，也许就会朦胧地看到国际法在我们身边所呈现的姿态。

事实上，能够意识到国际社会中的法在自己身边的作用也是非常重要的。可以说，从能够意识到国际法存在的那一刻起，我们也就成为国际社会成员的一部分。通过各种各样的网络，身在国内而与世界相连接的我们也是国际社会的成员。通常人们意识不到的“国际社会”，或许可以通过国际法而呈现在我们眼前。国际法不仅规定了个人的权利和义务，同时也对我们每个个人在国内法上已经拥有的权利和义务产生影响。关于这一点，我们是可以真切感受到的。比如说，在**人权**领域，或者说关于国际社会中个人的地位等问题，都是讨论这一问题的绝好题材（图0－8）（**第八章**）。

比如我们可以讨论一下表达自由的问题。表达自由是由宪法所保障的个人的基本自由。但是，即便称之为自由，那些助长种族歧视的言论或者行为却不在保护范围之内。日本国内最近的判例显示，在朝鲜民族学校组织以歧视在日朝鲜人为主张的示威活动的个人或团体，因其活动违反了遵照《消除一切形式种族歧视公约》所规定的国际法规则的宗旨而做出的国内法解释，所以其表达自由的活动是受到限制的。也就是说，虽然是借由国内法来实现，但是禁止种族歧视这一国际法规则对于个人的表达自由是会产生影响的。反而言之，对于那些受到歧视的人来说，国际法间接地强化了他们不受歧视的权利（图0－9）。

图 0－8　展示《世界人权宣言》文件的罗斯福夫人（1949 年 11 月）

第二次世界大战之后，人权成为国际文件的保护对象。（图片出处：UN Photo）

图 0－9　日本参议院表决通过仇恨言论法案（2016 年 5 月）

表现自由也受到一定的约束。（图片出处：时事）

国际法除设立了保障个人人权的国际制度以外，也对进行违反国际法规则活动的个人逐渐构筑一套处罚制度。从前，涉嫌违反某国刑法的嫌疑人逃亡到该国以外的国家，违法行为的发生地国要求嫌疑人逃亡地国对嫌疑人进行引渡时，针对这样的犯罪或嫌疑人应采取何等措施问题，各国通过国家间的国际合作方式形成了一套引渡制度。

之后，特别是在第二次世界大战结束后，一系列针对战争犯罪、种族灭绝罪（Genocide）以及危害人类罪等国际犯罪的国际法规则被陆续制定出来。此类犯罪行为的相关国家通过本国国内法院对有关的个人进行处罚，或者由像**国际刑事法院**（ICC）这样基于国际文件成立的国际性的刑事法庭对与国际犯罪有关的个人进行处罚的案例越来越多。譬如苏丹的巴希尔总统这样的国家元首，即便是作为国家领导人，如果从事了涉嫌个人国际犯罪的行为的话，其也是会被 ICC 追究责任的。如果在自己国家得知在卢旺达发生了大规模种族灭绝行为时，我们在感情上自然会对其进行谴责。这个时候，我们与要求对种族清洗行为进行处罚的国际社会便产生了确实的联系。国际社会的行动表明，对于某一特定民族或人种的群体施以暴力的行为，会被认定为是破坏了国际社会全体所维护的法律利益（法益），其结果将是直接通过国际法，或通过国内法间接地追究相关个人的刑事责任（**第九章**）。

我们在涉及经济活动的领域也可以感知到自己是国际社会的一员（**第十章**）。比如说我们在国内使用电脑或者手机时所必要的电力，时至今日这些电力都需要在国内发电才行。但是在资源相对比较匮乏的国家，比如在日本，发电或提供其他能源所必需的资源，就几乎都需要从国外获取。并且，日本制造智能手机所必需的稀土也全部仰仗于进口。因此，可以见得，对于日本或者对于居住在日本的人来说，贸易是一项极其重要的手段。可以想象，如果出产这些物资的国家只针对日本进行出口封锁的话会是怎样一番景象。而为了避免这种情况的发生，国际法对保障国际贸易的自由和稳定可以发挥怎样的功能呢？

此外，曾是西欧各国的殖民地的国家现今已经实现了政治上的独立，但是现实却是这些国家的经济发展依然缓慢。在全球化市场经济的今天，发达国家绝不可以对发展中国家的贫困问题隔岸观火。对此，像保护外国投资制度这样，促进发展中国家经济开发的国际制度中应包含哪些内容呢？

另外，一国在本国经济发展过程中排放的污染物质以及温室气体，不仅会影响到该国自身，同时对它的邻国乃至对全世界的环境都会产生危害。针对国际环境领域，国际法又应该如何应对呢？（**第十一章**）日本在夏天所推行的“清凉办公”，以及常常被反复强调的“为防止全球变暖，空调温度设定在28摄氏度”，等等，这些具体的问题都与我们的日常生活息息相关（图0－10）。

图0－10　“清凉办公”下的生活方式

地球环境问题与日常生活密切相关。（图片出处：内阁府政府宣传在线）

5　国际法所追求的国际社会的“和平”是什么

大家听到“和平”一词时会联想到什么？也许很多人脑中会浮现出没有战争的景象。确实，没有武装冲突的时候可以称为“和平”，并且我们身处的这个国家也充满了这样的“和平”。但是，如果我们将“和平”的概念加以拓展，涵盖到在世界各地正在发生的武装冲突，各种事件或者事故，抑或者包括恐怖主义在内的话，那么，也许这个世界上的多数国家是不存在“和平”的（图0－11）。如果进一步拓宽对于“和平”的定义的认知，从每个人都可以安全地生活这样的条件来看的话，即便不存在武装冲突或者内战抑或恐怖袭击等涉及军事的情况，即便是侵害人权或者破坏环境，又或者是贫困等经济性或社会性的问题，也都可以被认为不是“和平”的表现。不过，本书所谈论的“和平”，主要还是限定在没有武装冲突的情况下。在此，不妨探讨一下，对于这样的“和平”，国际法又可以发挥什么样的作用。

图0－11　美国海军陆战队清剿位于阿富汗的塔利班分子

对恐怖分子进行攻击的行为在国际法上可以被正当化吗？（图片出处：中国新闻社）

说起这样的“和平”，很重要的一点就是通过不使用武力的非军事性手段来解决国际社会的争端，尤其是解决国家间的争端。从道义上来说，武装冲突的结果往往伴随大量的人员伤亡和财产损失，因此应当尽力避免其发生。同时，对于争端当事国来说，由于要消耗大量的军费、要动员大量的兵力，所以事实上武装冲突的成本极高。因此，相对而言，通过和平方式解决争端是一项更为合理的选择。同时，没有战争的世界，也可以说是国际社会的共同理想。为了实现这样的理想，国际法在和平解决争端问题上又发挥着怎样的作用呢？（**第十二章**）

此外，争端的形式是多种多样的。比如说，日本产的烧酒与欧洲产的伏特加或者金酒（杜松子酒）是否属于 GATT（《关税及贸易总协定》）第 3 条第 2 款所规定的“同类产品”这类关于条约的解释和适用的争端，或者类似于在 20 世纪 80 年代美国和日本之间争吵不休的关于汽车、半导体和农产品市场开放的问题，也是争端的一种。关于贮藏有油气田的大陆架的争端，或者关于南方蓝鳍金枪鱼以及鲸鱼的捕捞和保护问题上的争端，也需要通过和平的方式来处理。前面提到的关于国家领域的争端，自然也应该通过和平的方式加以解决。国际法针对争端的性质和种类，发展出一套供其和平解决争端的规则和争端解决制度。但是，不论解决争端的规则和制度如何发展，最终能否通过和平方式来解决争端，还是要取决于当事国的诚意。当事国如果没有通过和平方式解决争端的诚意的话，争端是无法通过和平方式解决的。

当然，我们所有人都强烈地希望自己可以生活在“和平”之中。如果将国际社会以国家为单位来思考的话，如果我们想要生活在“和平”之中，那么我们所居住的地区或者国家就必须是“和平”的才可以。这就意味着这个地区或者这个国家不仅具有稳定的国内局势，还需要其不受到外国的攻击，或者说即便是在遭受外国攻击的时候，也能有效地应对，能够迅速地确保“安全”才可以。因此，“和平”通常又与“安全”紧密相连（图 0－12）。

安保採決 自公が強行

きょう衆院通過へ

特別委で首相「理解進んでいない」

国会前 深夜抗議

图 0－12 关于和平安全保障法制的新闻报道和审议和平安全保障法制的参议院全体会议（2015 年 7 月）

左图：和平安全保障法制与宪法有怎样的关系？（朝日新闻 2015 年 7 月 16 日早刊）

右图：参议院全体会议。（图片出处：日本参议院事务局提供）

关于这一点，我们可以简单地认为，要想保障国家间的“安全”的话，只要大家互相承诺不对对方使用武力就好了。可是，如果从来都没有这样的承诺的话，国家难道就可以自由地使用武力吗？在现实的国际社会之中，曾经多次发生过武装对抗和武装冲突，即便是现在我们也可以看到在很多地方依然存在着武装冲突的情况。至于说造成这种情况的原因，我们似乎可以从政治的角度或经济的角度找到多种多样的解释。

如果从国际法的角度来看的话，如果使用武力是被允许的话，那么，它需要符合哪些条件呢？例如，某国的邻国向该国发射了导弹的话，那么这个国家可以采取的国际法所认可的反制措施有哪些呢？另外，就像看到自己的朋友被不法之徒纠缠时我们会鼓起勇气解救自己的朋友一样，如果本国的一个同盟国遭到其他国家攻击的话，使用武力来帮助这个国家是被国际社会认可的吗？再比如，在这个互相都紧密相连的现代社会中，即便是一个远方的国家发生的内战也有可能对本国产生一定的影响。以几乎所有天然资源都仰仗于进口的日本为例，如果战火波及那些资源出口国，或者波及资源运输的交通线，那么生活在日本的人可能就无法继续安稳地过着自己的小日子了。所以，对于那些危害他国“和平”的行为，国际社会又准备了什么样的应对措施呢？（图 0－13）（**第十三章**）

图 0－13　参与南苏丹维和行动（PKO）的自卫队活动（2015 年）

联合国维和部队被要求承担各种各样的任务。（图片出处：防卫省网站）

即便我们竭尽全力通过和平方式来解决各种争端，很不幸的是，有时候它还是会滑向武装冲突的深渊。此时，“和平”便不复存在。然而，即便是在武装冲突中，我们还是要不断努力将其所造成的损失控制在最低限度。比如说，国际法上能够容忍朝着没有参加战斗的人开火的行为吗？或者能够容忍对非军事性设施建筑，尤其是救助病人的医院进行轰炸吗？武装冲突虽是为了国家利益而发动，但是因此就可以牺牲人的性命和财产吗？如果答案是可以的话，那么这种牺牲应该在什么范围内才被允许？如果大家有机会目睹燃烧弹留下的满目疮痍，看到过化学武器造成的寸草不生，身临其境地感受一下这些武器给当地人生活带来的灭顶之灾，或许大家就会从心底里开始质疑这些武器的使用甚至这些武器本身的存在了。

在国际社会中，战亦有道。国际法的一部分功能，就是要保证即便在武装冲突中，也要将其损失控制在最低限度。显然，我们可以非常简单地想象出像原子弹这样的核武器，它的威力可以造成多么巨大的损害（图 0－14）。因此，销毁各国的大规模毁灭性武器便很有必要。我们可以期待国际法在裁军和军备控制问题上也发挥一定的作用。通过努力控制军备和实现武器削减，我们不仅可以缓和平时的国家间的紧张关系，也有助于增进互信；同时在发生争端的时候，也更有可能通过和平方式来加以解决（**第十四章**）。

图 0－14　原子弹爆炸后的广岛市内（1945 年）

在有核武器的社会里，我们应当如何生存？（图片出处：Granger/PPS 通讯社）

说到这里，大概可以明白，国际法在关于政治纠纷和武装冲突的各种场合，对于从争端的预防到争端的发生，乃至于到争端的解决等每一个阶段，都在为了实现国际社会的“和平”而发挥着不小的作用。作为与世界相连的这个世界一员的我们，一定也会感受到国际法在我们身边发挥的作用。那么，从下一章开始，就让我们更具体地去了解国际法到底是如何发挥作用的吧。

第一章　国际社会的规则是这样确立的

——国际法的形成

1　有社会之处即有法

在人类的历史上，当独立的政治共同体想要互相接触和维持交流时，为了处理这些共同体之间的关系，就需要有一定的社会规范。事实上，从对于条约（承诺）拘束力的信念，从基于宗教性的敬畏而贯彻的不同部族之间不斩来使的做法，从关于旅行者的具有法律意义的记录以及从通过和平宣言来终结战争等大量的惯例中都可以看到这样的规范的存在。这就意味着，我们可以毫无例外地认为，不论在什么时代，也不分任何民族，国际法的萌芽早已零星出现。

在古代美索不达米亚、埃及、印度以及中国等世界的主要文明中，我们都可以找到各自不同的关于管理政治共同体之间关系的初级社会规范。比如，记载了公元前 25 世纪前后，美索不达米亚的城邦国家拉格什和温马之间划定国界条约的**秃鹰之碑**，就向世人诉说着曾经真实地存在着这样的规范（图 1－1）。

最初时代的政治共同体之间的规范往往都具有浓厚的宗教色彩（比如，拉格什和温马之间的条约，就是以向共同的神明——苏美尔神起誓的形式而订立的）。而且，这些规范往往针对一些特定事项，个别且分散存在着。所以，整体上来说，这些规范距离形成一个统一的法秩序尚且很遥远。

图 1-1　秃鹰之碑

19 世纪后半叶，在伊拉克国内出土了由六块残片和一块来历不明的残片构成的石碑。因为石碑上装饰着秃鹰啄食敌军尸体的浮雕，因此被称为“秃鹰之碑”。该石碑被认为是拉格什王国的恩纳图姆国王为纪念对温马王国战争的胜利而命人设置于两国边界的。石碑现存于卢浮宫博物馆。（图片出处：ALBUM/Aflo）

2　近代国际社会的形成与近代国际法

今天我们所说的“国际法”一般认为是来源于诞生在 16—17 世纪的欧洲，并于 18—19 世纪被最终确立下来的**近代国际法**。

中世纪的欧洲，理念上推行基督教世界的统一，在现实中，欧洲人的精神世界也受到以**罗马教皇**为首的基督教会的统治。此外，在世俗世界中存在着以武力来维护基督教世界的统一，标榜自己作为古罗马帝国继承者而存在的**神圣罗马帝国皇帝**，与一批封建领主分享权力。

进入 16 世纪之后，一方面由于**宗教改革**削弱了罗马教皇作为精神领袖的权威，同时在另一方面，由于商业资本的发展，那些封建领主统治的以狭小的地理空间为单位的领地内的经济接连崩溃。这样就出现了对可以通过更强有力的手段来整合更大范围经济体的君主（国王）的需求。基于这样的**领域**（第五章），对外追求脱离基督教世界普遍秩序的束缚，实现**独立和平等**，否认高于自身的权威和权力的存在，对内力图剥夺封建领主的权力，建立**中央集权**国家的**近代主权国家**（sovereign state）便诞生了。

人们通常认为，1648 年为终结**三十年战争**而签订的**《威斯特伐利亚和约》**（图 1－2）象征着这种由独立、平等的主权国家所构建的社会——**近代国际社会**的诞生。所谓三十年战争是爆发于 1618 年的宗教战争。参战国主要是信奉旧教（罗马天主教）的国家和信奉新教（基督教）[①] 的国家。战争持续了整整三十年之久。结果造成了在主要战场的德意志境内出现大量死伤。大多数欧洲国家参加了作为战争和谈会议的**威斯特伐利亚会议**。在最终签订的《威斯特伐利亚和约》中，荷兰和瑞士作为独立国家从神圣罗马帝国分离，同时，信奉新教的国家也被正式承认了国际地位（神圣罗马帝国本身一直延续至 1806 年，后被拿破仑攻占而解体）。这样，《威斯特伐利亚和约》便以条约的形式，正式确认了以脱离了罗马教皇和神圣罗马帝国皇帝等中世纪旧权威的主权国家为组成单位的近代国际社会的诞生。

图 1－2　缔结《威斯特伐利亚和约》（1648 年）

《威斯特伐利亚和约》作为终结三十年战争的条约，基于神圣罗马帝国皇帝与瑞典国王所签署的《奥斯纳布鲁克条约》以及神圣罗马帝国皇帝与法国国王所签署的《明斯特条约》所组成。此图出自杰拉德·泰尔博赫之手，描绘了签署《明斯特条约》的场景。（图片出处：Album/PPS 通讯社）

---

① 译者注：在原文中，旧教（罗马天主教）被称为カトリック，即英文旧教 Catholic 的音译。而新教（基督教）称为プロテスタント，即英文新教 Protestantism 的音译。日语中将天主教、新教和东正教统称为“基督教”（キリスト教，Christianity 的音译）。我国在习惯上称新教为基督教，因此在此处有关基督教的称谓方面，有必要将包括天主教（旧教）、基督教（新教）和东正教合称的广义基督教和仅指新教的狭义基督教加以区分。此处原文所指为新教，即狭义基督教。

在 17 世纪的欧洲，虽然已经形成了以脱离罗马教皇和神圣罗马帝国皇帝等中世纪旧权威的主权国家为单位的近代国际社会，但是脱离了旧权威的主权国家却并没有被纳入一个新的权威体系之下。也就是说，此时的欧洲国家处于一个缺乏共同规则的无序状态之中。为了摆脱这样的无序状态，建立一套将国家间的矛盾置于合理的规则之下的国际法体系的需求变得迫在眉睫。

在这样的近代国际法初创期，一批国际法学者提出的，关于有必要建立一套既满足国家的实际需求又具备合理性和体系性的法律的主张便意义重大。

3　近代国际法奠基人

（1）自然法理论

从形成国际法的 16—17 世纪一直到 18 世纪的这一时期被称为“**国际法的英雄时代**”。在这一时期涌现了一大批著名的国际法学者。需要指出的是，在这一时期，学术的分科并未达到先进的高度专业化细分水准，所以这些国际法学者并不是纯粹的国际法学者，他们往往是既具备一般的法学知识，又具备政治学、宗教学、哲学甚至于自然科学等综合学识的思想家。在这些学者中，又以因奠定了近代国际法理论基础而被称为“国际法之父”的**雨果·格老秀斯**（Hugo Grotius，1583—1645）最为人所知（图 1－3）。

格老秀斯目睹了三十年战争的惨烈景象，于 1625 年出版了巨著《**战争与和平之法**》（**第十三章**）。在这部著作中，格老秀斯提出，国际法存在的主要依据应当是**自然法**。过去一般认为自然法起源于上帝，但是格老秀斯认为，即便与自然法有关的上帝已不存在，自然法本身也有其存在的合理性。这样，格老秀斯区别于中世纪的神学自然法理论，建立起了近代意义上的**理性自然法理论**。这里所谓的理性自然法理论指的是，人类基于自己的**理性**，制定出人类自己认为符合维持社会所必要的规则这一目的的法律。这种法律

图 1－3 格老秀斯（1583—1645）

格老秀斯自幼被称作神童、天才。8 岁可以用拉丁语赋诗，11 岁进入莱登大学学习。15 岁作为外交使节团成员被派驻法国，被法国国王亨利四世誉为“荷兰的奇迹”。16 岁在海牙开始律师生涯。1619 年，因卷入宗教和政治斗争被判处终身监禁，并被囚禁在鲁汶施坦城堡。然而在其妻子玛利亚的协助下，格老秀斯终于藏身书箱成功潜逃，并流亡至巴黎。在法国，格老秀斯得到了国王路易十三的庇护，得以专心从事研究和写作，并在这一时期，格老秀斯出版了其大作《战争与和平之法》（1625 年）。（图片出处：Rijksmuseum 网站）

与基于神的意思所制定出的**神定法**，以及基于人的意思所制定出的**人定法**或**实证法**都有所区别。

随着中世纪基督教世界的权威体系轰然倒塌，作为上帝的法律的神定法已无法发挥足够的拘束力。同时，在新成立的近代国际社会中，基于国家间事实上的惯例和共识而诞生的实证国际法又处于形成初期。格老秀斯在这一时期所主张的自然法，作为基于人类理性的必然性总结出的规范，为国际法奠定了基础。

此外，将自然法设定为国际法基础的法学家，在格老秀斯之前，以西班牙神学家**维多利亚**（Vitoria，1483？—1546）、**苏亚雷斯**（Suárez，1548—1617），在格老秀斯之后，以德国法学家**普芬多夫**（Pufendorf，1632—1694）和**沃尔夫**（Wolff，1679—1754）等最为人熟知。

（2）实证法主义

通过前面的内容我们可以认为，国际法是以自然法为理论基础而成立的。但是进入 18 世纪以后，随着资本主义经济发展带来的人、货物和资金的跨国流通越来越活跃，国家间的关系也变得越来越紧密。因此，在现实层面，国家越来越需要能够应对这些实际问题的国际法。这样，**实证国际法**基于国家的实际惯例和条约而逐渐被发展起来。自 18 世纪开始到 20 世纪初，大量缔结的**通商条约**、逐渐发展起来的**常驻外交使节制度**（**第四章**）、**仲裁制度**（**第十二章**），以及**战争法**的法典化和**中立制度**的确立（**第十四章**）都是这一发展的具体体现。

伴随着这样的发展，以理论上无法证实的人类理性为前提依据的自然法理论基础被逐渐替代，通过重视实际的国际惯例来描述国际法的内容和程序的**实证法主义**成了有力的理论基础。这一时期实证法主义的代表学者主要有荷兰的**宾刻舒克**（Bynkershoek，1673—1743）、瑞士的**瓦特尔**[1]（Vattel，1714—1767）（图 1－4）以及德国的**摩塞尔**（Moser，1701—1785），等等。

图 1－4　瓦特尔著《诸国间之法》（初版，1758 年）

瓦特尔，出生于瑞士的外交官。1758 年初版的《诸国间之法》是第一部以现代法语书写的国际法体系著作。该书融入了瓦特尔作为外交官在实务经验中的所思所感，一时被广为传阅。瓦特尔受沃尔夫影响，将自然法最终归结为人类内心的问题，成为主张重视国家间条约和国际惯例的实证主义国际法学先驱。（图片出处：专修大学图书馆馆藏）

---

① 译者注：清末旧译“滑达尔”。

4 国际法与非欧洲地区

近代国际法一方面被应用于调整在欧洲诞生的独立平等的主权国家之间的关系，促进伴随着飞速发展的大范围经济活动所产生的对于交易安全需求的发展，同时也在战争人道化方面发挥着积极的作用。

但在其他方面，比如在涉及与非欧洲地区的关系时，国际法又呈现出另一副面孔。15 世纪后期到 16 世纪，欧洲开始了向全世界扩张的进程。而国际法在与非欧洲地区的关系上又发挥了什么作用这个问题的答案，对于我们深入理解欧洲国际法与今天的国际法之间的关系有着重要的意义。

（1）欧洲的扩张

（a）大航海时代（表 1 - 1）

表 1 - 1 大航海时代年表

1453 年	东罗马帝国首都君士坦丁堡沦陷
1488 年	葡萄牙人巴尔托罗梅乌 · 迪亚士发现好望角
1492 年	格拉纳达的阿尔罕布拉宫“红宫”沦陷
1492 年	哥伦布乘热那亚船只发现美洲
1493 年	罗马教皇亚历山大六世颁发通谕
1494 年	西班牙和葡萄牙缔结托尔德利西亚斯条约
1498 年	葡萄牙人瓦斯科 · 达 · 伽马开辟印度航路
1529 年	西班牙 - 葡萄牙缔结萨拉戈萨条约

中世纪末期的欧洲在各方面都受到了阿拉伯 - 伊斯兰势力的压制。1453 年，东罗马帝国首都君士坦丁堡被来自东方的奥斯曼土耳其帝国攻陷，巴尔干半岛也被置于土耳其人统治之下。意大利、法国和西班牙的南部沿岸也饱受伊斯兰教徒的袭击。征服了伊比利亚半岛的萨拉森人，从西部越过比利牛斯山脉开始入侵欧洲腹地。

在此期间，随着强国**西班牙**和**葡萄牙**的出现，以及航海技术的飞跃式发展，实现基督教徒怀抱的寻找前往中国和印度的新航路以替代被伊斯兰教徒扼制的地中海航线和收复伊比利亚半岛的愿望（**收复失地运动**，*reconquista*）成为可能。

这一时期，随着大型帆船——克拉克帆船的诞生以及罗盘从伊斯兰世界的传入，远洋航行得以实现。由此，葡萄牙完成了绕非洲大陆进入印度洋的航行，西班牙实现了横渡大西洋登陆美洲的壮举。1493 年，根据**教皇亚历山大六世通谕**，大西洋上被设定了一条特殊的子午线。依照这条子午线，子午线以东发现的土地和财富归葡萄牙所有，子午线以西发现的土地和财富则归西班牙所有。同时，两国还获得了在自己势力范围内传教的权利。葡萄牙对教皇的通谕内容感到不满，于是两国于 1494 年缔结了**《托尔德西里亚斯条约》**，将教皇所订的子午线向西推移（图 1 –5）。在之后的 1529 年，两国又签订了**《萨拉戈萨条约》**，将该条约中所规定的分割线以东划定为葡萄牙的势力范围，分割线以西划定为西班牙的势力范围。这样，从 15 世纪后期开始，伊比利亚半岛的两个王国最先开始了欧洲向外扩张的进程。

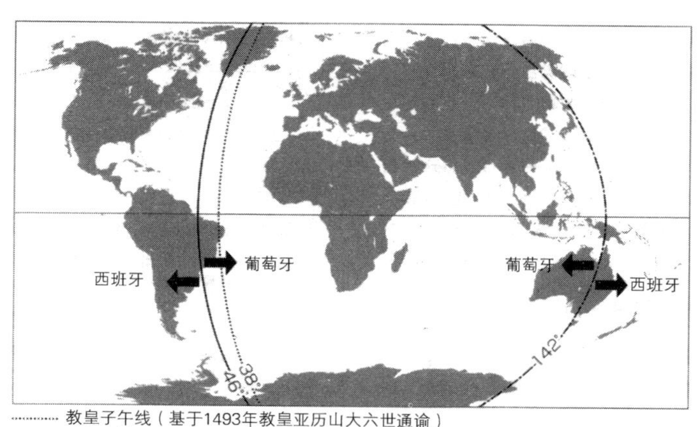

图 1 –5　教皇子午线与《托尔德西里亚斯条约》和《萨拉戈萨条约》规定的重分割线

以科尔特斯和皮萨罗为代表的最早踏足美洲大陆的西班牙征服者们，在美洲大陆一面向当地原住民宣传基督教，一面大肆掠夺当地的金银财宝，而那些试图抵抗的原住民们则遭到杀害。西班牙征服者的一系列做法，导致了美洲当地的**阿兹特克文明**和**印加文明**的灭亡。

这一时期，西班牙神学家**维多利亚**（图 1 – 6），对西班牙人迫害美洲原住民和异教徒的做法提出了异议。维多利亚在于萨拉曼卡大学开设的**“关于印第安”**（1593 年）的讲座中，明确提出了反对否认异教徒在自然法上的一切权利并将其单纯视为征服对象的观点。在他看来，即便是作为异教徒的印第安人，其拥立正统君主以及其拥有土地的权利是不应被否认的。相反，西班牙征服者们在毫无正当理由的情况下直接对印第安人使用武力并掠夺其土地的行为才恰恰是无法被允许的。据此，维多利亚斥责当时的西班牙殖民者在美洲的行为是掠夺行为。

图 1 – 6　萨拉曼卡大学的维多利亚像

（图片出处：萨拉曼卡大学网站）

虽然维多利亚基于**基督教人文主义**立场，认为将国际法作为普遍人类法在欧洲以外地区的适用是合理的，但是，他最终还是将其视为了正当化西班牙殖民活动之法。其原因是，维多利亚提供了合法进行殖民活动的一些法律依据。维多利亚认为，自然法认可所有人的**沟通和交流的权利**，如果印第安人对这种权利加以否定或进行阻碍的话，或者，如果印第安人否认自己有**接纳基督教传教士的义务**的话，那么这些行为便构成了对其进行**战争的正当理由**（**第十三章**）。从中我们可以看出，虽然维多利亚学说在一定程度上承认了非欧洲人在欧洲国际法上的权利，但是由于当时欧洲发展的先进性，其主旨仍难免倾向于欧洲中心主义。

同一时期，由于葡萄牙获得了在西非进行奴隶贸易的权利，葡萄牙首都里斯本作为东方贸易与非洲黑人奴隶市场而发展得极其繁华。这些黑人奴隶最终作为白人大规模种植园劳动力而被贩卖到加勒比群岛以及南北美洲大陆。葡萄牙衰退后，奴隶贸易又被荷兰和英国接手。据信，从 15 世纪到 19 世纪的 400 年时间中被从非洲大陆掳走或者死亡的奴隶总数大概超过了 1000 万人。

（b）殖民地的分割

进入 16 世纪下半叶，紧随西班牙和葡萄牙，**荷兰**、**英国**和**法国**等国逐渐发展成在欧洲内部分庭抗礼的势力。于是，这些国家在争夺欧洲以外的**殖民地**的过程中，无可避免地与老牌殖民地国产生了冲突。

三个新兴国家首先对西班牙垄断的大西洋航路和葡萄牙垄断的印度航路发起了挑战，并通过设立**东印度公司**和**西印度公司**的方式，直接开始参与对东方的贸易以及开始夺取殖民地。在到达北美的荷兰、英国和法国三国中，英国逐渐确立了自己的优势地位。在亚洲，荷兰侵入了爪哇和马六甲，英国在印度驱赶了法国的势力，而被赶出印度的法国则继续向东挺进最终来到了中南半岛地区。

到 18 世纪，北美新大陆、非洲沿海以及除中国和日本以外的亚洲国家，完全被西班牙、葡萄牙、荷兰、英国和法国等欧洲国家作为殖民地瓜分殆尽。

到了 19 世纪，**德国**、**意大利**和**比利时**等国也加入了这一行列。在 1884—1885 年召开的**柏林会议**上，当时的欧洲列强齐聚一堂，比利时国王提出的关于针对刚果盆地的占领和殖民地化原则得到了与会者的认可。这样，非洲内陆地区也遭到了瓜分。至 19 世纪末，整个非洲大陆除了埃塞俄比亚和在土耳其统治下的埃及以外，均被欧洲各国瓜分完毕。①

如是，从 16 世纪到 19 世纪末，欧洲国家基本确立了对于欧洲以外几乎全部地区的殖民统治。

（2）对欧洲以外地区关系中形成的国际法规则

欧洲国际法在关于协调欧洲内部的独立、平等的主体关系中，在促进交易的安全和战争人道化方面发挥了积极的作用。针对欧洲以外地区，一般来说，欧洲国际法只是将其认定为欧洲国家单方面征服和传教的对象。虽然也存在一些承认欧洲以外地区作为法主体性质的特例，但是整体上来说，其发展依然朝向对欧洲有利的方向推进。而关于**领域的取得**和**战争**的规则，可以被视为是在对欧洲以外地区关系中形成的国际法规则的典型例子。

（a）“发现”和“先占”法理

“发现”和“先占”法理都是关于领域的取得方式（第五章），二者作为欧洲各国夺取欧洲以外地区的殖民地和势力扩张过程中的法规范而发挥着作用。

在西班牙和葡萄牙处于优势地位的 16 世纪，如前文提到的教皇亚历山大六世发布的通谕所示，在当时的欧洲，基于教皇的权威，“**发现**”成为对未知领域的取得权源。在现实中，这一权源的适用不仅限于某一领域完全无人的情况，即便是该领域中已经有原住民定居，也通常会被无视掉。

后来居上的新教国家荷兰和英国为了能够染指业已被西班牙和葡萄牙“发现”过的地区，否定了教皇的权威，主张以“**先占**”为**领域取得权源**，替换了“发现”法理。所谓“先占”，是基于罗马法中“**无主物先占**”法理推演而来。它的意思是说，针对某一块不属于任何国家的“**无主地**”，某一个国家要通过对其进行**有效占有**才能够将其并入本国的领域。

① 译者注：此时欧洲大陆还存在另外一个独立国家即利比里亚。原文主要强调欧洲列强对于非洲大陆的瓜分，因此并没有将利比里亚列入其中。利比里亚于 19 世纪中叶作为主权国家独立至今。至 19 世纪末 20 世纪初，利比里亚和埃塞俄比亚为非洲大陆仅有的两个独立国家，而后者之后被意大利占领。

所谓的“无主地”包括了不存在符合欧洲标准的集权式“国家”的广泛的地区。即便该地区已经存在共同体式的统治机构，也会被视为“先占”对象的“无主地”。

（b）“正义战争”与“征服”

在面对一些已经存在强有力的王国的欧洲以外地区，“发现”和“先占”法理都不具有充分的说服力。针对这种情况，如前文所述的维多利亚的主张所代表的一些观点认为的那样，即便是原住民的国王也要承认一些法律的存在。在这样的情况下，“**正义战争**”的说法浮出水面，其结果便是创造出了“**征服**”的权利。也就是说，如果当地国侵害了欧洲国家关于基督教传教、交流和沟通等权利的话，那么欧洲国家有权对该国诉诸“正义战争”。这样事实上便承认了通过武力夺取领域，即通过“征服”来取得领域的合法性。

（3）欧洲以外国家对欧洲国际法的参与

如上所述，欧洲以外的地区，基本上不会被承认为符合欧洲国际法的独立平等的法主体，只是单纯被看作欧洲各国所“发现”、“先占”和“征服”的客体而已。

18 世纪至 19 世纪初，美国和中南美各国纷纷实现独立。但是这些国家主要是由欧洲殖民者与当地原住民结合产生的混血后代构成的国家，在文化上深受**欧洲基督教文明**的影响，与欧洲各国的同质性极高。

与之相对应，从 19 世纪中叶开始，逐渐出现了一些作为近代国际法主体的**非基督教国家**。根据作为**克里米亚战争**和谈条约而签订的《**巴黎条约**》（1856 年）的规定，土耳其被正式认可享受“**于欧洲公法之利益**”。同时，在远东方面，中国通过《**南京条约**》（1842 年），日本通过《**日美亲善条约**》（1854 年），与欧洲各国建立了正式的国际法关系。由于这些国家依然需要接受领事裁判制度和关税自主权的限制［第（4）节］，因此，并不是与欧洲“**文明国家**”对等的国际法主体。

（4）日本对欧洲国际法的参与

就日本而言，日本并不是自愿与欧美各国建立国际法关系的。日本是受到诸如“**黑船**”逼迫开国与开港之类的外部压力，别无选择地被拖进国际法关系当中的（图1－7）。其中，江户幕府于1858年与美国、英国、俄罗斯、荷兰以及法国所签订的**修好通商条约**通过规定① 驻留日本的缔约国国民不受日本裁判权管辖而受其本国领事裁判权管辖（**领事裁判制度**）；② 进口商品的关税税率，不由日本自由决定，而须基于外交交涉的结果来设定协定税率（**限制关税自主权**）；③ 某一缔约国通过与日本签订的条约所获之权利，自动适用于其他缔约国（**片面最惠国待遇**）等内容，将不平等关系强加于日本。因此，对不平等条约的改订成为明治政府前期最大的外交课题。

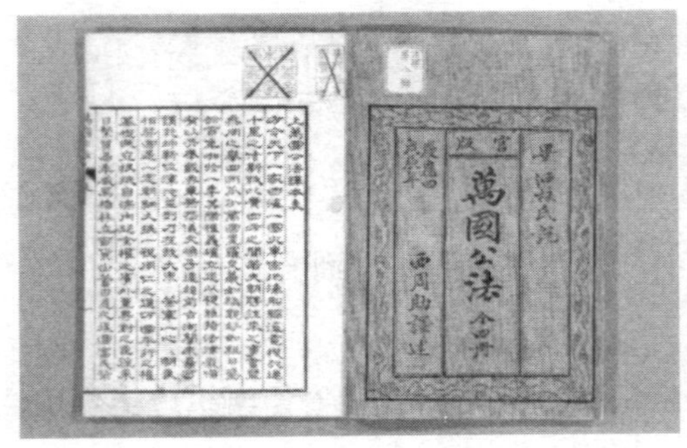

图1－7　费塞林口述，西周（周助）译《万国公法》

西周（周助），1829年生人，津和野藩（古日本藩名，位于今天的岛根县——译者注）御医之子。早先学习儒学，佩里舰队驶抵浦贺（日本神奈川县横须贺市地名——译者注）第二年（1855年）立志学习西学，并作为第一批幕府派遣留学生赴欧留学。1863年开始在荷兰莱登大学用两年时间学习法学和经济学。

1868年（庆应四年），这本以《万国公法（全4卷）》为名出版发行的著述，基于莱登大学费塞林教授的课程讲义翻译而成，是日本最早的一部以日语著成的国际法教科书。（图片出处：国立国会图书馆网站）

作为实现改订不平等条约的手段，当时日本国内出现了随自由民权运动的发展，通过民权的确立以及和被压抑民族之间合作的方式来**改订不平等条约**，并要求展开全面性的变革的呼声。然而事实上明治政府所追求的选项是，在保留欧洲国际法的前提之下，力促国际社会承认日本为“文明国家”，进而晋升为与欧洲国家平等的国际法主体。

明治政府为此制定了具体的政策，提出了“**富国强兵**”和“**殖产兴业**”的口号，同时追求满足“文明国家”的基本条件，按照欧洲式的体系开始推进司法制度的改革，并从很早开始推动国际法的研究。在与欧美各国的交往中，日本遵守战争法善待了日俄战争中的俄军俘虏，并以此赢得了忠实履行国际法的好评。

这样努力的结果就是，以 1894 年**《日英通商航海条约》**的签订为突破口，日本成功地实现了不平等条约的改订。在之后的国际联盟中，日本与英国和法国同时出任理事国，最终确立了与欧美各国的对等关系。但是在另一方面，日本对中国、朝鲜以及东南亚各国，却采取了与欧美各国相同的殖民主义政策，逐渐向发展完全不平等关系的方向偏移。

5 从欧洲国际法到普遍国际法

第二次世界大战以后，尤其是 20 世纪 60 年代以后，大量亚洲和非洲的新兴国家基于**民族自决权**脱离了殖民地或准殖民地地位，以具有法律意义的独立平等的主权国家的身份亮相国际舞台。最初由 51 个创始会员国成立的联合国，在 1955 年大批量地接纳了亚洲和东欧的 16 个国家，在之后的 1960 年，又有 17 个非洲国家也加入了联合国。之后联合国会员国的数量一路上升，直至今天，联合国已经拥有 193 个会员国，这几乎是当初创始会员国数量的四倍（图 1－8）。在这样的国际社会发展过程中，作为从促进欧洲各国获利以及调整欧洲各国间相互关系的法律发展而来的传统国际法规则开始受到挑战。

比如，对发达国家相对有利的关于国有化外国人财产时的**补偿原则**被重新讨论（**第十章**），**外交保护权**（**第八章**）以及**国家责任法**（**第二章**）等传统国际法规则也有所变动，甚至于为修正国家间存在的发展不平衡问题而在关于**海洋**（**第六章**）、**贸易**（**第十章**）和**环境**（**第十一章**）等领域制定

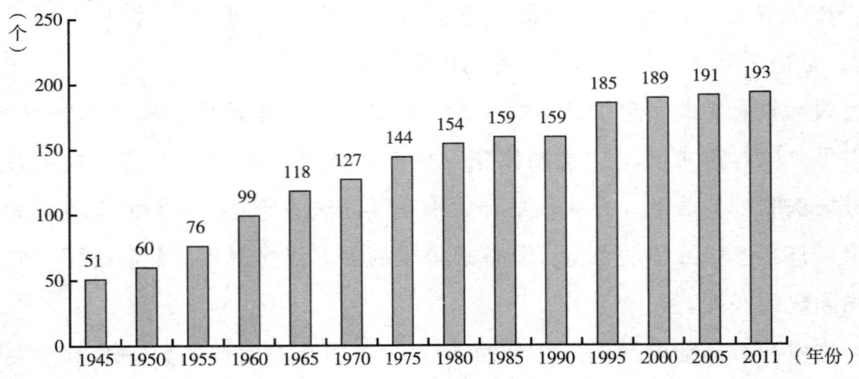

图 1－8 联合国会员国数量变化

的全新规则，都可以看作颠覆了传统国际法的例子。

事实上这些新兴国家并非有意要全面否定国际法规则。例如，构成国际社会基本框架的**主权平等原则**与**不干涉内政原则**（第三章），为合理地协调国际交流所必需的**条约法**和**外交关系法**（第四章）等，这些一开始被认为是为了协调欧洲各国间的关系而出现的规则，由于这些规则对于独立平等的法主体来说具有普遍价值和实用性，所以至今并未遭到任何反对。因此，我们在了解近代国际法所发挥的作用的同时，积极地认识到国际法所能够体现的普遍价值是非常重要的。

6 当今国际法的特征

从上面的讨论我们可以看到，从欧洲国际法到普遍国际法，国际法的适用在地理范围上得到了扩大。除了地理范围的扩大以外，当今的国际法还具有以下特征。

第一，**战争、武力行使的违法化**。在作为近代国际法的初始期的 16—17 世纪，人们关于战争的态度是将战争区分为正义战争和非正义战争。这一阶段，主张认为正义战争应当被允许的“**正义战争论**”成为主流意见。但是“正义战争论”在 19 世纪初到 20 世纪，被逐渐发展扩大到认为国际法认可国家拥有进行“**战争的自由**”的程度。然而，第二次世界大战结束之后，**《联合国宪章》**（1945 年）的规定力图强化和平解决争端的义务（**第十二章**），除行使自卫权等例外情况，国家使用武力的行为原则上被禁止了。但是，在今天的国际社会中，如何抵御像国际恐怖组织如基地组织以及“伊斯兰激进组织”这样的拒绝接受国际法约束的**非国家团体**的暴力袭击已经成为新的课题（**第十三、十四章**）。

第二，**国际社会的组织化**。国际法随着近代主权国家的诞生，作为管理主权国家间的相互关系的规范发展而来。然而，进入 19 世纪下半叶，一系列为实现有关邮政、通信、卫生、度量衡（测量单位）等的专业性技术问题国际合作的**国际组织**纷纷设立。第一次世界大战后，为协调争端解决、安全保障以及裁军等事项，成立了**国际联盟**（1920 年）。继而在第二次世界大战后，又成立了全面处理关于专业性技术事项以及政治事项的一般性国际组织——**联合国**（1945 年）。此外，还有像国际复兴开发银行（IBRD）、国际货币基金组织（IMF）、联合国教育科学文化组织（UNESCO）等专业性技术机构，以及像美洲国家组织（OAS）、欧洲联盟（EU）和非洲联盟（AU）这样的地区间组织也被大量设立。时至今日，国际组织已经被视为可以比肩国家的重要的国际法主体（**第七章**）。

第三，**涉及个人的国际法的发展**。在传统国际法下，与个人有关的国际法被限定在外国人待遇以及少数者保护等有限领域之内。然而，随着第二次世界大战后，通过以**国际人权规约**为首的各种**普遍人权条约**，以及欧洲、美洲和非洲等**区域人权条约**的缔结，国际性人权保障得以推广，包括承认个人向国际机构来文等程序方面的保障得以强化（第八章）。此外，通过设立基于国际法对个人的**国际犯罪**加以制裁的常设性法庭——**国际刑事法院**（ICC）等法庭，国际法的发展不仅停留于保障个人的权利，也开始追究个人的责任（**第九章**）。

第四，**合作型国际法的发展**。传统国际法具有为各国划分**国家管辖权**（对一定范围内的人、物、事行使其国内法的权限）、保障各国不干涉其他国家的**国内管辖事项**、实现国家间和平共存的可能性等消极特征（**第三章）。与之相对应，今天的国际法中，为国际社会的共同利益需要而推动国家间进行积极合作的领域逐渐增多。比如，在国际经济发展和国际环境保护领域就是这样的例子（**第十、十一章**）。在如今全球化发展的国际社会中，可以预见未来需要这样的国际法提供助力的领域势必会变得越来越广泛。

参考文献

· 明石欽司：《ヴエストファリア条約》，慶応義塾大学出版会，2009 年。
· 石本太雄：《国際法の構造転換》，有信堂高文社，1998 年。
· 大沼保昭編《戦争と平和の法》，東信堂，1987 年。
· 太壽堂鼎：《領土帰属の国際法》，東信堂，1998 年。
· 柳原正治：《グロティウス——人と思想》，清水書院，2000 年。

第二章　国际社会遵守的规则

——国际法总论

1　国际法的法律拘束力

（1）条约仅仅是“一张纸片”吗？

1914 年第一次世界大战爆发后，德国进攻了当时由条约保障的**永久中立国**比利时，并借道比利时领土攻入宿敌法国境内。

由于当时德法两国边境的阿尔萨斯和洛林地区是两国防御的重点地区，双方均构筑了坚固的防御工事，因此德军判断，借由两国边境攻入法国的作战行动将极为困难。相反，法国并没有在与永久中立国比利时接壤的边境方向构筑防御要塞，因此德国判断，借由比利时领土进攻法国，可以在短时间内实现占领法国首都巴黎的作战目的。德军总参谋部为避免陷入与法俄两国双线作战的情境，于是制定了计划，试图在西部战线借道比利时进攻法国领土，在短时间内逼迫法国投降之后，再挥师东进，调转枪口进攻东部战线的俄国。这一计划被命名为“**施里芬计划**”（图 2－1）。

事实上在 1914 年第一次世界大战爆发时，德国就曾向比利时提出让德军通过比利时领土的要求，但是遭到了比利时的拒绝。为保障“施里芬计划”的实施，德军于是侵占了比利时并以此进攻法国。

德国的这一行为，明确地违反了关于承认比利时为永久中立国的国际法。然而，时任德国首相贝特曼·霍尔韦格在议会发表演说时却声称，“在

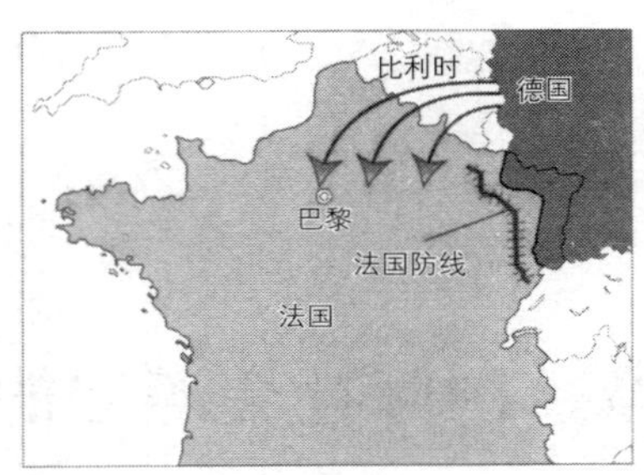

图 2－1 第一次世界大战时德国总参谋部制订的“施里芬计划”

重大国家利益面前，条约只不过是一张纸而已”，以此来寻求将德国的行为正当化（图 2－2）。诚然，在面对只不过是“一张纸片”的条约与遵守条约中关于永久中立的规定而导致国家可能因战败而崩溃的情况时，即便有政治领导人选择“重大国家利益”高于“一张纸片”，也并不是一件匪夷所思的事情。

图 2－2 第一次世界大战期间德国领导人

左图：声称“在重大国家利益面前条约只不过是一张纸”，并以此试图将德国侵犯永久中立国比利时的行为正当化的时任首相贝特曼·霍尔韦格。（图片出处：Alamy/PPS 通讯社）

右图：第一次世界大战期间的德皇威廉二世（前排）与德国指挥部。后排右起第二人为首相贝特曼·霍尔韦格。坐在其前面的是 20 世纪 30 年代在魏玛体制下出任德国总统并任命希特勒为德国总理的兴登堡。（图片出处：Bridgeman/PPS 通讯社）

1938 年，德国的希特勒提出了其在欧洲的“最后一块领土要求”，要求捷克斯洛伐克向德国割让有大量德裔居民居住的苏台德地区，捷克斯洛伐克的拒绝态度导致了战争危机。1938 年 9 月，英国、法国和意大利首脑在慕尼黑与希特勒举行会谈。四国最终签署了承认德国对苏台德地区领土要求的**《慕尼黑协定》**（图 2-3）。结束慕尼黑会谈的英国首相内维尔·张伯伦回到英国以后，一面展示着这张印有《慕尼黑协定》内容并由希特勒签名的“纸片”，一面夸耀道，“这个协定避免了战争，确保了欧洲的和平”。在场的英国人无不为此欢呼雀跃（图 2-4）。然而，写有希特勒的承诺的这“一张纸片”，最终还是成了一张“废纸”。得到所谓的“在欧洲的最后一块领土要求”的苏台德地区六个月以后，德国军事入侵吞并了捷克，并将斯洛伐克变成了自己的保护国。这之后的 1939 年 9 月，德国又开始进攻波兰。最终，英法两国据此向德国宣战，第二次世界大战爆发。英法两国因为轻信了慕尼黑会谈上希特勒做出的承诺，对德国采取了“绥靖政策”，最终成为将全世界卷入第二次世界大战的一个重要导火索。

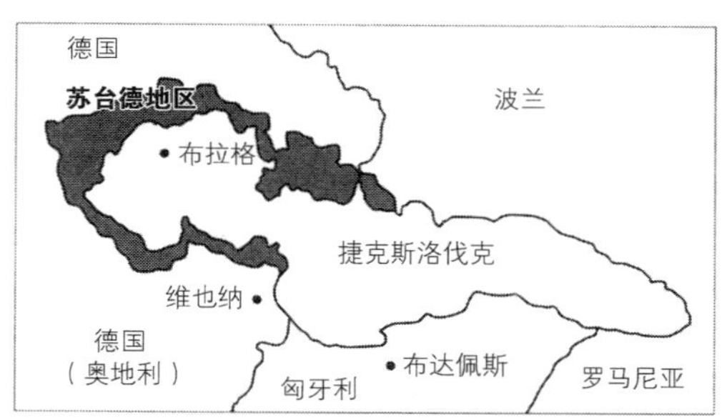

图 2-3　成为第二次世界大战诱因的苏台德地区

左图：1938 年德国对捷克斯洛伐克提出要求的苏台德地区的地理位置。

右图：1938 年 10 月，夹道欢迎德军进驻的苏台德地区的德裔居民。（图片出处：Granger/PPS 通讯社）

从以上两个例子来看，条约仿佛真的可以被认为“只不过是一张纸”而已。但是，如果条约，或者更宽泛地说一般国际法，不仅仅是“一张纸片”的话，那么我们应该如何理解它的法律效力呢？

（2）国际法的法律效力指什么？

对于条约等国际法所具有的法律性质的效力，应该如何解释呢？

在我们所处的 21 世纪的国际社会中，每当发生各种各样的国际性争端

图 2-4 结束慕尼黑会谈后回国的英国首相张伯伦在机场展示有希特勒签名的协议文本（1938 年）

（图片出处：G - ranger/PPS 通讯社）

或事件的时候，针对这些争端和事件，各国的领导人或者政府官员几乎都会全力主张本国行为是符合国际法的行为。我们不曾听说有哪些官员在公开场合发表类似“可以不用遵守国际法”或者说“我国要违反国际法”的言论。这与在事实层面是否遵守国际法，或者与违反国际法后是否会受到有效制裁无关。这是现在国际社会已经达成共识的关于“国际法必须被遵守”的意识的一种体现。就像我们在前面提到的德国侵犯永久中立国比利时的例子一样，英国以此（德国违反国际法）为理由，站到了法国一边，对德国发表宣战通告。这是德国没有能按照自己的作战计划顺利攻下巴黎，而是陷入了与英法联军在西部战线展开长期对峙的阵地战的一个重要原因。最终，德国于 1918 年宣布战败。而希特勒违反慕尼黑会议承诺、吞并捷克的行为，也让英法两国意识到自己绥靖政策的失败。这才会促使两国在后来德军入侵波兰的时候，迅速对德国宣战。千回百转之后，随着 1945 年第二次世界大战德国的战败，苏台德地区再次被捷克斯洛伐克收复。

在现在这样的国际社会中，无法像警察和法院等国家权力制裁国内违法行为那样，有组织并有效地对国际社会的违法行为进行管制和制裁。但是，国际社会广泛存在着这样一个共识，那就是，人们都意识到遵守国际法应有的价值，都认为对于那些违反国际法的行为，需要在一定情况下对其进行制裁或展开执法。这种意识一定是存在的。

即便在国内社会中，也不能说，只要对违法行为进行实质的制裁，就能够消灭这种行为。比如说，我们都知道，在某一个国家的道路上超速驾驶的话，驾驶员一般都会被处以罚金。但是，这并不是说只要对超速行为处以罚金，就一定没有人再超速了。更不能因此认为，关于行车速度的法律法规不具备法律效力。如果我们可以这样来理解在国内社会中国内法的效力的话，那么我也可以同样地理解国际法是充分具有法律效力的。

2　国际法是如何制定的？又以什么形式存在？

（1）国际法是如何制定的？

在国内社会中，各国制定法律的具体过程是多种多样的，但是大多数国家的法律都是该国的议会等立法机关，依照多数表决通过的程序来制定的。然而在现今的国际社会中，并不存在这样一个像国内社会中被称为“议会”的机构。以在国际社会中最普遍存在的一般性国际组织——联合国为例，联合国的主要机构包括联合国大会（联大）和安全理事会（安理会）（参考《联合国宪章》第七章）。其中，由联合国全体会员国代表构成的，每一个联合国会员国都有一票表决权的联合国大会，一眼看去是最为接近国内社会中“议会”的形态的机构。然而，联合国大会基于多数表决而通过的决议却只被认为具有建议性的效力，而不被认为拥有制定具有法律约束性的国际法规范的权限（**第七章**）。因此，我们不能说联合国大会是与国内社会中的“议会”拥有同样权限的机构（图 2 -5、图 2 -6）。

那么，在不存在与国内社会的立法机构相当的机构的国际社会中，国际法是通过什么样的方式被制定出来的呢？

从国际法的角度来看，现在国际社会是以拥有主权的国家（主权国家）为基本单位而构成的（关于国际法上的“国家”的内容，参考本书**第三章**）。国际法是由这些作为国际社会基本主体的国家以共同意思为基础而制

图 2－5 日本的国会议场

（图片出处：参议院事务局提供）

图 2－6 联合国大会议场

（图片出处：UN Photo/Milton Grant）

定出来的。而明确地记载这种国家间共同意思的文书，被称为**条约**。没有以文书形式明确记载的、国家之间默认的共同意思，被称为**习惯国际法（国际习惯法）**。

国际法主要分成作为成文法（以文书记录之法）的条约和作为不成文法（没有被文书记录的默认之法）的习惯国际法等两种主要形态。但是归根结底都体现了所谓的“**受约定约束（约定必须被遵守）**”（*pacta sunt servanda*）

这一根本原则。规定了有关条约的一般性规定的《维也纳条约法公约》，通过设立“凡有效之条约对其各当事国有拘束力，必须由各该国善意履行”（第26条）的规定，确认了关于条约的这一原则。然而，近来出现了一些声音，批评所谓习惯国际法是基于“默认的共同意思”来确立其法律拘束力的说法，指斥这种说法只不过是“虚构”而已。

（2）国际法以什么样的形式存在？——条约、习惯国际法与“一般法律原则”

关于条约和习惯国际法等所谓的国际法的两种主要存在形态，会在**第四章**就有关条约的问题展开详细的说明。这里，我们先谈谈关于习惯国际法的问题。

所谓习惯国际法，指的是作为法律被国际社会普遍认可的不成文法。在不存在像日本国内社会一样的统一的立法机构的国际社会之中，长久以来的法律首先都是以不成文法的形式逐渐发展起来的。虽然在交通和通信手段都飞速发展的今天，与过去相比有越来越多的条约缔结而成，但是与日本国内社会相比较而言，我们绝不能认为作为不成文法的习惯国际法在国际社会地位不高。

说到习惯国际法的成立要件，我们可以认为习惯国际法需要满足——包括基于大量累积**国家实践**而成立的**普遍惯例**这一所谓的客观要件，以及各国确信该惯例为法律的（称为**法律确信**“*opinio juris*”）这一所谓的主观要件——这两个要件才能够被认为成立。缺乏第二个法的确信要件的普遍惯例，可以被认为是作为国际社会通用礼仪的**国际礼让**或者是基于国家的政治性判断的国际惯例。这两项应与具有法律拘束力的习惯国际法加以区分。

《国际法院规约》第38条第1款（子）、（丑）两项明文规定，国际法院审理案件时应将条约和习惯国际法作为应依照的审理基准而加以适用。除此二者外，同一条款还规定了（寅）“**一般法律原则为文明各国所承认者**”以及作为确定法律原则之补助资料者的“司法判例”和“学说”同为国际法院的适用基准（图2－7）。其中，（寅）项所规定的“**一般法律原则**”是指，为避免由于国际法上不存在适用法规而导致**无法审理**的情况，承认某些国内法的一般原则同样也适用于国际诉讼。现在，认为“一般法律原则”是继条约法和习惯国际法之后、作为补充性的第三种国际法存在形态的见解比较有力。与之相对地，作为“明确法律原则之补助资料者”的“司法判例”和“学说”，则被认为是仅起到明确包括条约和习惯国际法在内的所谓国际法（即此处所谓“法律原则”）内容的辅助性作用。（关于国际诉讼，参考本书**第十二章**）。

一、法院对于陈诉各项争端，应依国际法裁判之，裁判时应适用：

（子）不论普通或特别国际协约，确立诉讼当事国明白承认之规条者。

（丑）国际习惯，作为通例之证明而经接受为法律者。

（寅）一般法律原则为文明各国所承认者。

（卯）在第五十九条规定之下，司法判例及各国权威最高之公法学家学说，作为确定法律原则之补助资料者。

二、（略）

图2－7 《国际法院规约》第38条

3 国际法的效力

（1）国际法的相互效力关系

通过以上内容可以得知，国际法具体以个别条约和习惯国际法，在某些情况下以法律一般原则的形态而存在。那么，一旦这些具体的国际法规范之间出现互相矛盾或者互相抵触的情况，应该如何调整这些不同国际法规范之间的相互效力关系呢？

在两个或多个国际法规范之间出现互相矛盾的规定的时候，通常会按照这些法规范出现的时间顺序，基于“新法废旧法（新近制定法律较其之前制定的法律有优先效力）”这一“**新法优先原则**”来判断法规范之间的效力优先关系。《条约法公约》中，也就这一条约相互效力关系原则进行了规定（第30条）。此外，在这样的情况下，通常也会适用“特别法废一般法”的“**特别法优先原则**”。

但是，上述两个原则的适用范围，仅限于除涉及国际法规范**强行法**（*jus cogens*）之外的情况。关于一般国际强行法在《条约法公约》中被定义为：“指国家之国际社会全体接受并公认为不许损抑且仅有以后具有同等性质之一般国际法规范始得更改之规范”（第53条）。当国际法规范与强行法相遇时，不论强行法成立时间的先后，也不论国际法规范的一般性或者特殊性，通常强行法相较于其他国际法规范都具有优先效力。关于现在国际法中，是否已经确定哪些具体的法规范为强行法这个问题仍然有待讨论，但是像《联合国宪章》第2条第4项所规定的不使用武力的义务，可以说是毫无争议的国际强行法。

另外，除前面所说的《国际法院规约》第38条第1款所规定的作为国际诉讼基准的条约、习惯国际法以及一般法律原则等国际法原则以外，严格意义上来说某些国际组织的决议（比如联合国大会决议）或者在国际会议上通过的文件（如1974年赫尔辛基欧洲安全保障合作会议最终议定书等），虽然不被认为具有法律拘束力，但是在一定程度上还是具有法律意义的。有一类看法主张，这一类的决议或者文件，应作为国际法上的**软法**（soft law）而被赋予一定的法律效果。但是，与《条约法公约》中存在明确定义以及被明文规定了法律效果的强行法不同，软法的概念定义及其法律效果都还没有被清晰地确定，所以也许不能说它是实证国际法上的一个概念。

（2）国际法在国内的效力——国际法与国内法的关系

接下来我们需要思考国际法在各国国内社会中具有怎样的法律效力，或者说，作为国际社会中的法律的国际法与作为国内社会法律的国内法之间具有怎样的关系。

关于这个问题，在学说上主要分成了主张不管是国际法还是国内法，应当都归于同一个法律秩序当中，且二者之间有一方处于上级法律地位的**"一元论"**，以及认为国际法和国内法应分属于不同空间中的不同法律体系，且认为二者之间毫无关联的**"二元论"**等两种主张。而在"一元论"中，又分成了主张国际法处于国内法的上级法律地位的**"国际法优先一元论"**，和主张国内法相较于国际法处于优先地位的**"国内法优先一元论"**。其中，根据"国内法优先一元论"，基于国家单方面意思而制定的国内法会优先于国际法，其结果直接导致国际法的法律拘束力受到否定，所以这一理论现在已经不再受到支持。

"国际法优先一元论"的思想是将国际法秩序置于各国国内法秩序之上，在第一次世界大战后全世界全力推动国际主义的 20 世纪 20 年代，受到时任维也纳大学教授的汉斯·凯尔森（Hans Kelsen，1881—1973）的大力倡导（图 2-8）。与之相对应，将国际法与国内法分别置于不同法律秩序的二元论，作为一种反映现实的思想，在今天也得到了相当程度的支持。

接下来，我们还要思考在实际的国际社会中，国际法以什么样的形式在国内社会中得以适用。为了让国际法在国内社会中得以实际应用，各国有必要创造条件。从具体方式上来说，各国可以选择**"转化"**方式，也可以选择"（一般性）接纳"方式。为了将国际法作为国内法加以适用，需要将其"转化"为国内法，此为"转化"方式；**"（一般性）接纳"**方式指的是直接将国际法作为国内法加以适用。包括日本在内的多数国家都选择了后一种"（一般性）接纳"方式。

如果这样直接承认条约和习惯国际法等具体的国际法规范在国内法上的

图 2-8　维也纳大学校园内的汉斯·凯尔森半身像

效力的话，那么接下来的问题便是国际法在国内的效力层级问题。例如，在日本的国内法层级是以宪法为顶点，宪法之下依次为法律、政令（内阁行政命令——译者注）、省令（内阁部门命令——译者注）和条例（地方性法规——译者注）来构建的。条约和习惯国际法在这样的法律层级之中应该处于哪个位置呢？关于国际法在国内法律层级的位置问题，每个国家都有不同的规定。就日本来说的话，条约被认可的效力应处于宪法之下、法律之上。

不过，即便是这样承认国际法在国内法上的效力，也不能够认为说全部的条约和习惯国际法的规定都可以直接在国内发挥效力，或者说国内的法院可以对其直接适用。比如，有些时候，某些条约规定的内容只不过是一般性的努力义务，或者有的条约规定了缔约国的国内立法义务，像这样的条约规定，国内法院就无法对其直接适用。若想让某条约的规定可以在国内法上直接适用的话，就需要这个条约规定具备“**自动执行性**”（self-executing）。而判断某条约规定是否可以“self-executing”的要件，一般认为有必要根据相关规定的明确性，以及根据相关规定的具体性来判断。就日本国内法院的判决来看，虽然有意见显示国际人权公约

（《公民权利和政治权利国际公约》）中的某些条款可以被认为是具备在日本国内进行直接适用可能性的，但是在大多数的情况下，日本的国内法院仅仅是将各国际人权条约作为解释国内法的一种参考而已（也就是间接适用）。（**第八章**）

4　违反国际法的后果——国际法上的责任

（1）国际法上的责任与国家责任

违反国际法的有关规定的时候，就会导致发生国际法上的法律责任。而能够承担国际法责任的主体，虽然一直以来都被限定为国家，但是近年来也出现了国际组织和个人等国家以外的主体来承担国际法责任的情况。国家应当承担的国际法责任，在国际法上一般被称为**国家责任**。

国际社会针对国际法上的国家责任问题，进行了长期的法典化工作。在历经数年的起草工作之后，2001 年联合国大会通过了由联合国国际法委员会起草的**《国家责任条款草案》**（国家对国际不法行为的责任条款草案）。该草案总结了关于国家责任的一般性规则，虽然它本身不是具备法律拘束力的条约，但我们可以认为它是能够为关于国家责任问题的思考提供方向的重要文件。

根据《国家责任条款草案》，国家存在国际不法行为时将发生国际法上的国家责任。具体来说，当某一行为满足，① 构成对该国国际义务的违背，以及，② 该行为依国际法归于该国（《国家责任条款草案》第 2 条）这两个要件时，便可以认为该国实施了国际不法行为。然而，即便满足了这两个要件，如果存在违法性阻却事由，那么例外地，该国国家责任便被解除。《国家责任条款草案》中规定了包括同意、自卫、反措施、不可抗力、危难和危急情况等六项违法性阻却事由（第 20—25 条）。

(2)国家责任的后果和责任解除的方法(图2-9)

● “国际不法行为”⇒发生“国家责任”(第1条)

· 违反“国际义务”(第2条)

· “归于”行为国(第2条)

● 发生“国家责任”的法律效果——“受害国”对“责任国”的责任追究手段

· 发生持续性不法行为时⇒要求“停止”[第30条(a)]
可能重复发生不法行为时⇒要求提供“不重复该行为的适当承诺和保证”[第30条(b)]

· “广义的赔偿”(*reparation*)——对国际不法行为所造成的损害提供赔偿的义务(第31条)⇒要求单独或合并地采取以下三种方式(第34条)

(1)“恢复原状”(*restitution*)——恢复到实施不法行为以前所存在的状况(第35条)

(2)“补偿(金钱赔偿)”(*compensation*)——将损失换算成金钱进行支付(第36条)

(3)“抵偿”(*satisfaction*)——通过外在行为进行救济(承认不法行为、表示遗憾、正式道歉)(第37条)

图2-9 国际法上的“国家责任”规则(条款编号依照《国家责任条款草案》)

在发生了上面所说的国家责任时,国际不法行为的受害国可以依照哪些具体形式来要求责任国进行赔偿呢?这些具体形式一方面可以被认为是受害国追究责任国责任的手段和方法,另一方面也可以被认为是责任国解除本国国家责任的方法。根据《国家责任条款草案》,发生国家责任将导致责任国对受害国负有“**(广义的)赔偿**”(reparation,也可以被称作“原状恢复”“事后救济”)义务。具体来说,包括恢复原状、补偿(金钱赔偿)和抵偿(satisfaction)中的某一项或某几项方式(《国家责任条款草案》第34条)。

首先，所谓“**恢复原状**”是指恢复到实施不法行为以前的状况（第35条）。如果无法恢复原状或无法完全恢复原状的话，就需要进行“**补偿（金钱赔偿）**”（第36条）。如果通过恢复原状和补偿的方式仍然不能充分赔偿损失的话，那么责任国就需要通过承认不法行为（主动承认）、表示遗憾、正式道歉等方式进行“**抵偿**”（satisfaction）（第37条）。此外，当责任国在从事一项持续性的不法行为时，受害国可以要求责任国“停止”该行为。或者在有必要的情况下，受害国可以要求责任国提供“**不重复该行为的适当承诺和保证**”（第30条）。

参考文献

· 岩沢雄司:《条約の国内適用可能性》，有斐閣，1985年。
· 小河芳彦:《条約法の理論》，東信堂，1989年。
· 村瀬信也:《国際立法》，東信堂，2002年。
· 坂元茂樹:《条約法の理論と実際》，東信堂，2004年。

第三章　国生，国灭

——国家是什么

1　什么是“国家”？——关于国家的成立

（1）国际社会基本构成单位的“国家”——关于国家成立的问题

不论大家是否愿意，“国家”都是现代国际社会的基本构成单位。

不过，2014 年以后在叙利亚和伊拉克境内开始迅速扩大势力范围的，自称为国家的极端激进组织“**伊斯兰国**”（IS），即便在其组织名称中有“国”这个字，为什么没有被国际社会所承认呢？另外，在紧邻日本的东亚地区，也有像台湾、香港和澳门这样的地区，为什么也不被承认是“国家”呢？这就需要讨论一下，想要被国际社会承认为“国家”的话，需要哪些要件。

目前，作为被正式承认为“国家”的联合国会员国共有 193 个。然而，在这 193 个“联合国会员国”之外，还有很多可以被视为国家的地区或团体。例如，在意大利的罗马，罗马教皇圣座所在地，被称为“**梵蒂冈**”的地方。梵蒂冈虽然没有加盟联合国，但是它也可以被认为是一种“国家”吧。

再比如说，现在有一块领域被承认是“国家”，但是如果其中一部分的领域宣布另行成立了一个新“国家”的话，那么在什么情况下才有可能被正式承认为一个“国家”呢？在冷战结束后的 20 世纪 90 年代，伴随着前南斯拉夫的分裂，有六个共和国作为新“国家”宣布独立。而在六个独立国家之一的塞尔维亚中，又有一部分地区宣布独立，成立名为**科索沃**的

“国家”。这样的例子其实并不少见。在这些“国家”当中，有像2011年宣布从苏丹独立出来的**南苏丹**一样，被接纳为联合国会员国的例子，但也有像科索沃那样，虽然得到了包括日本在内很多国家的承认，但是并没有被承认作为联合国会员国地位的例子（图3－1）。假如说，像冲绳这样的日本的部分地区，如果宣布从日本“独立”并成立一个新的“国家”的话，从法律上来说是否可能呢？

图3－1 联合国最新会员国“南苏丹”的地理位置

（图片出处：根据外务省网站制成）

（2）“国家”的要件

现在的国际法中一般认为想要被承认为“国家”的要件包括：① 拥有有效的“政府”；② 拥有明确的“领域（领土）”；③ 有一定居住其中的“居民”。这三个要件被称为“**国家三要素**”。具备这三个要件的话，原则上便可以被认为是国际法上的“国家”。1933年签订的《关于国家权利及义务的（美洲）公约》（**《蒙得维的亚公约》**）第1条中，在规定了上述三项要件之外，还将“与他国缔结关系的能力”，即**外交能力**，规定为认定“具有国际法人格的国家”的第四要件。这个要件也被称作“独立性”要件。某个“国家”如果具备了第四要件所要求的外交能力，或者说是独立性的话，就可以被承认为一个完整的国际法主体，也就是说，可以被承认为一个**“主权国家”**了。缺乏这种“外交能力”或者说“独立性”的所谓国家，就变成了一个主权受限的不完全国际法主体。

2　“国家”的开始与终结
——“国家”的诞生、发展、变更和终结

（1）“国家”是如何诞生的？——“国家”的诞生和国家承认

从前面的内容可以了解到，成为一个被国际社会承认为“国家”的条件，是基于国际社会中一定的共同认知而确立的。然而，事实上国际社会并不存在一套程序或者系统去判断某一个个体是否满足被承认为“国家”的要件。联合国可以判断某一个“国家”是不是联合国的新“会员国”（参考《联合国宪章》第4条），但是并不是所有的“国家”都会申请加入联合国。比如，瑞士直到2002年都不是联合国的会员国，韩国和朝鲜在1990年才被同意加入联合国。然而，即便是在加盟联合国以前，瑞士和韩国等国也并没有不被国际社会承认为是“国家”。也就是说，成为“联合国会员国”可以被视为是成为被国际社会承认的“国家”的有力证据，但是并不是说所有的“国家”都一定得是联合国会员国。

之所以能够产生这样的现象，是因为在现今的国际社会中，并没有确立起一套统一的制度去决定某一个主体到底是不是“国家”。国际社会中某一个主体宣布自己是一个新诞生的“国家”的时候，决定是否正式承认其为“国家”是由其他国家自己进行个别判断的。这种承认他国为国际法主体的国家的个别行为被称为**国家承认**。因此，当A宣布自己成立了一个“国家”时，会经常发生这样的情况，即B国承认A是一个国家，但是C国却不承认A是个国家。

想要获得“国家承认”，那么宣布独立的这个新“国家”首先要满足

“国家三要素”中所说的客观条件。同时，我们也可以认为，新国家有必要以不违反有关不行使武力义务的国际法基本原则的方式成立。早先，1931年“九一八”事变之后，美国国务卿史汀生在拒绝承认日本成立的伪满洲国时所阐述的理由为“拒绝承认作为违反非战公约的结果而成立的国家”。这一被称为**史汀生主义**的表态便是一个很好的例子。第二次世界大战之后，联合国安理会曾多次通过决议，拒绝承认1965年由白人少数派政权发表的《罗得西亚单方面独立宣言》、1976年受施行种族隔离政策的南非少数派白人政府所支持的《特兰斯凯独立宣言》以及1983年在土耳其支持下发表的《北塞浦路斯独立宣言》。2008年从格鲁吉亚（图3－2）（应格鲁吉亚政府要求，日本从2015年开始将其国名翻译从“格鲁吉亚”改为“乔治亚”）宣布独立的南奥塞梯和阿布哈兹也是因为在俄罗斯的军事介入之下宣布独立的，因此在国际社会上（除俄罗斯等极少数国家以外），没有国家对其进行正式承认。

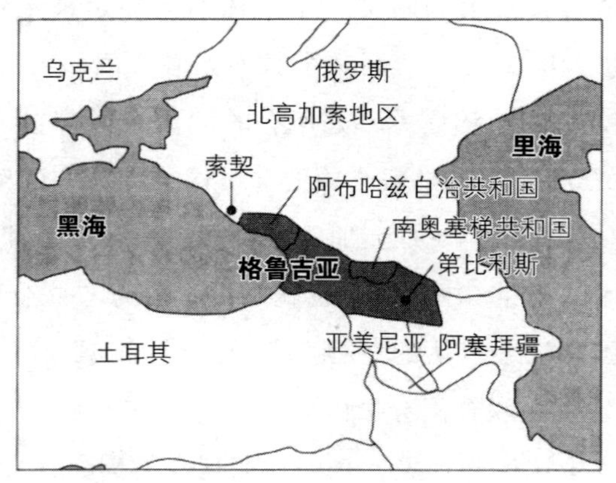

图3－2 格鲁吉亚（乔治亚）和俄罗斯

（图片出处：基于外务省网站制成）

此外，2014年，作为乌克兰领土一部分的克里米亚，在俄罗斯政府的实际支持之下，不顾乌克兰政府的反对，推动实施了关于独立问题的公民投票，并根据投票结果宣布克里米亚从乌克兰独立，并继而与俄罗斯达成协议加入了俄罗斯联邦。以乌克兰为首，国际社会的很多国家都将此视为俄罗斯对克里米亚的吞并行为，并主张这样是违反乌克兰政府意愿的，在俄罗斯的武力威慑下完成的对克里米亚的吞并是违反国际法并且无效的。这些国家进而对俄罗斯发起了制裁。

关于这一问题，联合国安理会于2015年3月15日表决关于不承认克里米亚公民投票结果的议案，但由于俄罗斯行使了否决权所以未被通过。但是，联合国大会于3月27日对几乎相同内容的第68/262号联合国大会决议进行表决，结果该决议以100票赞成、11票反对、58票弃权以及24票缺席获得了通过。国际社会中的多数国家都认为，俄罗斯对克里米亚的合并是违反国际法的。

（2）“国家”的发展、变更与解体、消亡

只要是被国际社会正式承认过的“国家”，不论之后其“领土”如何变更（扩大或缩小），其“人口”（“人民”的数量）增加或减少，又或者由于政变或革命造成“政府”的变更或更迭，只要不丧失作为国家的同一性，那么这个国家就会作为国际社会的正当主体、国际社会的一个构成单位而持续存在。

然而，像1989年柏林墙的倒塌与之后的民主德国和联邦德国统一（从法律上来说，是德意志民主共和国——民主德国加入德意志联邦共和国——联邦德国），1991年苏联（苏维埃社会主义共和国联盟）的解体以及前南斯拉夫分裂为六个独立的共和国这样，国际社会中“国家”的变更或解体，乃至于消亡的事例时有发生。在这种情况下，新诞生的国家应该如何继承因解体或结合而停止存在的国家在国际法上的权利和义务，乃至财产和债务，便成为一个问题。

新国家对于之前消亡的国家在国际法上的权利和义务以及财产等的继承问题被称为“**国家继承**”。新国家可以继承或者可以争取的权利义务，包括条约上的权利义务以及财产和债务等诸多内容。关于这一问题，有两个维也纳公约做出了一定的规定（1978年制定的《**关于国家在条约方面继承的维也纳公约**》和1983年制定的《**关于国家对国家财产、档案和债务的继承的维也纳公约**》）。然而，前一个维也纳公约虽然在1996年

正式生效，但是参加国寥寥无几，后一个维也纳公约则尚未生效。国际社会中实际发生的关于国家继承的问题，也不限定于依照这些条约的各种规定来处理——事实上大多数情况下有关国家都是通过个别地签订继承协议来处理这些问题的。

对于日本来说也是同样的。有一个离大家不远的涉及大使馆等国家财产的国家继承的例子。1991 年苏联解体之后，位于东京的苏联驻日本大使馆由俄罗斯联邦继承，成为俄罗斯驻日本大使馆。之后，1993 年捷克斯洛伐克分裂为捷克共和国和斯洛伐克共和国之后，原捷克斯洛伐克共和国大使馆就变成了捷克大使馆。而斯洛伐克则在东京另行开设了新的大使馆（图 3－3）。

俄罗斯驻日本大使馆

捷克驻日本大使馆

斯洛伐克驻日本大使馆

图 3－3　与国家继承有关的各驻日使馆

3　世界上有各种各样的“国家”——国家的多样性和共同性

（1）多种多样的“国家”

在第 1 节中我们了解到，每一个“国家”都有各自的政府、领土和人民。但是每个国家实际领有的“领土”范围与“人民”的数量（人口），等等，都存在巨大的差异。例如，世界上领土面积最大的俄罗斯拥有超过 1700 万平方公里的领土。而世界上还有一些国土面积极为狭小的国家，如，位于太平洋的一些岛国，以及摩纳哥、圣马力诺、列支敦士登等（或称为袖珍国家、微型国家）。另外，每个国家的人口数量也是千差万别。如，拥有全世界最大人口数量的中国，人口总数已超过 13 亿。但是，世界上也存在着人口总数不足 1 万人的国家（图瓦卢、瑙鲁等）。各国的经济实力和物产的丰富度以及各国的军事实力等，也有着各种各样的差别。所以，现实存在的“国家”的条件，是极其多样的。

（2）“国家”共通的权利义务——“主权”的内涵

在现实中各不相同的“国家”，在国际法上却是被视为一律平等的。根据《联合国宪章》第 2 条第 1 项的规定，联合国会员国严格遵照“**主权平等原则**”。那么，这里所说的“主权”是什么意思呢？

一般来说，每一个国家都拥有**主权**。国家所具备的**国家主权**可以理解为意味着对外独立的对外主权以及对内至高的对内主权。后者所谓的对内主权指的是，在国家领域内拥有的排他性的统治权限，因此也可以称之为是针对领土、领水（领海和内水）（**第六章**）以及领空构成的国家领域内行使的**领域主权**。另外，国家可以对拥有本国**国籍**的人行使**对人主权**（**第八章**）。国家可以为拥有本国国籍的个人颁发**护照**。日本护照上会以外务大臣的名义，用英语和日语两种语言写有“恳请对持有本护照的日本国民予以通行的便利和必要的协助保护”[①]（图 3－4）。

图 3－4　日本护照

从左至右：外交护照、普通护照、公务护照。日本的普通护照会俱以日本国外务大臣的名义。

国家行使对人主权的时候，通常是对拥有本国国籍的个人行使管辖权。但有时国家也被允许基于法人的国籍或者以船舶的国籍（**船籍**）为根据行使一定的管辖权。（关于人的国籍，参看**第八章**；关于船籍，参看**第六章**）。

像这样的“国家主权”所包含的，被称为**国家基本权**。凡是“国家”，不论其大小，在国际法上平等拥有国家基本权利，具体来说，我们可以举出的例子包括**外交权**、**使节权**以及**条约缔结权**等权利。一些情况下自卫权也被包含在国家基本权里（关于外交、领事关系法以及条约缔结，参看**第四章**）。通过这些各种各样的行为，每个国家都作为国际社会中的一员以平等地位开展活动。

总结来看，国家间的相互平等与所谓的对外独立，事实上可以理解为国家对于其国内的事务（也称为**国内管辖事项**），均可以不受别国干涉而基于自己的意愿做出决定。这便是**不干涉内政原则**。不干涉内政原则被认为是国际法上的一个基本原则。然而近些时候，即便是在国内领域，尤其是在人权保障领域，主权受到条约等国际法管制的情况也并不稀奇。

---

① 译者注：我国因私护照在第一页请求页上通常用中英两种语言写有“中华人民共和国外交部请各国军政机关对持照人予以通行的便利和必要的协助”字样。

（3）国家管辖权及其适用

每个国家都对其领域（领土·领水——包括领海和内水·领空）拥有领域主权。从国家管辖权的观点来说，这个可以被称为**属地管辖权**。同时，国家也可以对拥有本国国籍的（或者是船籍的）人（自然人）或企业、船舶等行使管辖权。其中，国家对于拥有其国籍的个人行使的权力，被称为**属人管辖权**（对人管辖权）；国家对拥有本国船籍的船舶行使的权力被称为**船旗国管辖权**。

涉及国家行使管辖权问题的国际法原则有很多，其中，某国基于领域主权而对该国领域行使管辖权的**属地主义**是最基本的原则。根据对人管辖权而行使的**属人主义**又可以分为根据行为者国籍行使的**积极属人主义**，以及根据受害者国籍而行使的**消极属人主义**。这些是作为国际法基本原则的属地主义的补充原则。

除此以外，在属地主义原则中，近来又发展出“**效果理论**”和保护主义的主张。前者认为当在外国完成的某一行为的影响和效果波及本国领域内时，应当对这样的在外国发生的行为同样适用本国国内法；后者认为，当本国安全或重大国家利益受到某种行为侵害时，不论该行为发生地国家还是行为者的国籍国均应对其行使国家管辖权。此外，**普遍管辖权**思想认为，如果涉及侵害国际社会重大共同利益的犯罪活动时，不论犯罪行为地或行为者国籍国，甚至所有国家均可对其行使国家管辖权。该主张也在一定范围内得到了支持（关于国际刑事法中的普遍管辖权问题，参看**第九章**）。

（4）国家豁免（主权豁免）

拥有主权的国家在国际法上被认为是平等的，这一点在法律上被确认为主权平等原则。《联合国宪章》也以“人民的平等权利及自决原则”（第1条第2项）为基础，对于作为联合国得以立足的重要原则的主权平等原则进行了明确规定（第2条第1项）。

从在国际法的法律意义上各国平等这一原则可以推断出，国家互相之间都不受对方国内法院管辖。这被称为**国家豁免**或**主权豁免**原则。

国家豁免又分为对别国国内法院的司法管辖权豁免（司法豁免权）以

及对强制措施的豁免（执行豁免）。关于国家对于什么范围内的行为可以认定豁免这个问题，从古至今一直在讨论。在18—19世纪这个强调国家主权的绝对性的时代，主张对国家的一切行为均认定豁免的**绝对豁免主义**粉墨登场。日本的大审院（最高法院的前身）决定（中华民国本票案——1928年）也对此表示了支持，并在一段时间内都秉承了这一思路。

然而，由于国家的活动包罗万象，其中也开始涉及商业活动，有一些与私人或企业行为无异的行为。自此，并不是国家开展的任何活动都被认可豁免，而是开始将国家的行为分为**主权行为与商业行为**。其中，主张仅对前者所谓的主权行为认可主权豁免的**限制豁免主义**得到越来越多的支持。关于区分国家行为是主权行为还是商业行为的问题，又分为以行为目的为基准的主张**（行为目的说）**以及以行为性质为目的的主张**（行为性质说）**，等等。国际上，联合国国际法委员会基于限制豁免主义制定的**《联合国国家豁免公约》**于2004年获得通过。在日本，2006年最高法院也做出了明确采用限制豁免主义（巴基斯坦政府准消费贷款案）的判决。2010年，日本开始在国内实施基于限制豁免主义而制定的国内法（《关于我国对外国的民事管辖权法律》）并得以实施。同年，日本也批准了《联合国国家豁免公约》。

国际法院（ICJ）在对2012年德国诉意大利“国家管辖权豁免案”的判决中，认为意大利以第二次世界大战中纳粹德国对国际人道法的违反行为为理由而认可对德国在意大利的国有财产（*villa vigoni*）采取强制措施的意大利国内法院的判决侵害了国际法上认可的德国的主权豁免。

参考文献

· 国際法事例研究会：《国家承認》，日本国際問題研究所，1983年。
· 国際法事例研究会：《国交再開・政府承認》，慶応通信，1988年。
· 王志安：《国際法における承認》，東信堂，1999年。
· 水島朋則：《主権免除の国際法》，名古屋大学出版会，2012年。

第四章　国家与国家的交往

——条约法，外交、领事关系法

1　条约的缔结

（1）条约与条约法

所谓条约，指以国际法为准，由国际法主体间所达成的协定。除了国家之间缔结的条约之外，还存在国际组织与国家、国际组织之间缔结的条约（例如，联合国与美国签署的联合国总部协定以及联合国与各专门机构之间签署的合作协定）。条约一般以书面的形式呈现，但也有例外，以被认为与条约具有同样效力的口头协定的形式存在。此外，因为条约需要“以国际法为准”，所以受国内法管辖的契约（关于大使馆的土地与建筑物合同）或者政治性的意思表达（1943 年《开罗宣言》[①] 或 2002 年《日朝平壤宣言》）均不能称为条约。

具体判断某一国际文书是否为条约的时候，需要基于文书的实质性，不可单纯根据文书的名称来判断。例如，某国发表的单方面“宣言”（1945 年的《杜鲁门宣言》等），以及联合国大会决议通过的“宣言”（1970 年《友好关系原则宣言》等），均不是条约。然而，**《日苏共同宣言》**（1956 年）是条约，它旨在终止两国间的战争状态。这个文件虽然没有最终达成解决领

---

① 译者注：中国学者则认为，《开罗宣言》是具有法律效力的国际条约。

土问题的协议，并且以“共同宣言”命名，但是根据其“于互换批准书之日起生效”的规定，在1956年两国交换批准文书后正式生效，因此，《日苏共同宣言》是具有法律效力的条约。

表4-1 条约名称及事例

名称	中文翻译	例子
Treaty ○	条约、公约	里斯本条约、南极条约、外层空间条约、北大西洋公约
Convention ○	公约	联合国海洋法公约、维也纳外交关系公约、日内瓦公约
Agreement ○	协定	联合国渔业种群协定、月球协定、世界贸易组织(WTO)协定
Protocol ○	议定书	京都议定书、日内瓦各公约第一附加议定书、关于环境保护的南极条约议定书
Charter ○	宪章	联合国宪章、东南亚国家联盟宪章（※各国经济权利和义务宪章×）
Constitution ○	章程	国际劳工组织章程、联合国教科文组织章程
Covenant ○	规约、盟约	国际联盟盟约、国际人权规约
Statute ○	规约、章程	国际法院规约、国际刑事法院罗马规约、国际原子能机构章程
Exchange of Notes ○	换文、换约	关于实施日美安保条约第六条规定的政府换文、换约(1961年)
Arrangement	协议	墨西哥日元借款协议(1998年)○
Declaration	宣言	圣彼得堡宣言○(※世界人权宣言×;里约环境与发展宣言×)
Joint Declaration	共同宣言	日苏共同宣言○
Memorandum of Understanding(MOU)	谅解备忘录	日美开放天空谅解备忘录○
Joint Communiqué Joint Statement	联合公报; 联合声明	中日联合声明×*

○：具备普遍法律拘束力的条约。

×：不具备法律拘束力的文件。

※：联合国大会决议。

*译者注：通常此类文件的法律约束力要基于文件的具体文本进行个别且细致的推敲。至于《中日联合声明》是否具备法律约束力的问题，本书见解只代表原书作者的单方面立场。译者对这一判断持保留态度。

关于条约的国际法规则被总称为条约法。1969年《维也纳条约法公约》完成了对由习惯国际法发展而来的条约法的成文化作业，并新加入了一些旨在促进法律的渐进性发展的规则。条约法公约作为规范了大部分条约法的基本公约，其多数规则在今天已经演变为习惯国际法。

（2）条约的缔结及其程序

通常，并不存在一个关于缔结条约所必须遵守的统一的程序。按照严格缔结程序来说，一般情况下条约的缔结应包括条约交涉、条约草案形成和通过、署名、批准、批准书换文、换约以及登记等一系列的程序。但是，有很多条约简化了程序，不要求批准环节（图4－1）。

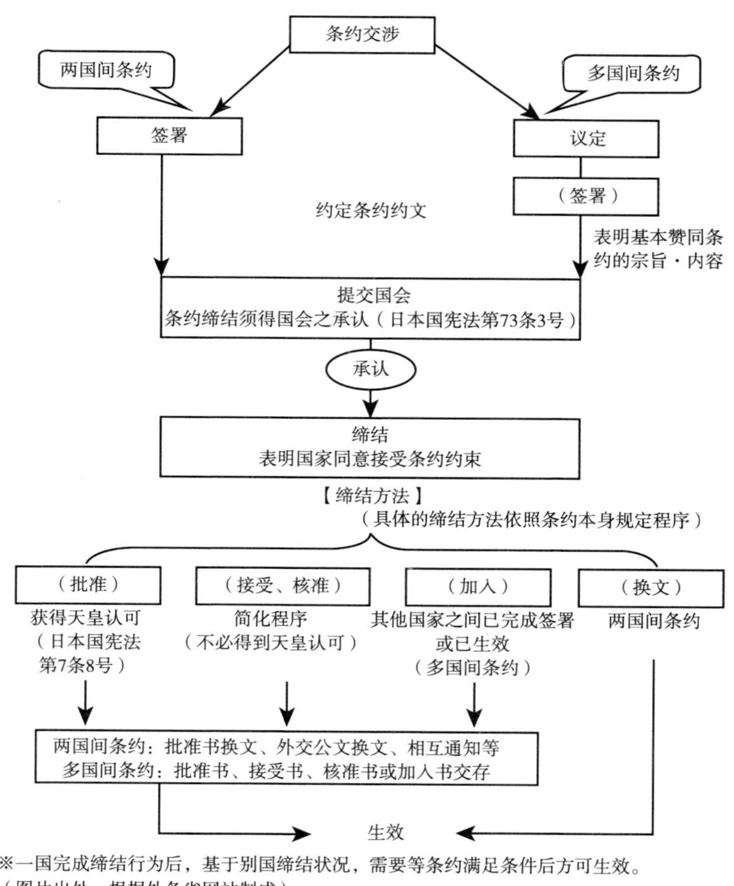

图4－1　条约缔结流程

（a）条约缔结权与全权证书

根据各国的宪法体制，各国由不同国家机关行使条约缔结权，但是一般来说，都是由国家元首或政府首脑行使此权。需要明确的是，现今国家的立法机构（议会、国会）也参与到了条约缔结过程中来。根据日本国宪法的规定，日本的条约缔结权被授予内阁，而条约的“承认权”则被授予了国会①。

事实上行使条约缔结权、担负缔结条约任务的代表者被称为**全权代表**。为确认全权代表拥有代表国家的正式资格，原则上，在条约磋商开始前需要全权代表出示由具备相关权限的国家有关当局发放的**全权证书**（图 4－2）。

图 4－2　岩仓赴欧使节团与全权证书

左图：岩仓赴欧使节团。（图片出处：Bridgeman/PPS 通讯社）

右图：国书御委任状。（图片出处：国立公文书馆网站）明治初期，被派往欧洲的岩仓使节团在开始与美国进行不平等条约改定时，被要求出具全权证书。为此，当时的使节团成员大久保利通和伊藤博文专门临时回国，在取得了相当于全权证书的“国书御委任状”后再次赴美。

（b）条约约文的议定和认证

通过磋商总结得来的条约内容，被议定继而被认证为条约约文。所谓条约约文的认证，指完成“作准定本”的行为。条约约文一经认证，不再接受对其进行的修正和变更。条约约文认证的通常方式是由全权代表进行**署名**

① 译者注：根据《中华人民共和国缔结条约程序法》，一般情况下，我国行使缔结条约权者为中华人民共和国国务院，即中央人民政府（该法第 3 条第 1 款）；条约和重要协定的批准由全国人民代表大会常务委员会决定（同条第 2 款、同法第 7 条）；中华人民共和国主席根据全国人民代表大会常务委员会的决定，批准和废除同外国缔结的条约和重要协定（同法第 3 条第 3 款）。日本国宪法中规定的国会对于条约的“承认”的法律效果，可以认为与我国全国人大常委会对条约的“批准决定”的法律效果相似。

（**签署**、signature）（图 4 – 3）。在缔结两国间条约时，通常通过署名的方式，同时对条约约文进行议定和认证。而多国间条约的起草和议定，常常通过联合国等国际组织以集体方式进行。联合国国际法委员会（ILC）等各专门机构在完成条约草案的起草工作之后，经集合了各国代表的联合国大会议定，对各国开放署名，或通过召集其他外交会议来进行署名。现今，很多时候条约都不通过传统的表决方式，而是以经过彻底磋商后达成**一致同意**的方式来议定。

图 4 – 3　《联合国宪章》原件署名页

（图片出处：UN Photo/Rosenberg）

（c）国家表示同意接受条约拘束的方式

① 批准

署名并不一定意味着国家表示“同意接受条约拘束”。正式的条约应当在结束署名之后，完成署名之外的其他**批准**（ratification）程序。批准，是表明国家最终决定同意承受条约拘束的最正统方式。重要的条约中一般都会设定批准程序。另外，从为了确认代表国家署名的全权代表是否真正地遵从了国家意志的角度上来说，批准程序是非常有必要的。不过，批准程序在今天更重要的意义是，基于条约缔结中的民主控制要求，应给予代表国民的议会以足够的机会参与条约的缔结过程，并对条约进行审查和承认。对条约约文进行署名，并不引发批准条约的法律义务。作为国际性行为的批准，在现实中以批准书的形式以兹证明。在日本，批准书由内阁起草，并获天皇认证[①]。

② 批准书以外的方法

国家同意接受条约的拘束，除批准之外还可以使用其他方法表明。在今天，为了满足迅速处理大量条约的需求，多数条约都以单纯署名（署名生效条约）或者简单以交换构成条约的文书（换文、换约）方式来完成条约的缔结。此外，与批准具有同样的国际性效果，被用于表现国家表示同意接受条约拘束的方式的用语还包括接受、承认和加入等。

（d）国会批准条约与行政协议

当今世界各国的国内宪法都基于民主控制条约缔结的要求，赋予议会以条约批准权。然而，全部条约都经由议会批准在事实上是不大可能的。在日本，条约被区分为需要国会批准的条约（宪法第 73 条 3 号，**国会批准条约**）和作为外交事务的一环（同条 2 号）由行政机关单独可以缔结的条约（**行政协议**）[②]（图 4－4）。

① 涉及法律事项的承诺。尊重国会立法权（宪法第 41 条）。

② 涉及财政事项的承诺。尊重国会关于国家经费支出－国家负担债务的决议权（宪法第 85 条）。

③“具有以法律规定国家间普遍的基本关系性质的重要政治性国际承诺，应将（国会）批准视为其生效要件”。

图 4－4　属于国会承认条约的三种国际承诺（1974 年政府统一见解）

（3）条约的生效和登记

（a）条约的生效要件多由各条约独自进行规定。

例如，《联合国海洋法公约》（1982 年）规定，“自第六十份批准书或

① 译者注：根据《中华人民共和国缔结条约程序法》规定，我国条约批准书由中华人民共和国主席签署，由外交部长副署（同法第 7 条第 6 项）。

② 译者注：我国有相似的分类。详细可参考《中华人民共和国缔结条约程序法》第 7 条、第 8 条。

加入书交存之日后十二个月生效”（第 308 条第 1 项）。基于这一规定，公约于 1994 年 11 月生效。在没有特别规定的情况下，通常通过批准书**换文、换约**（两国间条约等）或者**交存**（多国间条约）的方式，确定国家同意接受条约拘束后条约生效。署名生效条约或通过换文、换约等简略形式生效的条约，通过署名和换文、换约生效。日本所缔结的条约应由天皇作为国事行为进行公布（日本国宪法第 7 条 1 号）[①]（图 4－5）。

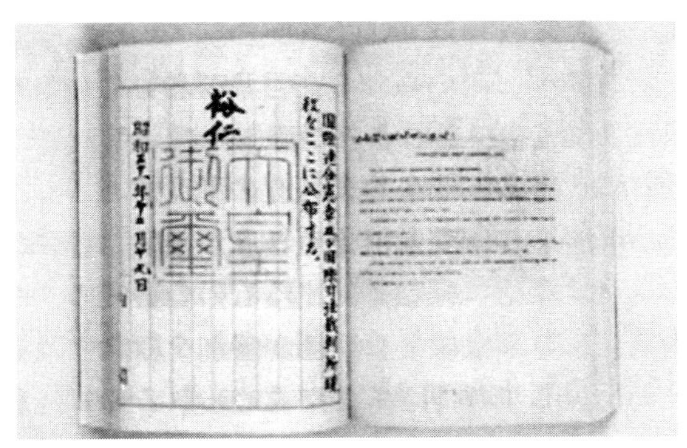

图 4－5　日本的条约公布

公布的《联合国宪章》及《国际法院规约》原件上的御名御玺（天皇的署名、官印）页。（图片出处：国立公文书馆网站）

（b）条约的登记

条约应在联合国秘书处登记。条约登记制度是为了防止秘密条约的目的由国际联盟最先引入的（《国际联盟盟约》第 18 条）。《联合国宪章》也规定了联合国的任何机关禁止援引任何未经联合国秘书处登记的条约（《联合国宪章》第 102 条第 2 项）。但这一规定同时也意味着，未经登记的条约同样有效，可以在联合国以外的场合援用。

---

① 译者注：在我国，根据《中华人民共和国缔结条约程序法》第 15 条规定：“经全国人民代表大会常务委员会决定批准或者加入的条约和重要协定，由全国人民代表大会常务委员会公报公布。其他条约、协定的公布办法由国务院规定。”

2 对条约的保留

（1）保留的意义

所谓**保留**，指“一国于签署、批准、接受、赞同或加入条约时所做之片面声明，不论措辞或名称如何，其目的在摒除或更改条约中若干规定对该国适用时之法律效果”［《条约法公约》第2条第1项（d）］。保留是多国间条约的特有制度。多国间条约往往希望有尽可能多的国家加入，如果某国对条约的大体内容表示赞同但仅因为不同意其中的某一部分而放弃加入的话便得不偿失了。如果允许对条约做出保留的话，这样的国家也可以顺利地加入条约。

（2）与条约目的的抵触性基准

虽然有的条约明文规定禁止对条约做出保留（《联合国海洋法公约》第309条，《联合国气候变化框架公约》第24条等），但是如果条约中没有这样的规定，那么国家单方面做出的对条约的保留声明在什么条件下可以被国际社会接受，其又与国际社会建立了怎样的条约关系，这便是接下来的问题。**关于《防止及惩治灭绝种族罪公约》保留案**（1951年）（图4－6），国际法院（ICJ）在其发表的咨询意见中，对保留的容许性问题提出了新的“保留与条约目的的**抵触性**”**基准**，该基准后被写入了条约法公约。当一国做出的保留被许可时，该国便与其他缔约国之间形成了复杂的条约关系。

《消除一切形式种族歧视公约》（1965年）中规定，“凡与本公约的目标及宗旨抵触的保留不得容许”，“凡经至少三分之二本公约缔约国反对者，应视为抵触性或阻碍性之保留”（第20条第2项）。日本在加入该公约时，因其关于禁止传播以种族优越或仇恨为根据的思想和煽动种族歧视部分的规定［第四条（子）项、（丑）项］与日本国宪法中规定的保障表现自由部分的内容发生抵触，日本做出了在不抵触宪法规定的前提下履行公约该部分规定的保留。

《防止及惩治灭绝种族罪公约》于1948年经联合国大会审议通过并开放签署。公约中并没有对关于保留的问题做出规定，但是针对一部分交存的批准书和加入书中附加的对于公约第9条（承认ICJ强制管辖权的规定）的保留，一部分公约签署国提出了异议并产生分歧。因此，联合国大会请求ICJ就此问题发布咨询意见。ICJ认为，全体当事国同意原则具有无可辩驳的价值，但是鉴于《防止及惩治灭绝种族罪公约》本身具备的普遍性宗旨和人道目的，为确保尽可能多的国家参与其中，这一原则应针对具体情况灵活适用。

图4-6　ICJ关于《防止及惩治灭绝种族罪公约》保留案发布的咨询意见要义

3　条约的解释

（1）解释条约的方法和《条约法公约》的解释规则

关于解释条约，存在基于客观性解释、主观性解释和目的论解释三种立场的解释方法。

· 客观性解释：重视条约行文，基于用词的含义和语法来解释条约。

· 主观性解释：尊重条约缔结时当事国的意思，重视条约的“准备工作”即条约缔结时的具体情况。

· 目的论解释：独立于各条约当事国的意思而重视条约本身的目的，依照条约的目的进行解释。

《条约法公约》在关于条约解释的问题上首先规定了要按照用语的通常意义进行善意解释，也就是说，在解释条约时，公约将**客观性解释**的方法视为根本规则。“用语的通常意义”要“按其上下文并参照条约之目的及宗旨”（公约第31条第1项）来理解。“上下文”指包括了“弁言”和“附件”的全部“约文”，并同时包括“全体当事国间因缔结条约所订与条约有关之任何协定”。此外，作为客观性解释方法的补充方法，**主观性解释**方法也同样被认可，即在解释条约时也可以依据“条约之准备工作及缔约之情况在内”的补充资料（同条约第 32 条）。实践中，为确认或强化通过用语的通常意义得来的条约解释，援用条约准备工作资料的情况并不少见。条约法公约只是规定了关于条约解释的一般性原则，具体的条约解释还需要依据各种各样的技巧来进行。此外，国际组织的设立条约（《联合国宪章》等）的解释，也会应用**目的论解释**方法。

术语 **解释性声明**

某些特殊条约内容在适用上可能存在着多重解释的情况，对此缔约国为表明本国采用的特定解释而发表的单方面宣言被称为解释性声明。解释性声明与保留同样是国家发表的单方面声明，但与保留不同的是，发表解释性声明的目的并不是排除或者变更某种对本国适用的法律效果，因此解释性声明的发表一直都是得到允许的。现实情况中，就某国单方面发表的声明而言，其性质究竟属于解释性声明还是属于保留，须基于其内容来个别判断。

（2）多种语言文本与条约的解释

条约在很多时候是应用多种语言来订立的。这些不同语言的条约文本均被视为条约的“**作准约文**”，具有国际性权威（条约法公约第 33 条）。用非“作准约文”的语言写就的条约译本不具备国际性权威，基于译文得出的条约解释在国际间亦不通用。譬如，《联合国宪章》的日语官方译本便不是“作准约文”，只在日本国内拥有权威。

存在多种语言写就的“作准约文”时，“条约用语推定在各作准约文内意义相同”（条约法公约第 33 条第 3 项）。然而，“作准约文”之间产生歧义的情况也时有发生。针对这种情况，或者可以像日韩基本关系条约（1965 年）那样，条约本身规定某一特定语言用于条约解释，或者在没有这样规定的时候则“采用顾及条约目的及宗旨之最能调和各约文之意义”（条约法公约第33条第4项）（图4-7）。

·关于自卫权的《联合国宪章》第51条

日语的官方译本所谓的“武力攻击（武力攻撃）”，在英文中表述为“*armed attack*”，而在法语中为“*agression armée*”；而关于“单独或集体自卫之自然权利（個別的又は集団的自衛の固有の権利）”的表述，在英文版本中为“*inherent right of individual or collective self-defence*”，在法语版本中为“*droit naturel de légitime défense, individuelle ou collective*”。两种语言的作准约文的用词在语意上存在微妙差别。

·《日韩基本关系条约》

条约文末规定：“于东京制作同为作准文本的日语、韩语以及英语文本一式两份。关于解释出现歧义时以英语文本为准。”

图4-7 关于作准约文之间出现不同意思的可能性

4 条约的效力

（1）条约无效

（a）条约无效和条约法公约

条约法公约在其序言中将“**条约必须遵守**”（*pacta sunt servanda*）规则与自由同意原则、善意原则共同作为举世承认的基本原理加以确认。但是，这里的“条约”必须是发自自由意志、基于**真实同意**而成立的才可以。因此，一般情况下当同意存在“**瑕疵**”（缺陷）时，条约可以被认为无效。此外，如果条约中有违反“**强行法**”（*jus cogens*）（**第二章**）的内容时，也可以将其视为无效。不过，顾虑到认定条约无效对于条约关系的稳定性存在显著伤害，有必要就条约的无效认定设定严格的要件和一定的程序。条约法公约将条约的无效原因限定在八种情况之中，概不认可除此之外的条约无效原因（图 4－8）。

① 明显违反关于条约缔结权能的国内法基本规定（第 46 条）：可以援引为同意无效的根据。

② 代表者逾越权限（第 47 条）：可以援引为同意无效的根据（代表者权限被特别限定时）。

③ 错误，④ 欺诈，⑤ 贿赂（第 48—50 条）：可以援引为同意无效的根据。

⑥ 对国家代表者之强迫（第 51 条）：同意无效。

⑦ 对国家以武力进行强迫（第 52 条）：条约无效。

⑧ 违反一般国际法强行规律（第 53 条）：条约无效（与欠缺真实同意不同，基于条约内容而无效）。

图 4－8 《条约法公约》中规定的条约无效原因

（b）无效原因

即便是条约内容违反国内法规定，也不能基于国内法的理由主张条约无效。另外，关于违反**国内法程序**上有关条约缔结权能有关规定的情况下所缔结条约的效力问题，学说上存在着分歧。依据条约法公约，除部分例外情况，原则上这类条约也被认定为有效。此外，条约法公约中虽然规定了错误、欺诈、贿赂等无效原因，但是目前还未出现过基于这些原因认可条约无效的先例。

一国同意承受条约拘束的表示如果是以行为或威胁对其**代表**所施**强迫**而取得的，不具有任何法律效果。而对某一国**施以强迫而缔结的条约**，与对个人施以强迫的情况不同，以前这一类型的条约一般会被认定为有效。但是，条约法公约遵循禁止威胁或使用武力的原则（《联合国宪章》第 2 条第 4 项），认定通过违反这一原则的行为所缔结的条约为无效。这一规则被认为适用于所有不早于《联合国宪章》成立时间所缔结的条约。

传统国际法虽不涉及管制国家间条约的内容本身，但随着国际社会组织化的发展进程，国际法上出现了“**强行法**”的概念。基于这一概念，条约法公约将任何抵触“强行法”的条约认定为无效。“强行法”是指：“国家之国际社会全体接受并公认为不许损抑且仅有以后具有同等性质之一般国际法规范始得更改之规范。”（条约法公约第53条）

（2）条约的终止

（a）条约基于当事国同意终止

条约当事国可以基于同意对条约进行改订或终止条约。作为基于同意而终止的条约的一种，有部分条约其本身设立了有关有效期限或终止条件的规定，并于条件满足时终止（参照**文本框**）。

文本框

《日苏中立条约》的有效期限与苏联的单方面废止

《日苏中立条约》第3条规定，两国批准条约之日起的五年内条约有效，除非任何一方在条约期满前一年以内向对方通知废止条约，否则条约自动续约五年。基于日苏两国的批准，条约于1941年4月25日生效，然而苏联于1945年8月8日宣布单方面废止条约，并对日宣战。

（b）条约不基于当事国同意终止

条约法公约中对于不基于当事国同意的条约终止，规定了四个终止原因：① 重大违约；② 发生意外不可能履行；③ 情况之基本改变；④ 新强行法之产生。在ICJ审理的加布奇科沃－大毛罗斯项目案中，当事国曾提出单方面终止关于共同开发多瑙河的《布达佩斯条约》的主张。ICJ首先认定了条约法公约中的相关规定为习惯国际法规则，并在此基础上对该主张进行了审议，结果并没有认可本案中关于条约终止的主张（参照**第五章**）。

当某一当事国出现了“**严重违约**”行为时，其他当事国可以将此作为终止条约的根据。ICJ 在 1971 年发布的关于纳米比亚问题的咨询意见中，基于南非对于委任统治书（国际联盟与托管国之间签署的一种条约）的重大违约，认可终止了其委任统治。

当条约缔结时存在的情势发生了当事国所不可预见的根本性变化时，此变化可被认定为单方面终止条约的原因。这一原则被称为“**情势变更原则**”。由于此原则有较高风险会被滥用于逃避条约义务，所以关于其是否在国际法上应被承认一直都存在着争论。条约法公约在将这一原则引入公约的同时，也设置了严格的限制以防止其被滥用。但是，在涉及边境划定条约或者情势变更是由于当事国违反条约义务造成的时候，不可援引此原则。

5 外交关系和领事关系

（1） 历史和法源

为了处理国家间相互交流的必要事项，基于双方的协议，国家间可以建立外交关系和领事关系。外交使节和领事官员作为执行任务的常驻国家机关被派驻外国（接受国）。领事制度因十字军东征后在近东地区出现的欧洲商业城市的商人代表为保护本国商人和行使领事管辖而出现。常驻外交使节制度起源于 13 世纪意大利城邦国家之间互派使节的行为，之后扩展至欧洲各国。两种制度均起源于中世纪晚期，在国际法中拥有悠久的历史。因此，这一方面的习惯国际法规则逐渐发展起来。国际法委员会对相关法规则进行了法典化作业，并最终制定了作为一般条约的《**维也纳外交关系公约**》（1961 年）和《**维也纳领事关系公约**》（1963 年）。领事关系在传统上原本是由两国间缔结的领事条约和通商条约来规范的，统一的习惯国际法无法涵盖全部外交活动。

（2）外交代表、领事的任务与构成

外交代表的主要任务是代表派遣国与接受国政府进行交涉，保护派遣国及其国民的利益，向派遣国汇报接受国的信息，促进两国友好关系的发展，

同时也不妨碍其执行领事任务。任务应采取合法手段执行，即便是情报收集也不允许进行违法的间谍活动。

文本框

杉原千亩与“救命签证”

第二次世界大战期间，1940 年任日本驻立陶宛领事的杉原千亩违抗本国政府命令向躲避纳粹德国迫害的外国人发放了签证，拯救了众多生命。因此，杉原千亩所发行的签证又被称为“救命签证”。（与真：近现代 PL/Aflo）

术语

·领事裁判

被派遣到接受国的领事在接受国依照派遣国法律对派遣国国民进行审判。因为导致接受国（领域国）的审判权受到了制约，随着近代以后领域主权的确立，这种制度在欧洲各国之间已逐渐消失。然而至 19 世纪，欧洲各国在非欧洲国家再一次导入了这一制度。这一制度如今已被彻底废除。

·同意（*agrément*）

派遣国对于拟派驻接受国之使馆馆长人选务须查明其确已获得接受国之同意。此“同意”即为 *agrément*。接受国无须向派遣国说明不予同意之理由。

·随员（*attaché*）

承担特定任务的外交使团职员。原本来说广义的驻外武官也可以称为军事随员。随着外交事务的多样化和复杂化，现在出现越来越多的文官随员。

领事官员的任务是保护派遣国国民，促进两国关系的发展，发放护照和签证等其他行政事务。领事官员与外交代表有所不同，领事官员不具备代表派遣国与接受国政府进行交涉的资格，并且只能够在接受国指定的管辖区域内执行其行政性任务。

使馆由使馆馆长和职员构成。使馆馆长的名义（职衔）有大使、公使和代办等，但是作为使馆馆长，其任务和豁免权与他们并无差异。现在各国一般都是派遣大使作为使馆馆长。使馆中的职员包括外交职员、行政技术职员以及事务职员等。根据职员的不同身份，其特权及豁免也有所区别。使馆馆长和外交职员具备外交代表身份。窗口接待和司机等在大多数情况下是在当地雇佣的勤务职员。

领事馆馆长的名义（职衔）是多种多样的，一般情况下都是总领事。领事馆由执行领事任务的领事官员和行政技术职员以及事务职员构成。

术语

职业领事官员与名誉领事官员

以领事任务为本职工作，受本国政府派遣者称为职业领事官员。以领事任务为副业并从事其他本职工作，被委托执行领事任务者称为名誉领事官员。名誉领事官员一般在接受国国民中挑选，不领取正式薪资。与职业领事官员相比，名誉领事官员的权限多有限制，且只享有有限的特权和豁免。图为管理北海道领区的蒙古国驻札幌名誉领事馆的牌匾，由担任名誉领事至2014年的森本正夫收藏。

6　外交特权及豁免和领事特权及豁免

（1）外交特权及豁免的根据和目的

使馆和外交代表通常被赋予各种各样的特权和豁免（参照**文本框**）。根据外交关系公约，特权及豁免的目的“不在于给予个人以利益而在于确保代表国家之使馆能**有效执行职务**”（序言）。基本上是以有效执行职务的必要性为根据，同时也考虑到其代表的派遣国的名誉和尊严。现实上在具体被认可的特权和豁免中，常常可以看到如管辖权豁免等超出执行职务必要限度的豁免。

文本框

治外法权说

过去作为承认外交特权的根据，有一种理论认为外交使节本身存在于接受国领域之外（治外法权说）。然而，在日本的美国大使馆并不属于派遣国美国的领土，而是作为接受国日本的国家领土，适用日本的法令。治外法权说与领域主权的概念无法融合，因此已被现在的国际法所否定。图为英国驻日本大使馆（东京都千代田区）。虽然外交使馆馆舍的不可侵犯权受到承认，但是不能说其享有“治外法权”，而是应适用接受国的法令。（图片出处：英国大使馆网站）

外交特权和豁免又可以分为使馆被认可的特权和豁免（《外交关系公约》第20—28条）以及对外交代表个人的特权和豁免（第29—36条）。外交代表个人被认可的特权和豁免也不以给予个人利益为目的，而是基于派遣国的利益做出的对于派遣国的认可。因此，派遣国可以宣布放弃外交特权和豁免，而外交代表个人却无权放弃。

（2）使馆被认可的特权和豁免

使馆的馆舍和附属土地（包括使馆馆长的寓邸）是不可侵犯的，除非经过使馆馆长同意，否则接受国的官员禁止进入。关于发生火灾或者紧急事态时接受国官员可否短暂进入的问题，在解释上还有颇多争议，但是否定的意见相对有力。虽然在实际中会出现基于**馆舍不可侵犯权**对逃入馆舍的人员提供庇护的情况，但是这样的权利（**外交庇护权**）在国际法上通常是不被承认的（ICJ 1950年庇护权案判决）。除此之外，现实中还有不时滥用馆舍不可侵犯权向大使馆内运入和储存武器，以及对人员实施拘禁和处刑的事例。

接受国有责任和义务采取特殊措施保护馆舍不受侵害。在伊朗革命中（1979年），驻德黑兰的美国大使馆遭到武装集团的占领。对此，ICJ认为伊朗政府没有采取相应的措施防止此类事件发生，因此认定其明显严重违反义务［**美国驻德黑兰外交和领事人员案**判决（1980年）］。

文本框

滥用外交特权案例

2014年，东京某建筑内开设的百家乐赌场中，包括赌场人员和赌客共12名日本人以涉嫌赌博罪被逮捕。开设赌场的房间是前任加纳驻日本大使以“大使官邸”名义租赁，并由现任大使继续租赁的房间。房间门牌上写有“加纳共和国驻日本大使”字样并同时写有现任大使的名字。

文本框

日本驻秘鲁大使官邸占据事件

1996 年 12 月，正在举行招待会的日本驻秘鲁大使官邸遭到反政府武装袭击。出席招待会的约 600 人被扣为人质。第二年 4 月，秘鲁特种部队攻入大使馆，解救了大部分人质。图为游击队扣押人质的日本大使官邸（秘鲁・利马）。(图片出处：时事)

使馆的档案及文件不可侵犯，其成员的行动及旅行自由以及通信自由受法律保护。接受国在对使馆馆员的行动和旅行自由进行限制的时候，派遣国可以基于**相互主义**对对方国家派驻本国的使馆适用同样的限制。作为通信自由的一项特权，**外交邮袋**（外交通信时使用的装入通信文件和公物的袋子）不可被拆开或扣留，外交信差（运送外交邮袋的使节）人身不受侵犯。关于外交邮袋，现实中也可以看到将被绑架的人封入其中，或者被用于走私武器和毒品等滥用事例。

（3）外交代表个人被认可的特权和豁免

外交代表**人身不得侵犯**，不受任何方式之逮捕或拘禁。这里的不受侵犯是自古以来受到认可的最基本外交特权。各国为保障这一特权，对于杀伤外交代表的犯罪均规定处以重刑。

外交代表不论是否在执行任务中，均享有对接受国的刑事**管辖权的豁免**。此外，除涉及个人事务的一定诉讼外，外交代表也享有对于接受国的民事管辖权和行政管辖权的豁免。由此，即便外交代表在属于私人行为的驾驶中发生交通事故致人死亡，也可以不接受刑事审判或民事管辖，这样从救济受害人的立场来说并不有利（参照**文本框**）。因此，在议定外交关系公约的会议上，在公约之外又通过了一项决议敦促各国在不妨碍外交代表执行任务的限度内，应放弃对民事管辖权的豁免。

文本框

阿亚特里事件（1964 年）——外交官交通肇事与民事管辖权豁免

马来西亚驻日本大使馆二等秘书阿亚特里酒后驾驶撞死一名日本大学生。在当事人双方尚未就损害赔偿问题达成协议的情况下，阿亚特里率先返回了本国。其后，阿亚特里的保险公司支付了保险金。

术语

外交官车辆

欧美各国常常在车牌号左侧标记意味着外交使团（*corps diplomatique*）的“CD”字样。日本使用蓝底白字号牌，在车牌号左侧标记“外”字标识。

外交代表享有特权和豁免的期限，由外交代表进入接受国领域开始，直至上任后完成任务离开接受国为止。外交代表的家属与外交代表享有同等的特权和豁免，行政技术职员享有与外交代表相似的特权和豁免。事务职员以及私人仆役也被认可享有一定的特权和豁免，但是如果此类人员为接受国国民或者为在接受国永久居留者时，只承认其在接受国许可范围内的特权和豁免。

（4）领事特权和豁免

领事官员并不具备代表国家的资格，因此认可领事官员的特权和豁免的理由是保障领事官员有效地执行任务的必要需求。所以，即便领事官员也被认可特权和豁免，其与外交特权和豁免相比而言范围有限。关于这一点，在统一的习惯法中不是很明确，对此《维也纳领事关系公约》基于促进法律渐进发展的立场对领事特权和免除做了一定程度的扩充。

领事机构的**馆舍不可侵犯权**基本与使馆馆舍不可侵犯权一致，但是在发生火灾或其他紧急事件时，公约中有关接受国官员可以推定领馆馆长表示同意并进入馆舍的明文规定这一点与使馆馆舍不可侵犯权有明显不同。

《领事关系公约》考虑到为便于执行领事任务，规定保障领事官员与派遣国国民的通信自由和会见自由，同时规定在派遣国国民被逮捕或拘禁时接受国应迅即通知派遣国领事机构（第 36 条）。美国曾发生三次对外国人死刑犯怠慢这一义务的案例，并因此被受刑犯国籍国在 ICJ 起诉。其中，在 2001 年拉格朗案判决（德国诉美国）和 2004 年阿韦纳和其他墨西哥国民案判决（墨西哥诉美国）中，ICJ 都认定美国违反了相关义务（另一件诉讼被中途取消）。

虽然《维也纳领事关系公约》认可职业领事官员人身不可侵犯和管辖权豁免，但在一定条件下其需要服从接受国的羁押和拘禁等刑事管辖权。此外，领事官员的管辖权豁免被限定于执行任务范围以内，因此，与外交代表相比较而言，其适用范围是有限的。而名誉领事官员的特权和豁免就更加受到限制。

（5）不受欢迎人员（*persona non grata*）

接受国可以将本国不愿接受的外交代表宣告为“**不受欢迎人员**”（*persona non grata*），并且可以在任何时候无须解释任何理由将此决定通知派遣国。派遣国得到通知之后有义务将相关人员召回并终止其任务。如果派遣国拒不履行这一义务的话，接受国可以否认相关人员作为使馆馆员的资格（《维也纳外交关系公约》第 9 条）。这一原则在习惯国际法上是针对外交代表的制度，但是《维也纳领事关系公约》中也针对领事官员引入了这一制度（《领事关系公约》第 23 条）。对于除了外交代表和领事官员之外的使领馆职员，还引入了具有同样效果的宣告为“不受欢迎人员”的制度。

宣告不受欢迎人员的事例并不稀奇。例如，2012 年叙利亚政府宣告十余个国家的大使等外交代表（包括日本大使在内）为不受欢迎人员并拒绝接受其到任。之后，2016年末美国以受到俄罗斯的网络攻击为由，宣告在美国的35名外交官为“不受欢迎人员”。日本也有相关事例，如日本曾将涉及金大中事件（1973年）（图4-9）的韩国驻日本大使馆一等秘书宣告为“不受欢迎人员”，之后在2006年曾以参与赌博案件为由宣告科特迪瓦大使馆的外交官为“不受欢迎人员”。

这一制度虽然曾被用于政治目的，但是作为应对滥用外交特权的措施，可以说还是发挥了不错的作用。除了这一制度以外的其他措施，接受国可以将**断绝外交关系**作为最后手段。另外，即便外交官持续从事违法的间谍活动，也不允许本国占领大使馆或将外交官扣为人质［ICJ美国驻德黑兰外交和领事人员案判决（1980年）］。

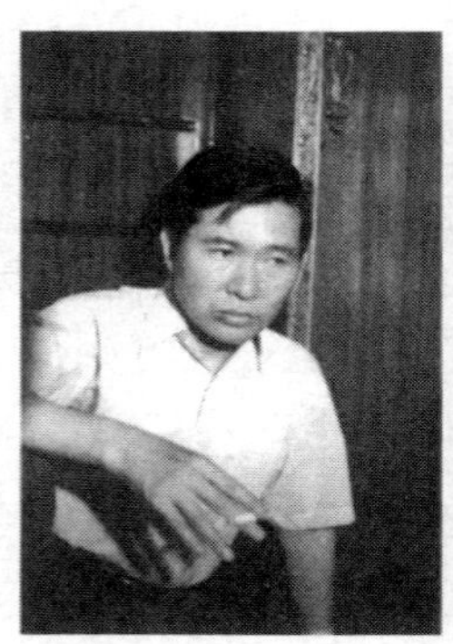

图4-9 金大中事件

1973年8月，之后出任韩国总统的金大中在日本下榻的酒店中被韩国官员绑架。五天后于其位于首尔市内的住宅门前被发现。左图为返回首尔自家的金大中，右图为金大中被绑架地东京格兰皇宫酒店。［图片出处：时事通信图片（左）；时事（右）］

7 其他国家机关的特权和豁免

（1）国家元首、政府首脑、外交部长

国家元首和政府首脑或者外交部长等高级官员，虽然不能够常驻外国，

但是其可以作为临时外交使节（特种使节）赴外国执行国家任务。这些国家机关基于其地位和职务，在习惯国际法上享有不低于外交代表的广泛特权和豁免。然而，现在产生了一个新的难题，即对于涉嫌重大国际犯罪者，是否依然认可其特权和豁免（参照**第九章**）。

（2）驻外军队

驻外军队的法律地位以及特权和豁免通常由军队派遣国和驻在国通过两国间条约的形式来确定。日本基于**《日美安保条约》**（1960 年）第 6 条允许美军驻扎，并与美国签署了**关于驻日美军地位的日美协定——《日美地位协定》**。对于美军涉及的犯罪，一般来说认可日美两国都可以行使管辖权（管辖权竞合）。对于“在**执行公务过程中**的作为或不作为犯罪”，美国拥有优先管辖权，日本拥有二次管辖权。对于除此之外的其他犯罪，日本拥有优先管辖权（《日美地位协定》第 17 条）。从程序上来说，嫌疑人在美军拘押下而日本拥有优先管辖权时，美军可以拘押嫌疑人至公诉提起时（同条第 5 项 c）。这对日本的调查工作造成了巨大的阻碍。在 1995 年发生的冲绳少女暴行案中，美国拒绝引渡嫌疑人便成了一个棘手的问题。以这一案件为契

文本框

吉拉德案（1957 年前桥地方法院判决）

美军士兵吉拉德在美军演习场内枪击捡拾空弹壳的日本妇人致其死亡。日美两国均主张本国拥有优先管辖权。最终，美国放弃本国优先管辖权，将案件交由日本行使管辖权。日本法院以伤害致死罪作出有期徒刑三年缓刑四年的判决。图为日美联合实地取证现场。（图片出处：每日新闻社/时事通讯图片）

机，这一规定得以被重新审视，美国表示将对引渡要求给予“善意的考虑”。

此外，根据《联合国维和行动协力法》（PKO 法），日本的自卫队在被派往海外执行任务时所签订的协定中，多数都承认了日本的专属管辖权。

参考文献

- 国際法事例研究会：《条約法》，慶応義塾大学出版会，2001 年。
- 国際法事例研究会：《外交・領事関係》，慶応義塾大学出版会，1996 年。
- 横田喜三郎：《外交関係の国際法》，有斐閣，1963 年。
- 横田喜三郎：《領事関係の国際法》，有斐閣，1974 年。
- 坂元茂樹：《条約法の理論と実際》，東信堂，2004 年。

第五章　无领土不成国

——陆地、天空，外层空间

1　国家领域与领域主权

（1）领域构成和领域主权

想要成为国际法上的国家，就必须要拥有一定的领域（参照**第三章**），特别是必须要拥有陆地领土。国家的领域以**领土**为根本，由领土附带的水域（**领水**）以及领土和领土上方的一定空域（**领空**）一并构成。

在国际法上，国家拥有对其领域的**领域主权**。领域主权包括对领域的所有权以及在领域内进行管理和统治的权能等两个方面的性质。也就是说，除了在国际法上受到限制的情况以外，国家对本国领域拥有自由使用、收益、处分的权限。同时，国家可以对本国领域内的一切人员和一切事务行使立法、司法和行政等权能。因此，国家拥有开发本国领域资源的权力，反过来说，一国在别国领域内随意开展警察活动的行为是受到禁止的。

国际法上对领域主权的限制包括，对外交使团或者领事赋予的特权和豁免、在领海内对外国船舶的无害通过权的保障、对国际河流以及国际运河通航自由的保障，等等。除此之外，像**特雷尔冶炼厂仲裁案**（1941 年）所认定的那样，国家不得或不得许可利用本国领域从事对他国造成重大权利侵害的活动。这就是所谓的**领域使用的管理责任**原则（第十一章）。

（2）内水和领海

领水被分成内水和领海。以**领海基线**（**基线**）为界，基线内侧的水域被称为内水，而基线外侧向外延展至一定宽度的带状水域被称为领海。领海宽度在很长一段时间并没有被统一。最终，根据《联合国海洋法公约》（1982 年）的规定，领海宽度应不超过自基线开始向外 12 **海里**的范围（1 海里 =1.852 公里）。同时，关于沿海国在领海中的权限性质的争论一直在持续，20 世纪之后领海才被确定为是国家主权所覆盖的国家领域的一部分。此外，如果某国是由大洋中的大量岛屿所组成的国家（例如菲律宾和印度尼西亚）的话，那么其最外缘岛屿之间所划定的直线基线（群岛基线）内侧的水域被称为群岛水域，为该群岛国的主权范围。群岛水域可以被认为是同时具备内水和领海双重性质的固有水域（**第六章**）。

（3）领空和国际航空

随着 20 世纪飞机的问世，空域的法律地位成为一个现实的问题。在第一次世界大战中，各国基于习惯确立了**领空主权**的原则。领域主权可以覆盖领域和领海垂直上空达到一定高度的部分，这一部分作为领空构成国家领域。至于领空主权所没有覆盖的外层空间和领空的边界问题，目前还没有定论。

领空主权是“完全的和排他的”（《国际民航公约》第 1 条）。与之相对的是，同样作为国家领域的一部分，领海当中虽然存在保障外国船舶的无害通过权的义务，但是领空之中却不存在认可外国航空器无害飞行的义务。因此，外国航空器如果擅自进入某国领空，便构成违反国际法的**侵犯领空**行为。在外国民用航空器侵犯领空时，可否允许将使用武器作为对其的最终拦截手段这一问题，尤其借由**大韩航空班机击落事件**（1983 年）（图 5 -1）被广为讨论，但在现阶段看来可以认为是不被允许的（同条约第 3 条分条）。

领空主权在原则上来说普遍不保障别国航空器自由飞入领空运输人员和

图 5－1　大韩航空班机击落事件（1983 年）

正在分析由苏联移交的大韩航空客机残骸的国际民用航空组织（ICAO）人员。（图片出处：时事）

大韩航空原本预定从纽约出发经安克雷奇飞往首尔（译者注：当时称“汉城”）的班机，中途偏离预定路径飞入苏联领空，被苏联空军战机击落。机上包括 29 名日本人在内的 269 人悉数遇难。

物资，而为开展国际航空业务所必要的“空中自由”一般是基于两国间或地区间签署的航空协定来互相承认的。第二次世界大战以后，以美英两国签订的航空协定（《百慕大协定》，1946 年）为蓝本，包括《日美航空协定》（1952 年）在内，全球范围内已经缔结了数千个航空协定。过去的航空协定在航线、航班起降数量以及承运航空公司等方面均作限制，但在 20 世纪 90 年代以后，随着美国航空自由化政策（开放天空政策）的推广，航空协定中的一些限制已经开始被逐渐放宽或废除。

2　领域权源和领土争端

（1）领域取得的依据

国家对一定的地域或岛屿主张主权时，其用作国际法依据的事实称为**领域权源**。传统上来说领域权源可以包括先占、时效、添附、割让、征服和合并。

先占，指基于国家对无主地稳定且有效的占有而成立的主权。**无主地**，并不是无人之地，而是并未成为任何国家领土之地。此外，仅仅发现无主地是不够的，必须要对其进行**有效统治**（**占有**）。关于**时效**（取得时效）是否可以独自被认可为领域权源这一问题尚存争议，但是从对其认可的立场来说，时效是基于对原本不是本国领土的土地进行长期稳定的有效统治而成立的。

所谓**添附**，指的是由于本国领域内形成了新的土地而造成的领域增加。比如，内水内出现了新的岛屿，河流入海口呈现的泥沙堆积等自然现象皆属此例。此外，在海岸处进行的人工填海造陆也被认为是添附的一种形式。最近出现的添附的例子可以追溯到 2013 年，日本小笠原群岛**西之岛**（图 5－2）附近，由于火山喷发形成的新的岛屿与西之岛合成一体而造成的领土扩大。此外，能够独自被认定为是领土的岛屿，需要其在海水满潮时仍然能够露出水面，因此在海水满潮时淹没的土地部分会被视为是该部分领土的减少。

图 5－2　西之岛

2013 年 11 月 20 日，西之岛东南海岸因火山喷发形成了新的岛屿。12 月 26 日，新形成的岛屿与西之岛合二为一。图中为 2015 年 10 月 8 日拍摄的西之岛。（图片出处：海上保安厅海洋情报部网站）

割让，指的是基于相关国家之间的协议，将领域的一部分进行转让。过去通常会在处理战后问题时通过和平条约来进行领土的割让。日本基于《日清讲和条约》（《马关条约》，1895 年）接受了台湾和澎湖列岛的割让，后又基于《日俄讲和条约》（《朴次茅斯和约》，1905 年）接受了南库页岛的割让。领土割让同时也可以通过买卖或交换的方式来进行（1867 年俄罗斯将阿拉斯加售卖给美国，1875 年《库页岛千岛群岛交换条约》等）。此外，也有领有国放弃领土而不指定任何转让对象的情况。日本基于“对日和平条约”（“旧金山和约”，1951 年）[①] 放弃了朝鲜、台湾和澎湖列岛（和约第 2 条）。

在战争还没有被一般性禁止的时代，通过战争（武力行使）对别国领土进行有效统治（征服）也被认为是领域权源的一种。然而，随着不行使武力原则的确立，现在已不承认征服为领域权源。割让和**合并**（基于协议进行的一国领域的转让）如果是被强制性进行的话，其效力同样不被承认。同时，**军事占领**仅仅是战争进行过程中事实上行使的临时统治权而已，其本身并不是领域权源。在第二次世界大战的太平洋战场，日军虽然曾占领过广阔的地区，但是这些占领地区并不是日本领土。

文本框

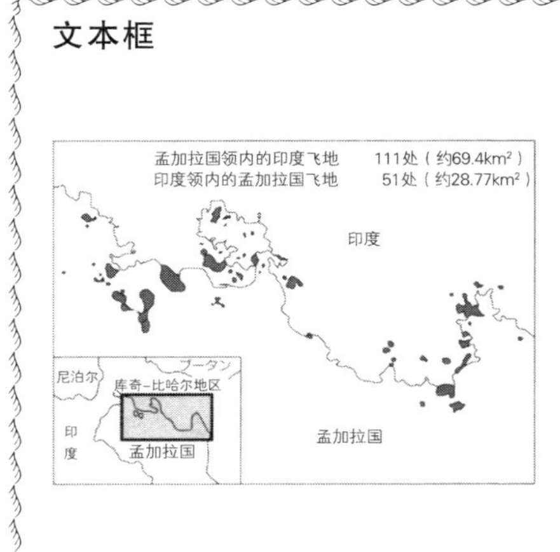

飞地的领土互换

2015 年 5 月，印度与孟加拉国缔结了关于处理两国边境地区（库奇－比哈尔地区）残留的 162 处飞地的领土互换条约。该条约于同年 8 月份生效。条约承认了相关地区居民的国籍选择权。（图片出处：根据印度外交部网站制成）

① 译者注：中国政府认为“对日和平条约”是非法的、无效的，因而不予承认。

（2）领土争端的法律解决方式

（a）边境与边境纠纷

在边界划定条约中，国界线往往沿用山川河流等自然地形而划定（自然国境），同时也有些国界线是以经纬度为基准而人为设定的（人为国境）。在可以航行的河流中，通常并不以河流的中心线划定边境，而是以可以安全航行的航道最大水深处的连线来划定国界线（thalweg，深泓线原则）（图5－3）。而在山脉地区则多沿着分水岭（山脊）划定边界。

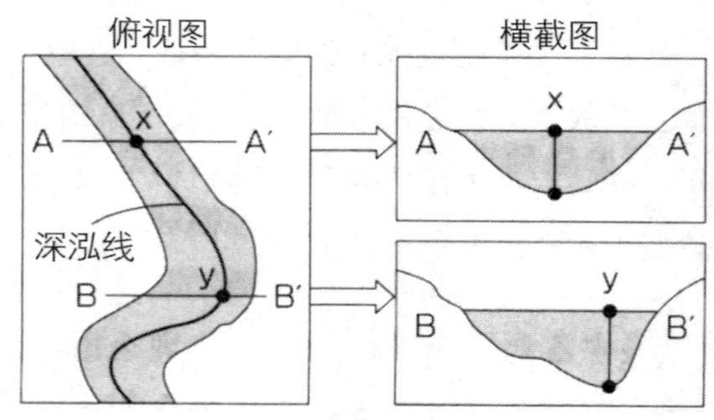

图 5－3　深泓线原则

通过 A－A′、B－B′段水深最深处 x、y 两点的国界线。

19 世纪南美国家独立时大多沿用了西班牙统治时期划定的行政区划作为国界。20 世纪非洲各国独立时也都维持了殖民地时期的行政区划或国界。新独立国家沿用原来的边界线作为国界的原则（**占领地保有原则**，*uti possidetis*）的初衷是为了防止发生新的边界争端。

围绕与划界有关的国际争端到底属于国界线的争端（国界争端）还是属于领土归属的争端（领土争端），虽然这一问题的判定目前仍存在争议，但是国际法院（ICJ）认为，两种争端在本质上别无二致，没有必要对其进行区分。

（b）国际法的变迁和领域争端

文本框

柏威夏寺案（ICJ 1962 年判决）

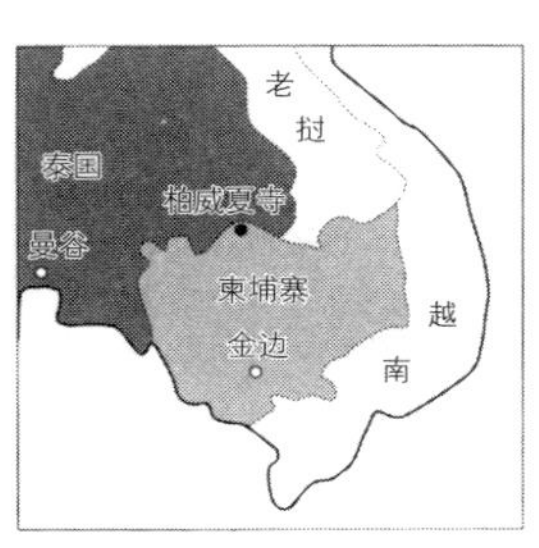

被载入世界遗产名录的柏威夏寺位于泰国和柬埔寨边界附近。泰国认为依照两国于 1904 年签订的沿分水岭划定的国界，该寺应位于泰国境内。ICJ 认为，泰国在过去很长一段时间内明明有条件提起该问题却并没有提起，可以视为是对柬埔寨对该地区的领域主权的默认，因此驳回了泰国的主张。

文本框

卡西基里/塞杜杜岛屿案（ICJ 1999 年判决）

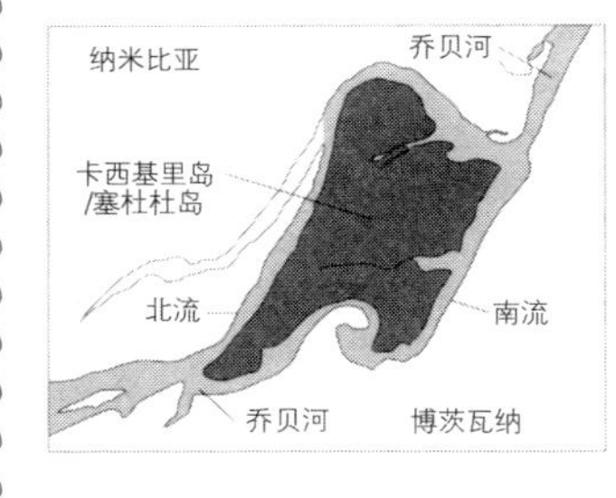

在纳米比亚与博茨瓦纳的界河乔贝河中有一座很大的河心岛（卡西基里/塞杜杜岛）。两国围绕该岛主权展开了争夺。ICJ 根据两国间签署的边境条约中关于“主河道深泓线”为北侧支流的最深线的规定，认定了博茨瓦纳的主权。

关于领域问题的国际法规则随着时间的推移在不断地变化。先占法理是由格老秀斯最先提出的，并被作为 18 世纪以后欧洲各国获取殖民地的法律依据，但是，在此之前，优先发现原则却更为合理（参照**第一章**）。此外，过去被认可的征服和强制合并现今已不再被认可。也就是说，现在国际法的适用不可以溯及过往的行为和事实。关于某一行为作为主权根据的有效性，原则上应按照该行为发生时的国际法内容来判断。

（c）主权活动的时效性及其法律意义

理论上来说，对于争议土地，如果某国满足某一种领域权源的条件的话，就应当认为该地为该国领土。但是，现实中的领域争端，常常是当事国彼此都基于各种各样的根据来主张主权，因此，在大多数情况下单纯依据领域权源法理很难解决相关争端。

在国际诉讼中，如果存在某些国界划定条约或领土割让条约，并且对于这些条约的适用不存在任何争议的情况下，可以依照这些条约的解释和适用来处理相关的问题。如果没有可以适用的相关条约或者相关条约的解释和适用也无法解决问题的时候，应该考虑的便是**“持续且稳定地行使主权”（主权活动的有效性）**问题。也就是说，如果根据条约的适用或解释仍然无法处理相关争端时，根据对比哪一国一直以来在进行有效统治而判断。

文本框

对利吉丹岛和西巴丹岛主权案（ICJ 2002 年判决）

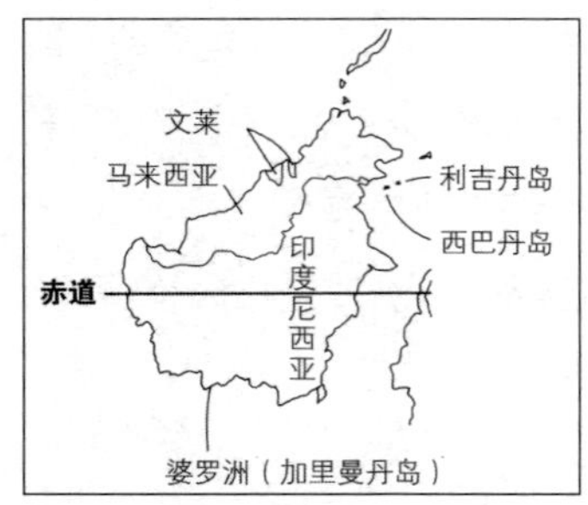

围绕位于婆罗洲（加里曼丹岛）东部苏拉威西海上的两座小岛（利吉丹岛和西巴丹岛）的主权问题，马来西亚和印度尼西亚之间产生了争端。ICJ 认为两国都不具备条约上的权源，因此设定两国最初开始主张权利的 1969 年为关键日期，并基于对关键日期之前两国的主权活动有效性的研判结果，认定了马来西亚的主权。

在判断主权活动的有效性时存在这样一个问题，即，应当考虑从哪一时点开始的主权活动问题。争端当事国在领土争端发生之后为造成有利于本国的既成事实而开展的主权活动不应被纳入考虑。因此，原则上来说，考虑的对象应限定于截至争端发生时所开展的主权活动。像这样的用于法律判断的基准时点被称为**关键日期**。

（3）日本的领土问题

日本与俄罗斯之间存在北方领土（译者注：北方四岛，俄罗斯称南千岛群岛）问题，与韩国之间存在竹岛问题（译者注：韩国称独岛问题），而中国也主张对尖阁群岛（钓鱼列岛）的主权。[①] 由于关于北方领土（齿舞群岛、色丹岛、国后岛、择捉岛）存在相关条约，因此条约的解释问题成为法律上的争议点。关于竹岛（独岛）和尖阁群岛（钓鱼列岛）问题，由于不存在相关的条约，因此截至主权争端发生时的主权活动的有效性便成为主权的决定性依据（图5－4）。

（a）北方领土问题

1945年，苏联单方面放弃《日苏中立条约》并开展对日作战，又于日本宣布接受《波茨坦宣言》后的8月下旬至9月占领了千岛群岛和色丹岛以及齿舞岛至今。日本于《对日和平条约》中**放弃了“千岛群岛”**。苏联虽拒绝加入该条约，却不能否认日本放弃了千岛群岛的事实。在**《日苏共同宣言》**（1956年）中，双方就向日本转交齿舞岛和色丹岛达成一致。齿舞岛和色丹岛在地理上和行政区划上相较于“千岛群岛”更趋近于北海道的一部分，而国后岛和择捉岛作为南千岛则可以看作千岛群岛的一部分。日本政府认为，不仅齿舞岛和色丹岛，而且国后岛和择捉岛也是在历史上没有成为过除日本以外任何其他国家领土的日本**固有领土**，因此即便是遵循在第二次世界大战中盟国反复重申的领土不扩大原则，上述岛屿也不应被包含于日本宣布放弃的“千岛群岛”之内，并因此要求归还上述四岛。

---

① 译者注：钓鱼岛及其附属岛屿是中国领土不可分割的一部分。无论从历史、地理还是法理的角度来看，钓鱼岛及其附属岛屿都是中国的固有领土，中国对其拥有无可争辩的主权。

（1）**开国与确定周边领域——**

① 划定北方边界：

·1855 年**日俄通好条约**（日俄和亲条约）－确定择捉岛与乌鲁普岛（得抚岛）之间的国界。库页岛为日俄共有地。

·1875 年**库页岛千岛群岛交换条约**－库页岛为俄国领土。俄国占有的千岛群岛共计 18 岛归日本领土。

② 西南、南方诸岛：

·小笠原群岛、南方诸岛并入－小笠原群岛 1876 年，硫磺列岛 1891 年，南鸟岛 1898 年，冲之鸟岛[①]（译者注：冲之鸟礁）1931 年。

·冲绳“琉球处分”－明治政府于 1872 年废藩置县时将其置于鹿儿岛县管辖。1879 年设冲绳县。

③ 尖阁群岛（钓鱼列岛）、竹岛（独岛）：

尖阁群岛（钓鱼列岛）－日本政府于 1885 年对岛屿进行详细实地勘察，认定其为无主地。1895 年 1 月正式划入领土。

·竹岛（独岛）－1905 年 1 月确定为岛根县辖地，对各国公示（未收到外国抗议）。

（2）**领土扩张——**

·1895 年 4 月**日清讲和条约（马关条约）**－辽东半岛，台湾、澎湖列岛割让于日本（由于三国干涉归还了辽东半岛）。

·1905 年 9 月**日俄讲和条约（朴次茅斯和约）**－北纬 50 度以南的库页岛（南库页）划归日本。

·1910 年 8 月**日韩合并条约**－韩国与大日本帝国合并（殖民地化）。设置朝鲜总督府。

（3）**战败后领土问题处置——**

① 第二次世界大战中盟国方面的动向：

·1941 年大西洋宪章（英美共同宣言）－不扩张领土原则。

·1943 年**开罗宣言**（英美中）－**不扩张领土原则**；剥夺南洋诸岛；归还东北四省、台湾和澎湖列岛；恢复朝鲜独立等决议宣示。

·1945 年 2 月－**雅尔塔协定**（秘密协定）（英美苏）－秘密协定归还南库页岛，转交千岛群岛。

·1945 年 7 月 26 日－**波茨坦宣言**（美英中共同宣言）－日本于 8 月 14 日接受－限定日本领土（第八项）。8 月 8 日－苏联单方面放弃日苏中立条约（1941 年），对日宣战并展开作战。

② 对日和平条约与日苏共同宣言——

·1951 年**对日和平条约**（旧金山和约）[②]－第二年 4 月生效。第二条－**放弃领土权**＝朝鲜、台湾、千岛群岛、委任统治地、南极、新南－西沙。第三条－美国暂时管理权＝西南诸岛（琉球群岛等）、南方诸岛（小笠原群岛等）、冲之鸟岛（译者注：冲之鸟礁）、南鸟岛。1956 年－**日苏共同宣言**（同年生效）－同意转交齿舞岛、色丹岛。但是，实际转交在和平条约签署后进行。

③ 奄美、小笠原、冲绳行政权返还：1953 年奄美群岛返还协定－当年返还。

·1968 年南方诸岛（小笠原群岛）返还协定－当年返还。

·1971 年 6 月**冲绳返还协定**－1972 年 5 月琉球群岛、大东群岛实现返还。

图 5－4　日本领土变迁略年表

---

① 译者注：关于日本所主张的“冲之鸟岛”不符合《联合国海洋法公约》第 121 条规定的可以单独划定专属经济区和大陆架的“岛屿”要件。中国政府多次重申，不承认“冲之鸟”的岛屿地位，而称其为“冲之鸟礁”，亦不承认日本政府与此相关的主张。

② 译者注：中国政府认为“对日和平条约”是非法的、无效的，因而不予承认。

（b）竹岛问题

1952 年，韩国单方面设定**李承晚线**，将竹岛（韩国称独岛）划入韩国管辖水域，并于 1954 年开始通过强硬手段对该岛实施了有效统治，导致围绕该岛归属的问题被摆上台面。日本已于 17 世纪开始对该岛实施有效统治，并于 1905 年将其作为岛根县一部分正式编入日本领土，而且并没有收到韩国的任何抗议。对于韩国实施的单方面有效统治行为，日本曾提议将该争端交由 ICJ 审理，但是并没有得到韩国方面的回应。

（c）尖阁群岛（钓鱼岛）

日本曾于 1885 年对该岛进行了调查并认定该岛为无主地。在此基础上，日本将该岛作为冲绳县的一部分编入领土，并从此开始持续施行统治。20 世纪 70 年代开始中国提出对该岛的主权。该岛被包括于《冲绳返还协定》（1971 年）中所规定的被返还行政权的琉球群岛之中，日本政府对此的立场为该岛“并不存在领土问题”。[①]

3 特殊区域

（1）国际法规制空间和特殊区域

国际法所管理的空间基本上可以大致分为国家的领域主权所覆盖的国家领域以及任何国家的领域主权均不覆盖的**全球公域**。传统的全球公域指的是公海，但是现在的全球公域除了公海之外又新加入了与公海区分开来的海底区域、外层空间和天体。南极虽被冻结了主权的主张，但是由于这种规定只是将南极的主权问题搁置起来而已，所以南极并不是纯粹的全球公域。国际河流和国际运河是作为国家领域的一部分，但是这些区域内其领域主权行使受到特别的限制。

---

① 译者注：以上（c）节说法为日方的官方说法，并不是事实，中国政府对日本这一说法从未承认。请参见第 93 页译者注。

文本框

加布奇科沃－大毛罗斯项目案（ICJ 1997 年判决）

匈牙利单方面宣布终止关于共同利用多瑙河计划的两国间条约（参照**第四章**）。作为对此的对抗措施，斯洛伐克开始了本国境内的水资源利用（水力发电）。ICJ 认为，虽然不能认可条约终止，但是斯洛伐克采取的对抗措施违反了关于河流的"公平合理地利用原则"，因此也并没有认可斯洛伐克的主张。

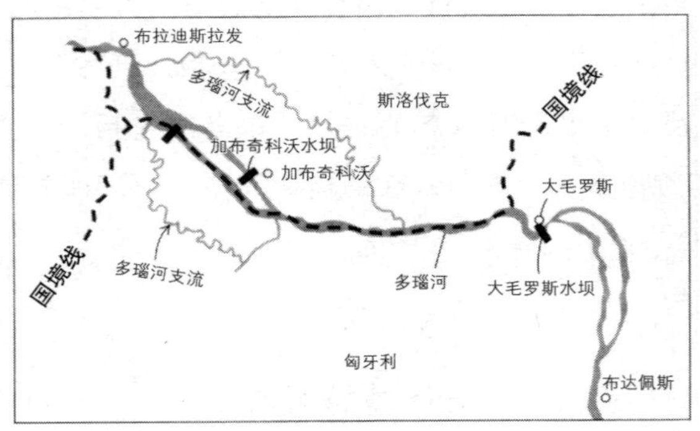

（图片出处：根据 ICJ 判决书制成）

曾经的**委任统治地**指的是以第一次世界大战战败国德国和土耳其的殖民地和从属地为对象，在国际联盟监督下由受国际联盟委任的委任国来进行统治的特殊地区（《国际联盟盟约》第 22 条）。虽然联合国的**托管统治**制度（《联合国宪章》第 12 条）延续了委任统治制度，但是随着帕劳的独立（1994 年），托管统治地区已被全部消灭。此外，目前世界上还存留有十余个**非自治地区**（其人民尚未行使完全自治权），例如关岛（美属）以及直布罗陀（英属）等，施政国对于这些地区的居民负有促进其福祉的义务（《联合国宪章》第 73 条）。

（2）国际河流和国际运河

（a）国际河流

从领域主权的原则出发，船舶无法在别国领域内的河流中自由航行。但是像多瑙河或者莱茵河这样流经数个国家并可用作航行的河流，每条河流的沿岸国等常常会签订一些条约来保障所有国家的船舶（一般来说不包括军舰）的自由航行。此时，沿岸国对于该河流的领域主权的行使便受到了相应的限制。

关于船舶航行以外的河流用途，不同河流（水道）的沿岸国也会个别签署条约对其进行管理（《国际水道非航行利用法公约》），此时领域主权的行使亦受到限制。一般来说，各沿岸国（水道国）应对水道进行“**公平合理的利用**”，并负有不对其他水道国造成重大损害的义务（《国际水道非航行利用法公约》第 5 条、第 7 条）。

（b）国际运河

人工开凿的连通两部分海洋的水道中，根据条约规定保障航行自由的水道称为国际运河。现在的苏伊士运河（埃及）和巴拿马运河（巴拿马）都属于此类运河。运河原为某一国家的内水，但是由于保障包括军舰在内的所有国家船舶的自由航行，内水被国际化，因此在此处的领域主权行使也是受限的。

苏伊士运河（图 5 – 5）为 1896 年开通的海平面式运河。根据 1888 年多国签署的条约（《君士坦丁堡公约》）实现了国际化。巴拿马运河（图 5 – 6）是在英美两国以及美国和巴拿马之间通过两国间条约保障通航自由后，于 1914 年开通的闸门式运河。至 1999 年底，美国对于运河管理运营以及在运河地带的特别权限都受到承认，但是 2000 年后巴拿马收回了对运河的全部主权。

（3）南极和北极

（a）南极

南极存在广阔的大陆，且其部分沿海处存在覆盖海面的厚冰层。进入

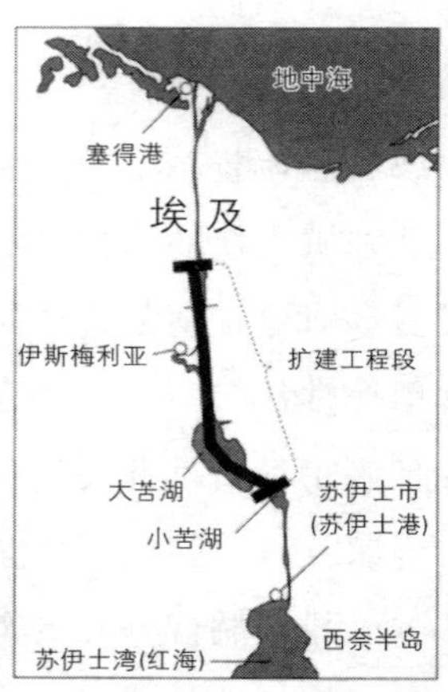

图 5-5　苏伊士运河扩建

2015 年 8 月，苏伊士运河（全长 193 公里）一段（72 公里）完成了扩建以及疏浚工程，并举行了纪念仪式。（通过新运河部分的船舶）（图片出处：中国新闻社）

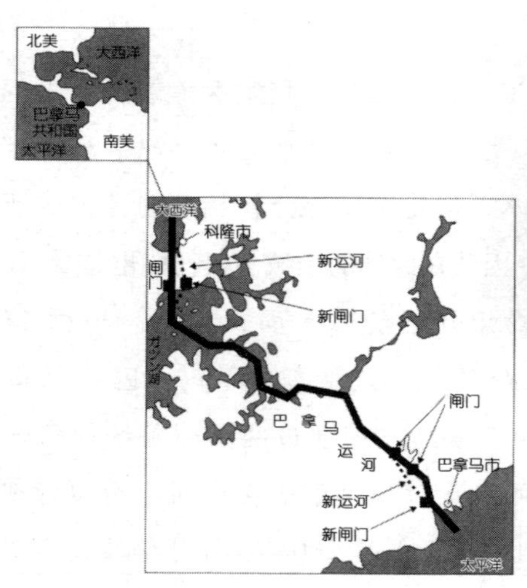

图 5-6　巴拿马运河

通过巴拿马运河的船舶，可以看出是闸门式运河。（图片出处：中国新闻社）

20 世纪以后，以英国为首的七个国家基于**扇区理论**开始对南极主张领土主权，继而产生了主张领土主权的国家与否认领土主权的国家（日本等五国）

之间的分歧。1959 年，有关国家通过了**《南极条约》**（1961 年生效），并规定**冻结南极的领土主权**（第 4 条）。因此南极的现状是，将相关各国的主张冻结，既不承认也不否认各国主张，将领土问题搁置了起来（同条第 1 项）。同时，公约还规定各国不得以公约有效期限内的活动作为主张领土主权的根据（同条第 2 项）。此外，南极地区只允许被用于和平目的，禁止一切军事利用或核爆炸以及放射性尘埃处理（公约第 1 条、第 5 条）。据此，南极实现了彻底的非军事化。

术语

扇区理论

设定以南极点为顶点画出的一定的扇形区域（扇区），即便没有满足先占的条件（有效统治）也可以对扇区全体主张主权的理论。

此后，国际社会又制定了以整体南极海洋生态体系为对象的、为保护和养护海洋生物资源的《南极海洋生物资源养护公约》（1980 年），以及至少禁止开展矿物资源开采活动五十年的《关于环境保护的南极条约议定书》（1991 年），由此形成了基于南极条约的一整套法律制度（南极条约体系）。此外，虽有意见主张将南极定位为“世界公园”，但是关于南极的领土主权仍然被冻结至今。

（b）北极

由于北极不存在大陆，只存在广阔的冰封海洋，所以北极适用关于海洋的规则（参照**第六章**）。因此，北冰洋五个沿海国在其中设定的领海、专属经济区以及大陆架等海洋管辖权是受到承认的。近来，伴随着北极海冰面积的减少，关于北极航道（图 5－7）的使用以及丰富的地下资源开发问题越来越受到关注。

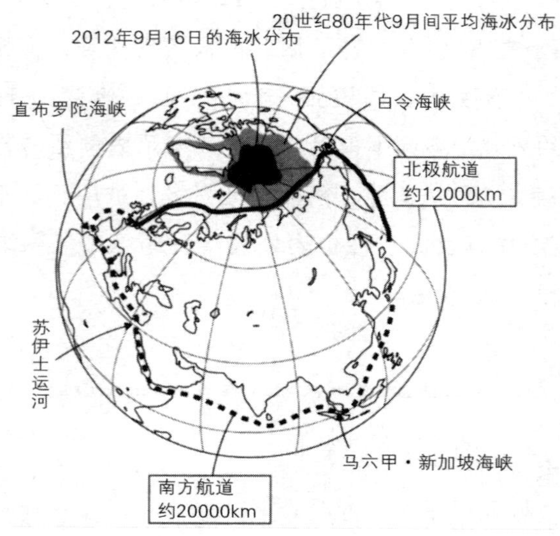

图 5－7 北极航道

若利用北极航道的话，那么相较于经由苏伊士运河的航道来说，日本到欧洲的航海距离将缩短四成，航行天数将大幅缩减。［图片出处：参考宇宙航空研究开发机构（JAXA）网站海冰分布图制成］

4 外层空间和天体

（1）外空条约和外层空间相关四条约

由于 20 世纪 50 年代后期开始，美国和苏联将太空开发事业作为国家事业推进，外层空间法得以迅速形成。1966 年，作为外层空间基本法的《关于各国探索和利用外层空间包括月球与其他天体活动所应遵守原则的条约》（**外空条约**）正式议定（1967 年生效），之后至 20 世纪 70 年代又制定了四部对该条约进行补充和细化的条约（外层空间相关四条约）（图 5－8）。

1966 年　《关于各国探索和利用外层空间包括月球与其他天体活动所应遵守原则的条约》（外空条约）（1967 年生效）；
1968 年　《营救宇宙航行员、送回宇宙航行员和归还发射到外层空间的物体的协定》（营救协定）（当年通过）；
1972 年　《空间物体造成损失的国际责任公约》（责任公约）（当年通过）；
1974 年　《关于登记射入外层空间物体的公约》（登记公约）（1976 年生效）；
1979 年　《指导各国在月球和其他天体上活动的协定》（月球协定）（1984 年生效）。

图 5－8　外空条约及外层空间相关四条约

在包括月球和其他天体在内的外层空间中，所有国家的**探索和利用的自由**均被认可（外空条约第 1 条），任何国家都不可对其主张领域主权（外空条约第 2 条）。对于月球以及其他天体，月球协定将其定位为“全体人类的共同财产”，不仅禁止任何国家的领域主权，同时也否定了国家或国家以外的任何团体及个人对其主张所有权（月球协定第 11 条。但是协定第 6 条认可以科学研究为目的在月球上采集或移走矿物或其他物质的权利）。然而月球协定的缔约国数量有限，大多数发达国家并未加入月球协定。

天体和外层空间相关法律对于军事利用的规定是不同的。天体已经实现了与南极同样的非军事化，但是在外层空间中，仅仅是规定禁止在绕地轨道和其他外层空间中部署大规模毁灭性武器而已（外空条约第 4 条）。因此，在外层空间中使用常规武器或不以通过绕地轨道方式发射大规模毁灭性武器等行为并没有被严格禁止。

发射外层空间实体的国家需要对该物体进行登记并通知联合国［登记

公约第 2 条]。凡登记把实体[1]射入外层空间的缔约国对留置于外层空间或天体的该实体及其所载人员，应仍保持管辖及控制权（外空条约第 8 条）。此外，由于外层空间活动伴有高度危险性，因此各缔约国应担负起对此类活动进行批准和连续监督的责任（外空条约第 6 条），即便是由像私有企业那样的非政府团体组织的活动对第三方造成的损害，也要归结于国家在国际法上的责任（**国家责任归结原则**，公约第 7 条）。一般来说，国家在原则上对于个人或者私有企业的行为不承担国际上的责任，但是针对外层空间活动的情况，这一原则做出了修正。责任公约中规定，人造卫星（图 5－9）和火箭等外层空间物体对在地球表面及对飞行之中的航空器所造成的损害负有绝对责任（无过错责任）（责任公约第 2 条）。

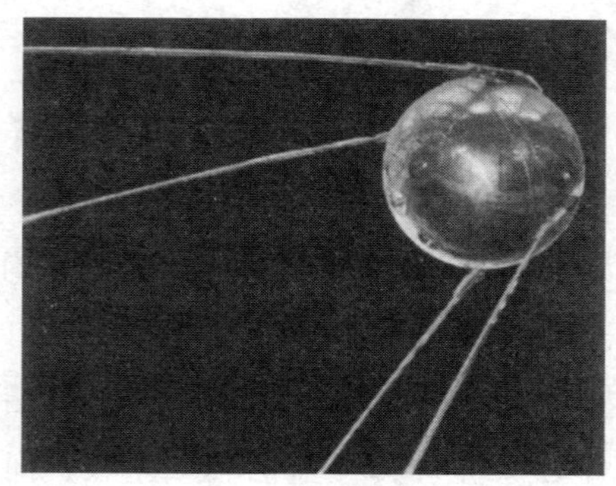

图 5－9　世界第一颗人造卫星“人造卫星一号”（苏联，1957 年）

（图片出处：NASA）

（2）外层空间活动的开展和各种新问题

随着外层空间活动的多样化以及民用化和商业化的发展，以外层空间

① 译者注：外层空间相关条约中文版中对于发射对象物的称呼为“物体”或“实体”，并未统一。参照英文版条约文本可以认为不论“物体”还是“实体”，均对应英文版中“*objects*”的表述。本书翻译过程中对应不同条约尽量尊重其在条约正式文本中的相关词语的使用，因此根据不同条约内容，将外层空间的发射对象物分别翻译成“物体”和“实体”，望读者明悉。

中的人造卫星为媒介发送、接收和传播信息的活动日渐活跃。由于静止轨道（赤道上空约 36000 公里的轨道）上的卫星（**静止卫星**）随地球自转而运行，可以长期对地球的一定区域发送电波，因此静止轨道通常被用来放置通信卫星或广播卫星（图 5 – 10）。静止轨道与通信频率（电信的媒介）在今天都被视为“有限的自然资源”，由各国于事前进行分配。此外，虽然有联合国决议对直接广播卫星进行的节目传送以及通过低轨道上的地球遥感卫星获取地面信息活动进行规范，但是目前并不存在具有法律拘束力的条约。

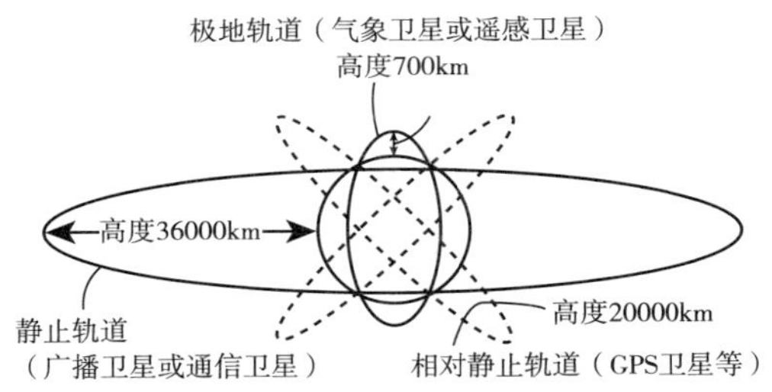

图 5 – 10　绕地轨道与人造卫星

包括日本在内的由 15 个国家参与建设的**国际空间站**（ISS）（图 5 – 11）是一个位于高度约 400 千米的低轨道运行的国际复合体，整合了多国的航天构件（实验舱与居住舱），可供人员长期驻留并开展实验和观测活动。国际空间站计划的参与国于 1998 年签订的《国际空间站合作协议》（2001 年生效）对作为外空物体的空间站的登记方法、管理和管辖权以及刑事管辖权归属、知识产权的保护等国际空间站带来的新法律问题进行了规定。

伴随着外层空间活动的开展，外层空间轨道上的空间物体残骸、碎片以及涂料等**太空垃圾（空间碎片**，Space Debris）（图 5 – 12）的不规则运动，可能与人造卫星发生冲撞并对其造成严重损伤，因此空间碎片的对策问题已成为一个越来越现实的课题。为解决这一问题，国际社会非常有必要在处理现有的空间碎片的同时努力防止新的空间碎片的出现。

太空垃圾指超过使用年限而导致功能丧失或因事故或故障导致失控的卫

图 5－11　国际太空基地（国际空间站，ISS）

（图片出处：NASA）

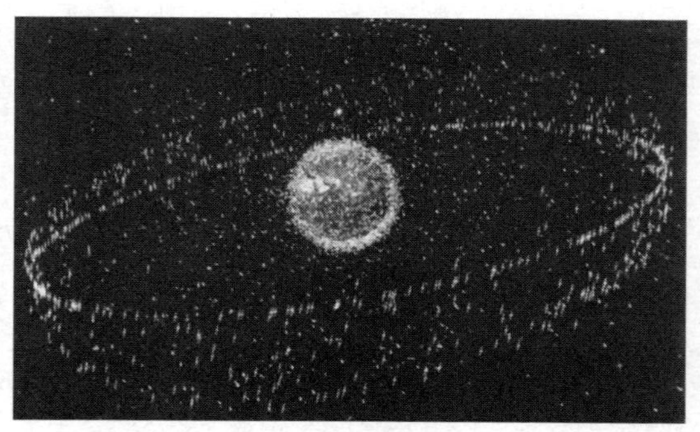

图 5－12　太空垃圾（Space Debris）

地球上空的太空垃圾：欧洲航天局（ESA）公布的太空垃圾电脑画像标记出了绕地轨道上约 12000 个物体。（图片出处：ESA）

星、发射卫星的火箭或火箭零部件、多级火箭在火箭分离时因爆破产生的碎片等，在外层空间中以每秒数公里的高速移动的物体。自人造卫星一号发射升空（1957 年）以来，世界各国总计进行了近 5000 次的火箭或人造卫星发射活动，这导致太空垃圾的数量呈爆发式增长。目前已知的包括极微小物体在内的宇宙垃圾据称已达到 3500 万个，而据推测其中在卫星轨道上存在的 10 厘米以上的垃圾多达约 21000 个。

为避免太空垃圾与空间站或卫星发生撞击事故，必须将太空垃圾从卫星轨道上清除。对于放置有气象卫星和通信卫星的静止轨道上的太空垃圾，可以将其移动至高于相对静止轨道的轨道（坟场轨道）中去。此外，对于那些位于观测卫星所在的低轨道上的太空垃圾，可以进行返回大气层处理。

文本框

宇宙 954 号事件

1978 年，苏联的核动力卫星宇宙 954 号残骸坠落于加拿大西北部。加拿大因此要求苏联支付用于防止和清理放射性污染的费用。经过将近两年的交涉，结果双方达成一致，以苏联愿意支付加拿大要求的赔偿额一半的费用而告终。

参考文献

· 国際法学会編《日本と国際法の100 年　第 2 巻　陸・空・宇宙》，三省堂，2001 年。

· 国際法事例研究会:《領土》，慶応通信，1990 年。

· 太壽堂鼎:《領土帰属の国際法》，東信堂，1998 年。

· 小塚荘一郎 = 佐藤雅彦编著《宇宙ビジネスのための宇宙法入門》，有斐閣，2015 年。

第六章　分享海洋的恩惠

——海洋法

1　海洋法的历史和海洋的划分

（1）海洋法的历史轨迹（表6-1）

（a）海洋论争与海洋的二元构造

海洋法拥有悠久的历史。在大航海时代，海洋被西班牙和葡萄牙分割占领（参照**第一章**）。为与此二国抗争，17世纪上半叶，荷兰的格老秀斯在其发表的《论海洋自由》（1609年）中提出“海洋自由”理论。针对《论海洋自由》中的观点，以英国的赛尔顿（Selden，1584—1654）发表的《闭海论》为代表，大量反对观点主张国家可以对海洋进行统治和要求主权，由此展开了关于海洋的法律地位的著名论战。经过海洋论争，18世纪时基本确定了将海洋区分为由沿海国进行统治的沿海国周边海域（**领海**）和不属于任何国家的、承认航行和渔业自由的广阔海域（**公海**）。这种“海洋的二元构造”基本持续到20世纪中叶。

表6-1　海洋法略年表

15—17世纪	大航海时代。西班牙和葡萄牙分割海洋。
17世纪后半叶	英国、荷兰崛起成为海洋大国。海洋论争展开。
18—19世纪	海洋二元构造（“狭窄领海”与“广阔公海”）形成、确立。
1930年	海牙国际法法典编纂会议。围绕领海宽度意见分歧严重，领海公约流产。

续表

1945 年	美国杜鲁门宣言(大陆架宣言,渔业保有水域宣言)。之后,海洋秩序动摇。
1958 年	第一次联合国海洋法会议。通过日内瓦海洋法四公约(未就领海宽度达成一致)。
1960 年	第二次联合国海洋法会议。试图就领海宽度形成一致意见,再度失败。
1973—1982 年	第三次联合国海洋法会议。经十年会期,于 1982 年通过联合国海洋法公约。
1977 年	依照海洋法会议的进展,日本制定领海法与渔业水域暂定措施法(确定领海宽度 12 海里,设立 200 海里渔业水域)。
1982 年	议定联合国海洋法公约。
1994 年	联合国海洋法公约生效。通过联合国海洋法公约第十一部分实施协定(1996 年生效)。
1996 年	日本批准联合国海洋法公约以及联合国海洋法公约第十一部分实施协定;修正领海法和海上保安厅法部分内容;制定专属经济区(EEZ)与大陆架法以及 EEZ 渔业等主权权利行使法等法律。
2007 年	日本制定海洋基本法,内阁官房增设综合海洋政策本部。
2008 年	日本制定海洋基本计划。

关于作为沿着海岸设定的带状海域的领海的宽度问题，从一开始各国立场便一直存在分歧。19 世纪时，**3 海里**的领海宽度曾一度成为主流（1 海里为 1.852 公里），但是由于还有一部分国家主张更宽的宽度，因此领海的宽度一直没有得到统一。此外，关于领海的法律地位问题也长期存在争议。至于国际社会就领海作为沿海国主权所覆盖的国家领域的一部分形成一致认识，那还是第一次世界大战结束后的事。

（b）海洋法秩序的变更

1945 年，美国总统杜鲁门发表宣言，宣布对美国陆地领土延伸至公海下方的大陆架上的自然资源开发和美国近海处的公海上的渔业资源行使单方面权限（**《杜鲁门宣言》**）。由此开始，更多沿海国开始在公海或者公海下方的大陆架上设定本国的权利范围，而长久以来的海洋秩序也受到了动摇。因此，1958 年召开了第一次联合国海洋法会议。这次会议一共通过了四个条约，被称为**日内瓦海洋法四公约**（领海公约、公海公约、大陆架公约以及公海捕鱼及生物资源养护公约）。根据这一次海洋法会议的成果，海洋基本维持了其二元构造，同时也正式承认了在领海之外新设的**毗连区**和大陆架制度。

然而，之后的曾经试图统一领海宽度的第二次联合国海洋法会议（1960年）则以失败而告终。在那之后，由于从殖民地独立出来的新兴国家针对海洋资源权利提出的主张对既有的海洋秩序发起的挑战，同时也因为海洋开发技术的迅速发展，关于海洋资源的开发或管理等问题亟须制定一批新规则以适应时代的变化。对此，为全面梳理海洋秩序，第三次联合国海洋法会议（1973—1982年）得以召开。经过十年的审议，本次会议最终于1982年通过了被称为海洋宪法的**《联合国海洋法公约》**。这一部仅正文便分为17部分共320条的海洋法公约，将领海的宽度统一限定在**12海里**范围之内，同时又新设立了诸如国际海峡、群岛水域、专属经济区（Exclusive Economic Zone，EEZ）、海底“区域”、海洋环境保护、科学研究以及争端解决程序等新的秩序和规则。其中，由于发达国家对于公约中所规定的国际海底区域（《海洋法公约》第十一部分）的开发方法表示不满，因此条约这一部分内容修正之后（《〈海洋法公约〉第十一部分实施协定》）才正式生效。包括日本在内的世界大多数国家都加入了这两个公约。

（2）海域划分

（a）自然资源和沿海国的海洋管辖权

现在，海洋如图6-1所示被细分化，沿海国在不同海域的权限也有所不同。其中，“内水”、“领海”和“群岛水域”等海域包括其海底部分构成沿海国领土的一部分，被沿海国领土主权所覆盖。其他海域则不属于任何国家的领域，亦不被领土主权覆盖。在“毗连区”中，沿海国被认可拥有一定的对违反沿海国法律法规的行为进行管制的有限权限。对于“专属经济区”（EEZ）和“大陆架”，沿海国被认可拥有开发其中自然资源等**主权权利**（该权利并不是“主权”，参照第5节）（在EEZ和大陆架中主权权利的内容和性质亦不相同）。公海和国际海底区域有别于沿海国海洋管辖权所覆盖的水域。大陆架外侧的海底被视为“国际海底区域”，该区域中不认可任何国家的主权或主权权利。国际海底区域及其资源作为**“人类的共同继**

承财产”（Common Heritage of Mankind），被赋予有别于公海的独立法律地位。

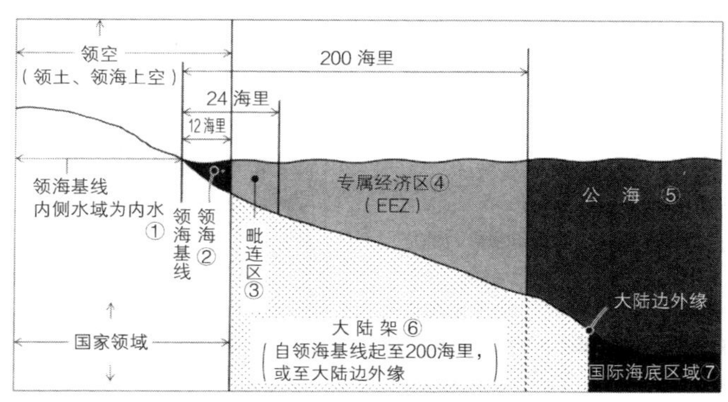

图 6－1　《联合国海洋法公约》中的海域区分

① 内水：领海基线内侧的水域（港口、海湾等）。具有与陆地领土同样的沿海国主权。

② 领海：自领海基线向外 12 海里（约 22 公里）的海域。外国船舶享有无害通过权。

③ 毗连区：自领海基线开始向外 24 海里。沿海国拥有违法行为取缔权。

④ 专属经济区（EEZ）：自领海基线开始向外 200 海里。沿海国享有主权权利。

⑤ 公海：不属于任何国家的内水、领海、群岛水域或专属经济区范围的海洋部分。不包括海底。遵循公海自由原则和船旗国原则。

⑥ 大陆架：大陆边外缘或自领海基线开始至 200 海里处的海底部分。沿海国拥有主权权利。

⑦ 国际海底区域：国家管辖权覆盖的区域（大陆架）外侧的海底。人类的共同继承财产。

国际海峡：连接公海（或 EEZ）与公海（或 EEZ）的，用于国际航行的海峡。外国船舶通过领海内的国际海峡时基本拥有过境通行权。

群岛水域：被认定为群岛国时，其群岛基线内侧的水域属群岛国主权范围。

（b）船舶的通航制度与海域的区分

与船舶的通航有关的制度在不同海域中有不同规定。某一船舶被赋予某一国籍时，该国籍的赋予国作为**船旗国**对该船舶行使管辖权（参照**第三章**）。由于公海上的航行自由受到保障，船舶原则上服从船旗国的排他性管辖权。此外，专属经济区（EEZ）或大陆架的上覆水域，以及毗连区水域基本上也认可外国船舶的航行自由。领海和群岛水域虽然处于沿海国的领域主权覆盖范围内，但出于尊重船舶的航行利益，外国船舶在这些水域中享有**无害通过权**。此外，《联合国海洋法公约》还导入了在沿海国领土主权覆盖下的水域（领海、群岛水域）中，作为一定的海上通道的水域内，较之无害通过权对船舶航行更加有利的新的航行制度（在国际海峡中的过境通行权以及在群岛水域中的群岛海道以及群岛海道通过权）。

2　内水、领海和毗连区

（1）内水与外国船舶

港口、海湾和内海等位于**领海基线**（参照第五章）陆地一侧的水域被称为**内水**，内水与陆地领土被同等的领域主权所覆盖。作为永久海港工程的**港口**（除近岸设施和人工岛屿以外），被视为海岸的一部分，同样被认为是内水（《海洋法公约》第 11 条）。国际法一般不要求认可外国船舶入港的义务，只要没有在特定条约上规定类似的义务，那么即便禁止某些特定国家的船舶入港也不会构成违反国际法。不过实际上，为国际贸易而将港口向外国船舶开放的情况并不少见。

入港期间的外国船舶应服从沿海国的领域主权，但是在船舶内部发生的犯罪行为只要不影响到沿海国，则多由船舶的船旗国来行使刑事管辖权。特别是**军舰**以及非商业目的的政府船舶，其对于沿海国的民事和刑事管辖权享有完全豁免。

关于**海湾**，如果其海岸单独属于某一国家，其天然入口宽度小于 24 海里，其湾内凹入程度够深（大于以海湾入口宽度为直径的半圆形的面积），则海湾内侧可被作为内水（《海洋法公约》第 10 条）。在存在有两个以上湾口的内海，该规则分别适用于每一个湾口。然而，即便不满足相关条件，只要沿海国有长期将某一海湾作为内水的惯例，而别国又并未对此提出异议，则可以认为该海湾是沿海国的“历史性海湾”。日本的濑户内海便作为此类历史性水域成为日本的内水。

（2）领海与无害通过权

（a）领海基线与领海宽度

领海基线（基线）开始向外侧拓展的具有一定宽度的带状水域为领海。

领海的宽度在很长时间内都没有被统一，直到《联合国海洋法公约》将其限定在自基线开始的 12 **海里**范围内。基线在原则上应为沿着海岸低潮线所划定的一条线（正常基线）。在通过正常基线划定的领海中存在低潮高地（即低潮时露出水面而满潮时被海水淹没的陆地）时，可以根据低潮高地来设定基线（《海洋法公约》第 13 条）（图 6－2）。然而，在海岸线出现明显的曲折或沿海岸有一连串的岛屿的地方，可以采用用直线连接适当的点的方式划定基线（公约第 7 条）。ICJ 在英挪渔业案（1951 年）中采用了这种**直线基线**方法，此后这种方法也被普遍认同（图 6－3）。

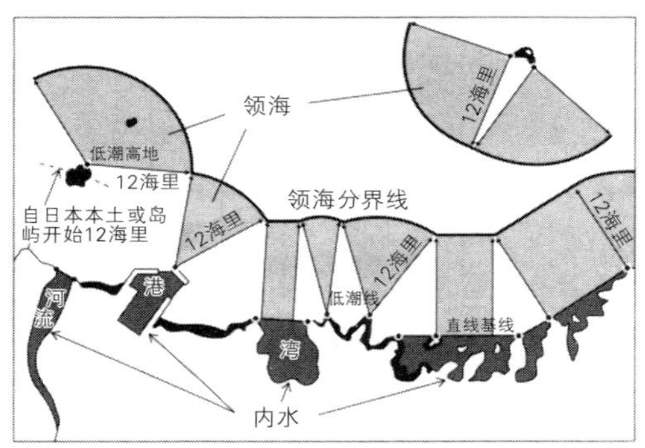

图 6－2　内水与领海的分界线

（图片出处：海上保安厅海洋情报部网站）

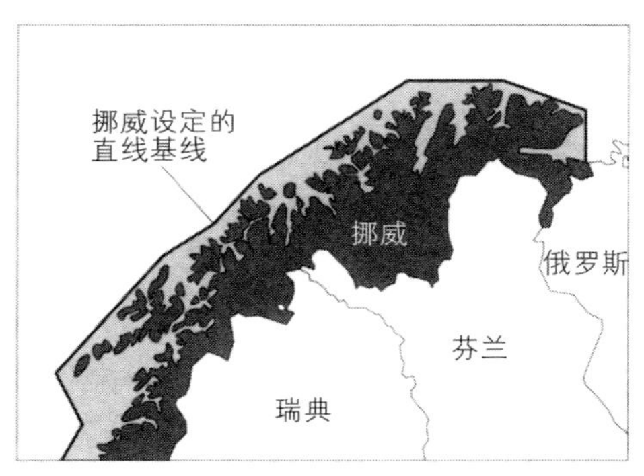

图 6－3　英挪渔业案（ICJ 1951 年判决）

挪威基于 1935 年法令，对于其地形复杂的北部海岸采取直线基线方式设定了领海。此举动遭到有本国渔船在相关水域从事作业的英国的反对。然而，ICJ 判决认为挪威采取的措施并未违反国际法。

日本自明治初期以来长期坚持领海宽度3海里的立场，但是在1977年遵循世界发展的趋势宣布将领海扩大至12海里。此后，1996年随着《海洋法公约》的批准，日本在对相关法律进行修正时又进一步导入了直线基线方式。或许是基于“非核三原则”（图6－4）的考量，日本将一些**特定海域**（宗谷、津轻、对马东水道、对马西水道以及大隅等五处海峡）的领海宽度依照最初的主张冻结在3海里。因此，青函隧道的中间部分所通过的海底便成为日本领海之外的海底（图6－5）。

日本关于“不制造，不持有，不许带入核武器”的政策。

核武器通过领海可以被理解为是“带入”核武器。

图6－4 非核三原则

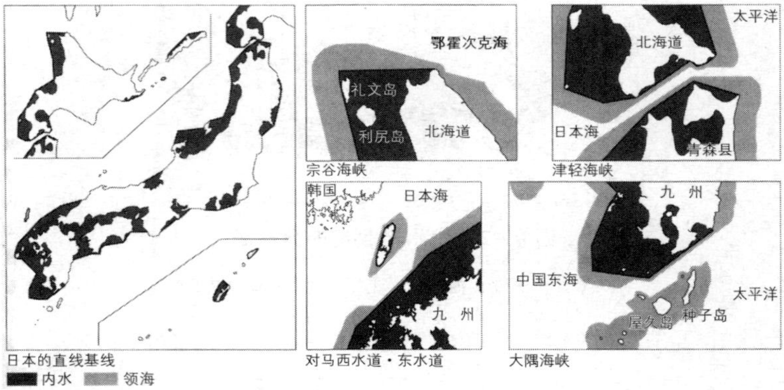

图6－5 日本的直线基线图与被指定为特定海域的五处海峡

（图片出处：海上保安厅海洋情报部网站）

（b）外国船舶的无害通过权

任何国家的船舶在其他国家的领海内都享有**无害通过权**（《海洋法公约》第17条）。这一权利是在19世纪确定领海主权之前就被认可的习惯国际法上的权利。无害通过的“通过”指的是，持续不停并且迅速地通过，基本不允许停船和下锚（公约第18条）。潜艇在通过领海时须上浮至海面上航行（公约第20条）。无害通过的“无害”指的是“不损害沿海国的和平、良好秩序或安全”的通过（公约第 19 条第 1 项）。像开展渔业活动或研究活动等与通过没有直接关系的活动时，便会被视为有害（公约第 19 条第 2 项）。也就是说，是不是无害通过，其判断依据要看通过的方式和在通过过程中的具体行为。

但是还有另外一个问题，就是是否可以基于船舶的种类或船舶搭载的货物等理由来否定船舶通过的无害性问题。比如，关于军舰是否享有无害通过权的问题，各国的意见就充满分歧。日本作为肯定军舰享有无害通过权的一方，基于“非核三原则”的考虑，不认可搭载有核武器的舰船通过本国领海。而对于运送核物质等有害或危险物质的船舶在行使无害通过权时，有义务携带特定文件并遵守特殊预防措施（公约第 23 条），而有的国家则直接拒绝运送核物质的船舶本身通过本国领海。

沿海国不得妨碍外国船舶的无害通过（公约第 24 条），而且沿海国的民事和刑事管辖权也受到这一原则的限制（公约第 27、28 条），但是沿海国有权制定必要的法律和规章或基于航行安全考虑指定航海海道（公约第 21、22 条）。此外，在为了保障本国安全的必要情况下，沿海国可以暂时停止本国领海内某些特定海域的无害通过（公约第 25 条）。日本为了规制不属于无害“通过”的航行，于 2008 年制定了《领海外国船舶航行法》。

（3）毗连区内的沿海国权限

在确立了海洋的二元构造的时代，欧美各国会在毗连本国领海的公海上的一定海域中开展取缔走私行为等活动，其后根据这些活动逐渐发展出了**毗连区**制度。沿海国在毗连区内可以防止或惩治“在其领土或领海内违反其海关、财政、移民或卫生的法律和规章”的行为而开展必要的管制（《海洋法公约》第 33 条）。沿海国的管制权限仅被限定于违反上述四个方面的法律和规章的情况之下，其中不包含关于渔业和国家安全的法律和规章。现在，毗连区的范围可以被设定为自基线起 24 海里的范围之内。日本基于本国领海和毗连区法（1996 年修订领海法，法律名称也做出变更）设定了本国的毗连区。

3 国际海峡和群岛水域

（1）国际海峡的通航制度

连接公海与公海、被用于国际航行的海峡，自古以来便被视为海上交通要道。因此在土耳其海峡（达达尼尔海峡、博斯普鲁斯海峡以及马尔马拉海）和丹麦海峡（大贝尔特海峡、小贝尔特海峡）都存在为保障船舶在其中自由通航而设定的特别条约制度。在一些不存在特别条约制度的**国际海峡**中，如果其海峡宽度足够宽，那么在海峡内存在的公海部分便可以直接适用自由航行制度，与之相对的便是这样的海峡在沿海国领海内的水域中会被认可无害通过权。

随着领海宽度扩大为 12 海里，许多原本存在于公海海域的重要国际海峡都被划入了沿海国的领海范围，因此在第三次联合国海洋法会议中很多国家提出保障在这一类水域中自由通航权的要求。作为一种妥协的结果，《海洋法公约》中导入了新的通航制度——**过境通行权**。所谓过境通行权指的是为“不停和迅速过境的目的而行使航行和飞越自由”（《海洋法公约》第 38 条第 2 项）。如果说到是否“无害”的问题，因为过境通行权包括了在其上空飞行的自由，因此较之无害通过权，过境通行权是更为自由的通航权。海峡的沿海国有权针对航行安全和防止污染制定法律和规章。

过境通行制度适用于连接公海［或专属经济区（EEZ）］与公海［或专属经济区（EEZ）］，并且用于国际航行的海峡。除此之外的国际海峡适用无害通过制度。此外，若海峡内存在便于航行的公海（或 EEZ）水道时，那么这样的海峡本身便不适用国际海峡制度。例如，日本的五处特定海峡，因为现在这些海峡的领海被冻结在 3 海里，因此这些海峡中间存在着 EEZ 水道，所以这些海峡本身就不适用国际海峡制度。但是如果解除了这些海峡的 3 海里领海冻结状态，将其领海宽度扩大到 12 海里的话，那么这些海峡便会适用过境通行制度。

（2）群岛国和群岛水域

印度尼西亚和菲律宾都是由在大洋中的群岛组成的国家。这两个国家主张设立**群岛水域**制度，并且由于有关领海设定的直线基线方法受到了认可，两国借此机会进一步加强了它们的主张，并最终被《海洋法公约》承认为正式的制度（图6-6）。群岛国（由大洋中多个岛屿构成，并且由于其岛屿与水域紧密相连而呈现出固有的一体性的国家）的外缘各岛之间连接的线称为群岛基线，其基线内侧的水域称为群岛水域。群岛基线的外侧可以设定领海或其他海洋管辖权。《海洋法公约》中详细规定了群岛基线的划定条件（《海洋法公约》第47条）。全世界有25—35个国家满足这些条件，而英国和日本被认为不属此列。

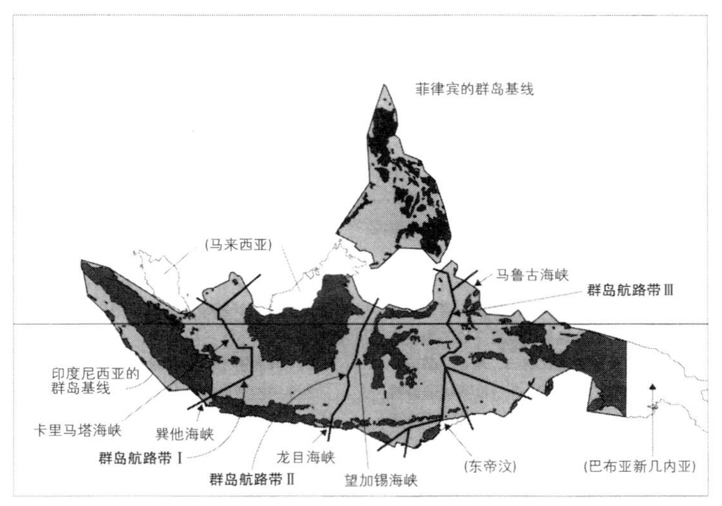

图6-6　菲律宾和印度尼西亚的群岛水域

群岛基线内侧的水域为群岛水域。群岛基线外侧可以设定领海或专属经济区（EEZ）。印度尼西亚指定了三条群岛海道（菲律宾并未指定）。

群岛水域为群岛国领域主权所覆盖。虽然是领海基线内侧的水域，但是依然认可外国船舶的无害通过权。此外，若群岛国在水域内指定了群岛水道，那么在群岛水道中认可适用与过境通行权内容几乎相同的**群岛水道通过**

权。若群岛国未指定群岛水道，那么在“正常用于国际航行的航道”中可以行使群岛水道通过权（《海洋法公约》第53条第12项）。

4 公海的秩序与公海渔业

（1）公海自由原则与船舶的船旗国中心主义

公海自由原则包括两方面的内容，即公海不属于任何国家的主权范围（**禁止主张主权**），以及公海供所有国家自由使用（**使用自由**）。作为使用自由的一部分，虽然包括了航行自由、飞越自由、铺设海底电缆和管道的自由、捕鱼自由以及科学研究的自由等内容，但是在从事上述活动时需要对其他国家的利益给予适当顾及（《海洋法公约》第87条）。而在进行军事演习或武器试验时，需要事先通知或者划定危险水域。在发生**第五福龙丸事件**（1954年）（图6－7）时，虽然关于公海核试验是否违法的问题还存在争议，但是日美两国之间还是达成协议，以不追究法律责任的支付慰问金的形式解决了这一事件。

公海上的船舶服从其船旗国的排他性管辖权，接受船旗国法律的适用与执行。这一原理被称为**船旗国中心主义**。船旗国以外的国家，除涉及海上犯罪（海盗等）的情况（参照**第九章**）或在行使紧追权的情况以外，原则上不可行使国家管辖权（参照**第三章**）。公海上出现船舶碰撞事故时，可以对责任方行使刑事管辖权者也被限定于责任方船舶的船旗国（或者责任人所属国）（公约第97条）。

每个国家都设定有不同的赋予船舶以本国国籍的条件，但是船舶与船旗国之间被要求必须存在“**真正联系**”（公约第91条第1项）。船旗国除对本国船舶进行登记之外，还被要求对这些船舶进行有效的管理和管制。但是实际上，船舶所有者多在价格便宜而且管理宽松的国家登记自己的船只。像这种挑选便利的国籍导致船旗国与船舶之间的联系并不紧密的**方便旗船**（FOC）是广泛存在的。

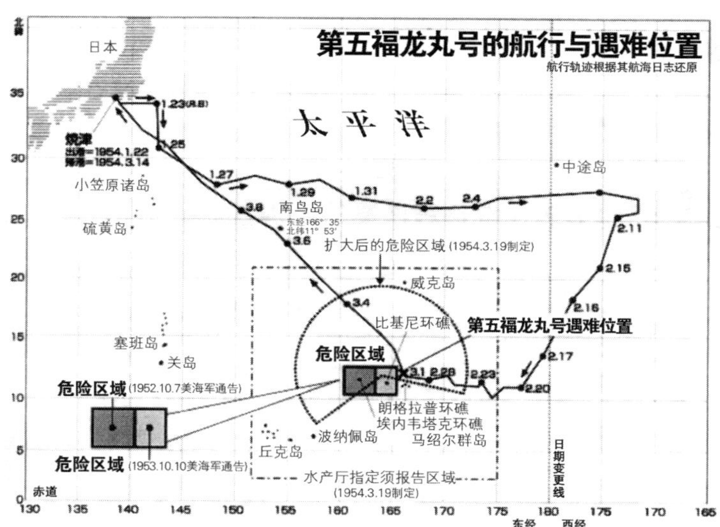

图 6－7　导致第五福龙丸号遇难的比基尼环礁氢弹试爆实验（1954 年 3 月 1 日）

上图：第五福龙丸号的航行与遇难位置。航行轨迹根据其航海日志还原。（图片出处：广岛市和平纪念资料馆网站；协助：公益财团法人第五福龙丸和平协会）

下图：被禁止入内的第五福龙丸号。（图片出处：烧津市历史民俗资料馆提供）

（2）沿海国的紧追权

紧追权指沿海国对违反本国法律或规章的外国船舶紧追至公海并实施逮捕的权利。紧追权是对船旗国中心主义的一种受到例外承认的沿海国权限。沿海国在行使此项权利时必须遵守条约中严格规定的若干条件［紧追开始前必须发出停驶信号，紧追过程不得中断，被追逐船舶进入别国领海时紧追权立即终止等（《海洋法公约》第111条）]。在行使紧追权过程中，为达到确保停船的目的，沿海国被允许使用最小限度的强力措施，而采取过度措施则被视为违法。在关于1929年于毗连区被美国海岸巡防艇紧追并故意击沉的朗姆酒走私船孤独号案的裁决（1935年英美联合委员会最终报告书）中，以及在关于几内亚警备艇对外国船舶突然实施紧追并进行无预警实弹射击的塞加号（No.2）案判决（ITLOS 1999年）中，都认定了沿海国的行为为侵犯船旗国权利的违法行使紧追权行为。

（3）公海渔业及其有关限制

虽然公海渔业自由被认定为是公海利用自由的一种，但是在第二次世界大战之后，为了能够养护渔业资源以及维持和发展水产业，国际间纷纷缔结了多种针对不同地区或针对不同鱼种所签署的渔业条约，如**《国际禁止捕鲸公约》**（1946年）、《美日加北太平洋公海渔业公约》（1952年）等。《联合海洋法公约》在规定了对专属经济区（EEZ）内的生物资源进行养护以及促进最合理利用的同时，也规定了对公海生物资源的普遍性养护与管理义务，并在公海渔业公约签署后形成了一个具体化的框架。**《联合国鱼类种群协定》**（1995年）是以跨界鱼类种群（如鳕鱼或比目鱼这种横跨多个国家的EEZ或横跨EEZ与公海而存在的鱼种）与高度洄游性鱼类种群（像金枪鱼或鲣鱼这类在大范围内洄游的鱼种）为对象，为有效实施《海洋法公约》而对各国应采取的措施进行具体规定的条约。

区域渔业条约通过条约上规定的区域渔业组织（Regional Fisheries Management Organization，RFMO）对对象鱼类种群实施管理（图6-8）。针对鲣鱼或金枪鱼，目前存在五个RFMO对全球海洋进行管理（图6-9）。RFMO在对捕捞期、渔网以及捕捞方法等进行间接管理的同时，也会根据资源状况对捕捞总量进行控制。澳大利亚与新西兰起诉日本的**南方蓝鳍金枪鱼案**（2000年仲裁审理）的起因便是各方对南方蓝鳍金枪鱼保护委员会设定的资源量的评价产生了分歧。而ICJ在**南极捕鲸案**（2014年）中，认定日本

图 6－8　区域渔业组织

（图片出处：外务省网站）

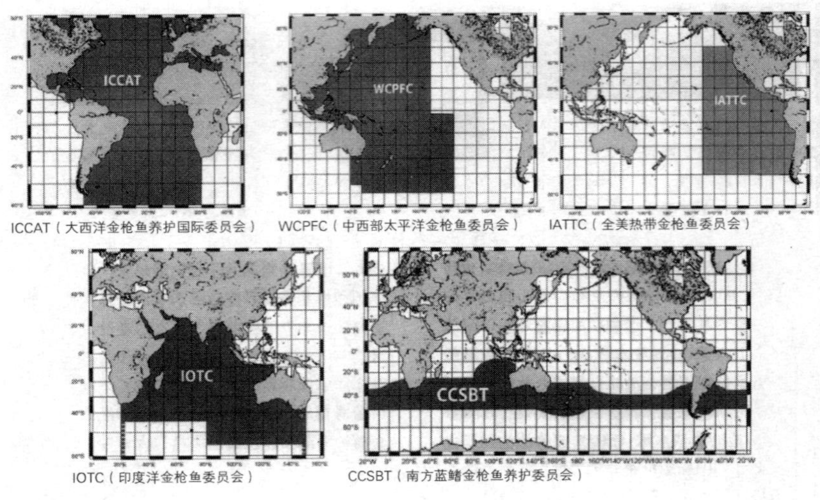

图 6－9 鲣鱼、金枪鱼类区域渔业组织（RFMO）

（图片出处：水产厅网站）

进行的第二期研究性捕鲸并未遵从《全球禁止捕鲸公约》中所认可的研究性捕鲸的相关规定，因此判决日本败诉（参照**第十二章**）。那些将本国船籍迁移至非区域渔业条约当事国的方便旗船使用禁用渔网开展的无序捕捞行为被称为 IUU **渔业**［Illegal，Unreported，Unregulated（违法的、无报告、无管制）］。1993 年的《促进公海渔船遵守国际养护和管理措施的协定》中，为了防止 IUU 渔业的扩张，明确规定船旗国对公海渔业负有责任。

5 专属经济区和大陆架

（1）专属经济区

基于发展中国家大力主张“对于天然资源享有永久主权”的观念这一背景，《海洋法公约》新设立了 200 **海里**专属经济区（EEZ）制度。在第三次联合国海洋法会议的早期阶段（1974 年），各国基本就专属经济区制度达成一致，否决了关于建立 200 海里领海的主张，但是同意将这一范围内的海域作为沿海国可以享有被限定在以资源为中心的权利的管辖水域。沿海国可以自本国领海基线开始设定一个范围不超过 200 海里的专属经济区。沿海国在本国 EEZ 内享有对天然资源的勘探、开发、养护和管理等的**主权权利**。此外，沿海国对于本国 EEZ 内从事人工岛屿或其他设施或结构的建设活动和使用，以及海洋科学研究、海洋环境保护和养护等活动拥有管辖权。所谓“主权权利”与作为全面的排他性权限的“主权”不同，“主权权利”只对特定事项享有有限的权利。

对于 EEZ 中的生物资源，沿海国有义务对其进行养护以及促进对其合理开发利用。为了维持 EEZ 中生物资源的最大持续产出，沿海国有义务确定其本国的捕捞能力，并准许其他国家对捕捞总量的剩余部分进行捕捞（《海洋法公约》第 61、62 条）。此外，公约中还对某些特定的鱼群种类做出了特别规定（公约第 63—68 条）。其中，公约对于高度洄游性鱼类种群和跨境鱼类种群规定了国际合作义务，对海产哺乳动物（鲸鱼等）以及降河产卵鱼种（河鳗等）种类规定了特别条款。对于**溯河产卵鱼种**（鲑鱼/鳟鱼），鱼源国只能在鱼源国 EEZ 内进行捕捞（**鱼源国主义**）。而定居种资源（如贝类。至于虾、蟹等甲壳类物种是否属于定居种这一问题尚存在争议）应属于大陆架资源，不适用于 EEZ 制度。

日本于 1977 年设立 200 海里渔业水域之后，于 1996 年全面设立了 EEZ 制度。日本的 EEZ 面积约为陆地领土面积（约 38 万平方公里）的 12 倍，排名世界第六（体积排名世界第四）（图 6 - 10）。

日本与俄罗斯之间于 1977 年缔结了有关 200 海里制度安排的条约之后，双方可以互相在对方 EEZ 中开展作业。中日两国和韩日两国在 20 世纪末缔结了新的渔业协定，设定了适用于船旗国主义的广阔的暂定水域。

（单位：100 万平方公里）

1. 美国	10.7
2. 俄罗斯	8.03
3. 澳大利亚	7.87
4. 印度尼西亚	6.08
5. 加拿大	5.80
6. 日本*	4.47
7. 新西兰	4.40
8. 巴西	3.638
9. 智利	3.635
10. 基里巴斯	3.43

（根据海洋政策研究所计算方法）

图 6－10　各国的 200 海里 EEZ 面积

*译者注：根据《联合国海洋法公约》的规定，专属经济区须本国主张方可存在。此处标注的数值为基于日本政府单方面主张的专属经济区范围得出的数值，并非最终确定的数字。

（2）大陆架

沿海国对于**大陆架**的勘探和对于其天然资源的开发享有**主权权利**。所谓天然资源，包括非生物资源（矿物资源）和定居种生物资源。这里的主权权利是大陆架“根据其陆地领土自然延长这一事实而理所当然被承认为沿海国所拥有的固有权利”（北海大陆架案 ICJ 1969 年判决），即便沿海国不对大陆架进行勘探或开发也不妨碍其被认可此项权利。这一权利与主权不同，与沿海国被认可的伴随 EEZ 的设定而发生的主权权利也有区别。

根据《大陆架公约》，**大陆架的范围**以至水深 200 米处为基准（水深基准），而如果更深处的天然资源处于可开发状态时则也包括这一部分海底（开发可能性基准）。开发可能性基准则意味着随着开发技术的发展，大陆架的范围也会相应地扩大，而这样就会产生对发达国家有可能垄断海底开发的质疑。因此，《海洋法公约》通过设定新的基准对大陆架做出了详细的定义，即自基线开始至 200 **海里处**（距离基准）或者大陆领土自然延长所达到的**大陆边外缘**（自然延长基准）。“大陆边外缘”是一个要根据能够表明领土自然延长的“沉积岩厚度”等基准来判断的复杂概念，技术上来说很难对其进行直接确定，但是可以说其存在于大部分不超过200海里的海底（图6－11）。如果大陆边外缘超过了200海里（外大陆架），那么相关国家需要向“大陆架界限委员会”提交详细的信息，并基于该委员会的建议来划定具有最终确定性和拘束力的沿海国大陆架界限（《海洋法公约》第76条）。该委员会对于日本在2008年提交的太平洋上七处海域的外大陆架划界信息做出回应，公布了承认其中四处信息的建议以及将一处信息推迟处理的决定（2012年）。在此后的2012年，中国和韩国分别对中国东海大陆架提交了外大陆架划界申请。

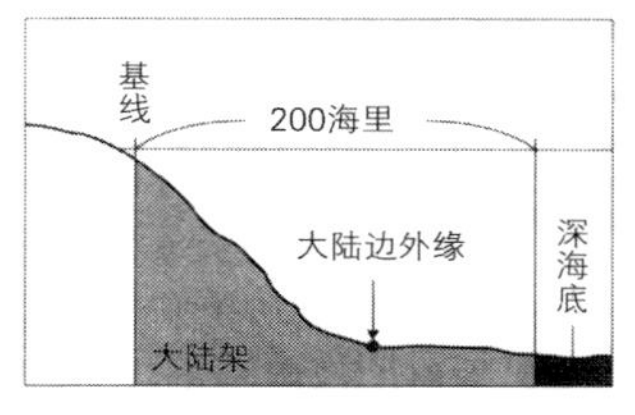

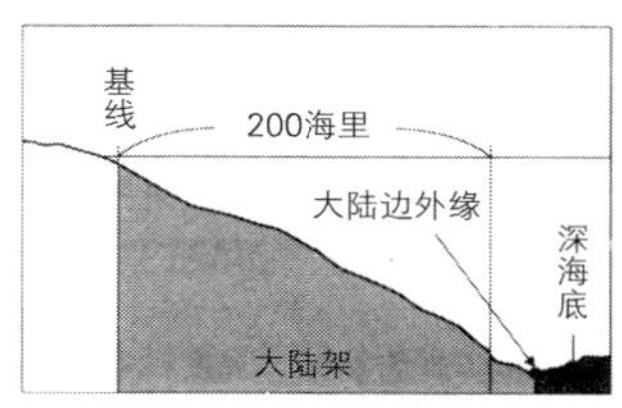

图6－11　大陆架外部界限

左图：“大陆边外缘自领海基线开始延伸至200海里时”领海基线开始至200海里的海底部分被认定为是沿海国的大陆架。

右图：“大陆边外缘自领海基线开始超过200海里时”至大陆边外缘部的海底被认定为沿海国的大陆架（但是，最大不可超过自基线开始的350海里或自水深2500米等深线向外拓展的100海里范围）。

6　海域与划界

（1）日内瓦海洋法四公约与北海大陆架案——等距离线/中间线方式与公平原则

在海岸相邻的国家间或者海岸相向但是海域宽度不足的国家间会发生关于领海、专属经济区（EEZ）和大陆架的划界问题。《领海公约》中规定，关于领海的划界问题，除非相关国家之间存在特殊协议，否则海岸相邻国家间应按照等距离线（到基线上最近的点距离相等的中间线，适用于有相邻海岸的国家间）和中间线（适用于有相向海岸国家之间）来划界

(《领海公约》第 12 条，毗连区部分参照该公约第 24 条第 3 项)。《大陆架公约》也采用了同样的规定，在关于大陆架划界问题上按照协议 + **等距离线方式**来划界（《大陆架公约》第 6 条）。但是对于像大陆架这样涉及比领海更为广阔的海域的划界问题采用这种方式是否妥当，则成为一个很大的争论点。

北海大陆架案（ICJ 1969 年判决）（图 6 - 12）中，各方围绕大陆架公约非缔约国（此案中为联邦德国）适用等距离线方式的问题产生了争议。作为案件核心问题的联邦德国海岸线呈内凹状，若采用等距离线方式其结果会导致联邦德国的大陆架极为狭窄。ICJ 在本案中以该方式并不是习惯国际法规则为由否定了其适用性，而主张依照**公平原则**来进行处理。以本案为契机，国际社会中重视公平原则的主张得到了强化，并与以等距离或中间线方式为原则的主张形成了激烈的对抗。

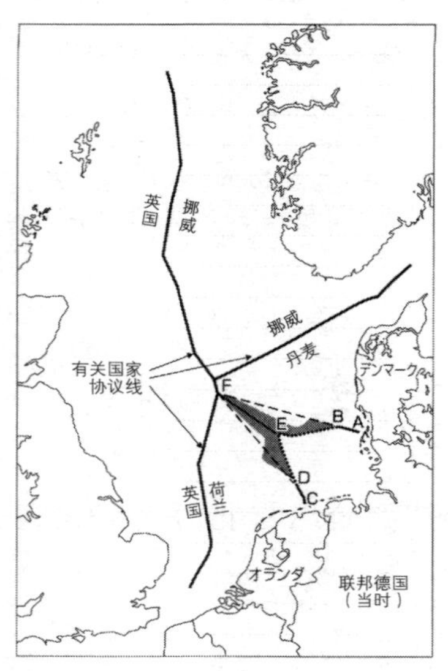

图 6 - 12 北海大陆架案

A—B：联邦德国与丹麦协议（等距离线）；C—D：联邦德国与荷兰协议（等距离线）；B—E、D—E：等距离线（丹麦/荷兰主张）；B—F、D—F：基于领土自然延伸理论划线（联邦德国主张）。灰色区域：根据判决结果，当事国协商决定的联邦德国大陆架。（图片出处：基于 ICJ 判决书和美国国务院资料制成）

（2）《海洋法公约》与判例法理——“公平原则”与三段式方法

《海洋法公约》基本延续了《领海公约》的规定（《海洋法公约》第15条。公约中删除了有关毗连区划界的规定）。此外，《海洋法公约》还规定在关于专属经济区（EEZ）和大陆架划界问题上，应在“国际法的基础上以协议划定，以便得到**公平解决**”（公约第74、83条）。虽然关于达成公平解决的具体方法又成为一个问题，但是根据之后的判例，对于采用分段式方法的认识基本趋于一致。ICJ在利比亚－马耳他大陆架案判决中（1985年）（图6－13），在第一阶段划定了一条**等距离中间线**，接着在第二阶段讨论了**有关情况**，在确定存在需要考虑的有关情况后基于对有关情况的考量对等距离中间线加以修正，法院采用这样的两段式方法做出了最后的判决。需要考虑的有关情况，并不是指海底结构或资源状况等因素，而是指像海岸线的长度与形状以及是否有岛屿存在等地理因素。现在，在ICJ对**黑海海洋划界案**做出判决（2009年）（图6－14）以后，两段式方法逐渐发展并确定为**三段式方法**。三段式方法指的是在两段式方法的基础之上，加之测试基于有关情况做出修正之后的划线是否会引发不公平后果的论证阶段的划界方法。

日本和韩国之间于1974年缔结了《大陆架北部协定》和《大陆架南部协定》。在《大陆架北部协定》中采用了中间线方法，而在《大陆架南部协定》中则搁置了划界问题，将中间线的日本一侧海域设定为共同开发区域。

术语

公平（equity）

当机械性地适用国际法规则导致可预见的不合理结果出现时，基于合理结果对此进行修正的基准。

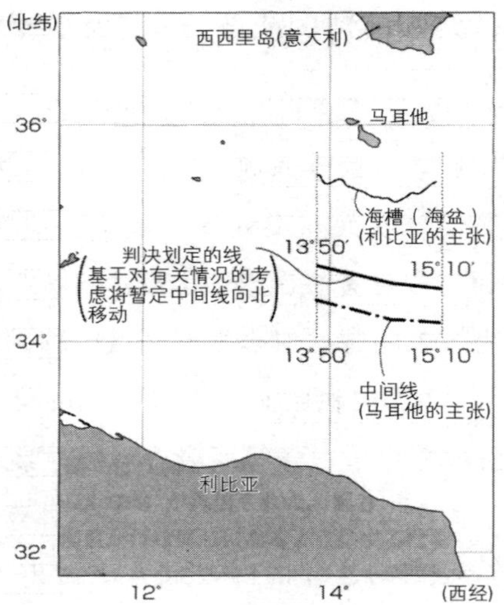

图 6－13 利比亚－马耳他大陆架案

（图片出处：基于 ICJ 判决制成）

图 6－14 黑海海洋划界案

（图片出处：基于 ICJ 判决制成）

7　国际海底区域及其资源

（1）国际海底区域的法律地位——“人类的共同继承财产”

国际海底区域存在大量的多金属结核（锰结核）、富钴结壳以及多金属硫化物（海底热液矿、海底块状硫化物）等大量富含稀有金属的矿物资源。近来海底存在的稀土矿泥资源和生物资源（遗传资源）也广受瞩目（图 6－15）。1967 年，马耳他驻联合国大使帕多在联合国大会上提出，将大陆架以外的海底及其资源作为**“人类的共同继承财产”**（**人类共同遗产**）置于国际管理之下的提案（帕多提案）。这一划时代的倡议得到了广泛的响应，并于 1970 年写入了《国际海底区域原则宣言》［联合国大会决议第 2749 号（XXV）］之后又被反映到《联合国海洋法公约》第十一部分的内容中（“人类的共同继承财产”概念之后也被月球协定导入月球和其他天体之中。参照**第五章**）。

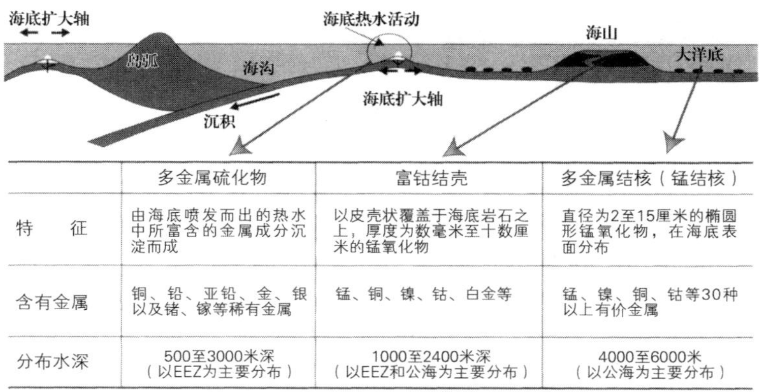

	多金属硫化物	富钴结壳	多金属结核（锰结核）
特　征	由海底喷发而出的热水中所富含的金属成分沉淀而成	以皮壳状覆盖于海底岩石之上，厚度为数毫米至十数厘米的锰氧化物	直径为2至15厘米的椭圆形锰氧化物，在海底表面分布
含有金属	铜、铅、亚铅、金、银以及锗、镓等稀有金属	锰、铜、镍、钴、白金等	锰、镍、铜、钴等30种以上有价金属
分布水深	500至3000米深（以EEZ为主要分布）	1000至2400米深（以EEZ和公海为主要分布）	4000至6000米（以公海为主要分布）

图 6－15　海洋的主要矿物资源

（图片出处：根据资源能源厅网站图制成）

作为“人类的共同继承财产”，对于国际海底区域及其资源的任何主权要求或私有要求均被禁止。关于区域内资源的权利归属于全体人类。对这类资源进行管理的**国际海底管理局**（ISA）在特别照顾发展中国家利益的同时为人类全体的利益而开展工作。国际海底区域只允许被用作和平目的，禁止军事性利用（《海洋法公约》第136、137、140、141条）。

（2）国际海底区域资源的开采制度

关于具体的资源开采制度的问题，在第三次联合国海洋法会议中，发展中国家所主张的由国际海底管理局进行单方面管理以及直接开采的意见，在管理局的功能以及在开采许可证的发放问题上，与试图对其进行限制的发达国家之间的意见产生了深刻分歧。经过双方妥协，最终《联合国海洋法公约》规定，采用由设置在国际海底管理局之下的事业体进行直接开采，以及国家和私有企业在获得管理局许可后进行开发等双管齐下的开发方式（**平行方式**）。由于两者所开采的矿区具有几乎同等的商业价值，因此有关矿区的申请和许可程序等问题，又被反复斟酌（图6－16）。

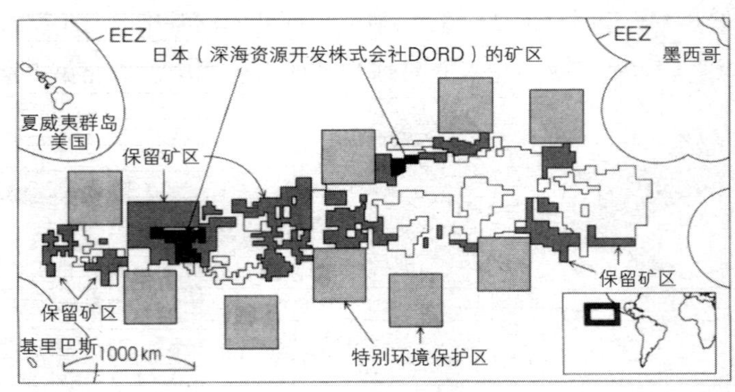

图6－16 国际海底区域矿区

夏威夷东南近海克拉里昂－克利珀顿断裂带的多金属结核（锰结核）勘探矿区。

国家和由国家担保的企业可以申请取得具有同一商业价值的两个矿区。在勘探合同成立以后，国际海底管理局（ISA）可以认可其中一个申请者的申请，并将另一个申请指定为事业体开发的保留矿区。夏威夷东南部近海，存在着最具代表性的国际海底区域矿区。ISA于2012年通过该区域的环境管理方针，设定了九处特别环境保护区。

除夏威夷东南部近海以外，围绕世界各地的国际海底区域都在缔结勘探合同并设定矿区。至2015年末国际海底区域勘探缔约方以及担保国：**多金属结核（锰结核）**：前共产主义六国联盟（国际海洋金属联合组织，IOM）、俄罗斯、韩国、中国、日本（DORD）、法国、印度、德国、瑙鲁、汤加、比利时、英国、基里巴斯、新加坡、库克群岛；**多金属硫化物（海底热液矿、海底块状硫化物）**：中国、俄罗斯、韩国、法国、德国、印度；富钴结壳：日本（JOGMEC）、中国、俄罗斯、巴西。［图片出处：根据国际海底管理局（ISA）网站图片制成］

然而，《联合国海洋法公约》制定以后，发达国家对于国家的费用负担、管理局的表决方式以及开采者所担负的义务等问题多有不满，因此推迟了参加《海洋法公约》。为消解发达国家的这些不满，相关国家又一次进行了协商，最后达成了对《海洋法公约》进行实质性修改的新协议（**《〈联合国海洋法公约〉第十一部分实施协定》**）。据此，包括日本在内的大量发达国家也加入了海洋法公约体系，进一步提升了公约的普遍性。

最近，对于矿物资源的勘探和开采作业在有条不紊地开展，同时关于生物资源和遗传资源等问题也开始受到关注。关于开采限制或对于物种多样性和生态系统的保护和养护的问题开始浮上台面。2015 年，联合国大会决定制定一部保护和养护“国家管辖范围外海域生物多样性”（BBNJ）的条约，再一次引发了对相关问题的关注。

文本框

南鸟岛海域的富钴结壳勘探合同

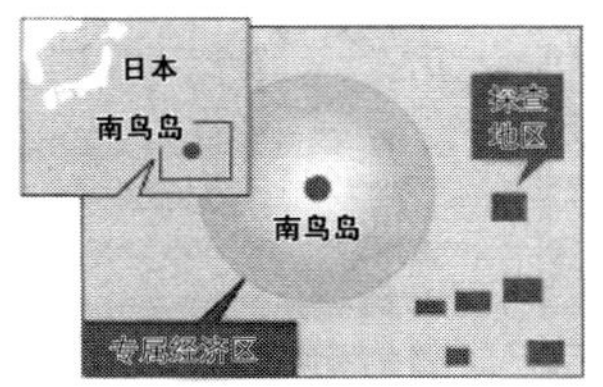

2014 年，日本的独立行政法人 JOGMEC 与国际海底管理局就南鸟岛东南海面约 600 公里的公海海底的富钴结壳的勘探活动签署了勘探合同，确保日方对此勘探矿区拥有 15 年的排他性权利，并可以进一步开展以开采为目的的勘探活动。“日方此次取得了位于南鸟岛东南海域约 600 公里的面积达 3000 平方公里的矿区（20 平方公里的区块共计 150 个）”。［图片出处：独立行政法人石油天然气金属矿物资源机构（JOGMEC）网站］

参考文献

· 山本草二：《海洋法》，三省堂，1992 年。

· 国際法学会編《日本と国際法の100 年　第 3 巻　海》，三省堂，2001 年。

· 栗林忠男、杉原高嶺編《現代海洋法の潮流　第 1 巻 ~ 第 3 巻》，有信堂高文社，2004—2010 年。

· 林司宣ほか：《国際海洋法（第 2 版）》，有信堂高文社，2016 年。

第七章　组织一个国家集团

——国际组织

1　国际组织为何而设?

(1)国际社会中除国家以外的主体

现代国际社会是以“国家”为中心构成的(参照**第三章**)。然而,现今的国际社会中,除国家以外还存在着很多其他的参与者(行为主体),这些参与者都在从事着各种各样的活动。比如说,① 跨越国境,在全世界设立分店或子公司的,在全球范围内开展经营和商务活动的企业(称为**跨国企业**);② 专门从事解决人道主义援助或环境问题等全球性课题的**非政府组织**(NGO);以及③ 像**联合国**(图7-1)或者世界贸易组织(WTO)、国际货币基金组织(IMF)、北大西洋公约组织(NATO)等各种各样的**国际组织**。

本章主要介绍的是,在国际社会开展活动的这些主体中,与现在国际社会中的“国家”发挥着同等重要作用的,前面说到的③中所指的国际组织。首先会遇到的一个问题便是,为什么国际组织被认为是拥有国际社会中仅次于国家的重要国际法主体地位的问题。此外,还会遇到国际社会中的国家和个人,为了什么样的目的成立了这些数量繁多的国际组织,以及这么多国际组织在现实中是否都开展着各种各样的活动等疑问。为了解答这些问题,首先我们有必要回顾国际组织的历史,来思考其诞生的原因和得以发展的理由。

图 7－1 联合国总部（美国·纽约）

（图片出处：UN Photo/Milton Grant）

（2）国际组织的渊源——国际组织是为什么而出现和发展起来的

如果要说起当代的国际组织的渊源的话，那么我们可以追溯到 19 世纪在欧洲出现的区域组织。比如说，在当时的欧洲，在莱茵河和多瑙河等所谓的国际河流中航行的船舶，从一开始便发挥着极为重要的运输手段的作用。为了能对在莱茵河航行的船舶成功征税，从很久以前开始莱茵河沿岸便建筑了很多的要塞，其重要地位由此可见一斑。

进入 19 世纪以后，为了确保国际河流中的水道交通安全等目的，有关国家针对莱茵河和多瑙河等欧洲的国际河流成立了**国际河流委员会**。这可以被视为是当代国际组织最初的形态。

与国际河流委员会并列于 19 世纪的欧洲出现的国际组织，还有万国邮政联盟（UPU）、国际电信联盟（ITU）等“**国际行政联盟**”。这些促进在邮政和电信等专门性和技术性领域的国际合作的组织，在第二次世界大战之后发展成为联合国的专门机关。

就像这样，国际社会中的国际组织，是为了实现国际社会中普遍存在的各国的共同利益的目的而诞生和发展起来的。尤其是在交通和通信等专门性和技术性领域的国际交流于19世纪至20世纪之间飞速扩大，以此迎来了在国际社会中制定符合所有国家利益的普遍规则的时代。由此，在国际社会中国际组织的功能也在逐步地扩大。

（3）国际联盟的成立和局限性

19世纪后半叶至20世纪初，专门性和技术性领域的各种各样的国际组织开始变得越来越活跃。然而，说到涉及安全和军事领域的，与各国政治利益相关的错综复杂的领域中出现的国际组织，就需要等到第一次世界大战结束之后的国际联盟了。

1914年开始的第一次世界大战，在全世界范围造成了前所未有的人员和财产损失，不仅震惊了人类，同时也对国际社会造成了很大的冲击和影响。为了维持国际社会的和平与安全，人类历史上第一次出现了一个以裁军和和平解决国际争端为任务的、世界规模的普遍性国际组织，这就是国际联盟（图7-2）。在给国际社会造成重大冲击的第一次世界大战的背景下，**国际联盟**是基于战后于1919年签署的作为**《凡尔赛和约》**一部分的《国际联盟盟约》而成立的。

图7-2 原国际联盟（现联合国欧洲总部）（瑞士·日内瓦）

（图片出处：Alamy/Aflo）

国际联盟在以国际主义为主流的20世纪20年代对于维护国际社会的和平发挥了重大的作用。然而，进入20世纪30年代以后，由于受到全球大萧条以及主要国家退出等影响，国际联盟无力有效履行维持国际秩序和解决争端的职能，结果导致无法防止 1939 年第二次世界大战的发生。现在讨论到的国际联盟没有成功防止再次发生世界大战的一个原因是，国际联盟的表决机制要求全员一致才能通过决议，对于那些违反联盟盟约诉诸战争的国家也需要全体加盟国一致同意才能够进行制裁，因此《国际联盟盟约》所规定的**集体安全保障**并不能充分发挥作用，等等。

2 联合国与联合国大家庭

（1）联合国的成立和作用

在反省未能防止第二次世界大战爆发的国际联盟的“失败”之后，1945 年，作为一个国际社会中的全面性和普遍性的国际组织——**联合国**成立了。

联合国是一个跨越了维护国际社会的和平与安全，解决经济性和社会性问题，以及推动和促进人权保障事业发展的广泛领域的国际组织。截至 2015 年，联合国共有 193 个会员国。日本于 1956 年实现加入联合国。根据《联合国宪章》的设计（《联合国宪章》第 7 条），联合国由联合国大会（联大）、**安全理事会（安理会）**、经济及社会理事会、托管理事会、国际法院以及秘书处等六个主要机构组成。但是，其中的托管理事会已经随着最后一块托管地帕劳的独立而于 1994 年完成了任务并停止了活动（图 7－3）。

联合国的主要目的在《联合国宪章》第 1 条中有明确规定，其中首要的目的便是“维持国际和平及安全”（第 1 条第 1 项）。《联合国宪章》在规定了会员国**不动用武力义务**（第 2 条第 4 项）的同时，又规定了**和平解决争端义务**（第 2 条第 3 项），以及规定了对于违反这些规定而基于宪章第 7 章可以发动的**强制措施**（第 41、42 条），也就是说设立了这样的一个**集体安全保障**体制（参照**第十三章**）。

在第二次世界大战结束 70 周年之际的 2015 年，联合国也迎来了成立

图 7－3　已停止活动的联合国托管理事会

（图片出处：UN Photo）

70 周年的纪念。在联合国过去 70 年的历史中，虽然为了应对国际社会的结构变化尝试了各种各样的“联合国改革”，但是其中担负着“维持国际和平及安全之主要责任”的安理会的改革才是其中意义最重大的问题。**安理会改革**问题的焦点，是关于在安理会拥有一票否决权的**五大常任理事国**（中、美、英、法、俄）与通过选举产生的非常任理事国之间的，关于安理会构成的问题。1965 年《联合国宪章》改订时将联合国安理会非常任理事国的数量由 6 个增加到 10 个，但是没有实现增加常任理事国数量等本质上的改变。

此外，以经济及社会理事会为中心，联合国强化了自身对于经济社会问题的作用。同时，还开展了如 2006 年设立关于人权问题的**人权理事会**（图 7－4）等新的活动。

（2）日本对联合国的参与方式

接下来要讨论的问题是，日本对于这样的联合国都进行了怎样的合作。联合国开展各种各样的活动所必要的资金，是由各会员国所支付的**联合国会**

图 7－4 新设置的联合国人权理事会（日内瓦·联合国欧洲总部）

（图片出处：UN Photo/Jean-Marc Ferré）

费来提供的。联合国会员国对联合国支付的会费的分担率，需要根据各会员国的经济指标为基准，由联合国进行定期核算。如图 7－5 所示，日本所担负的联合国会费分担率自 1985 年开始成为继美国之后的第二高，从 20 世纪 90 年代末开始至 2000 年以后，大约承担了联合国 20% 的会费。这一时期日

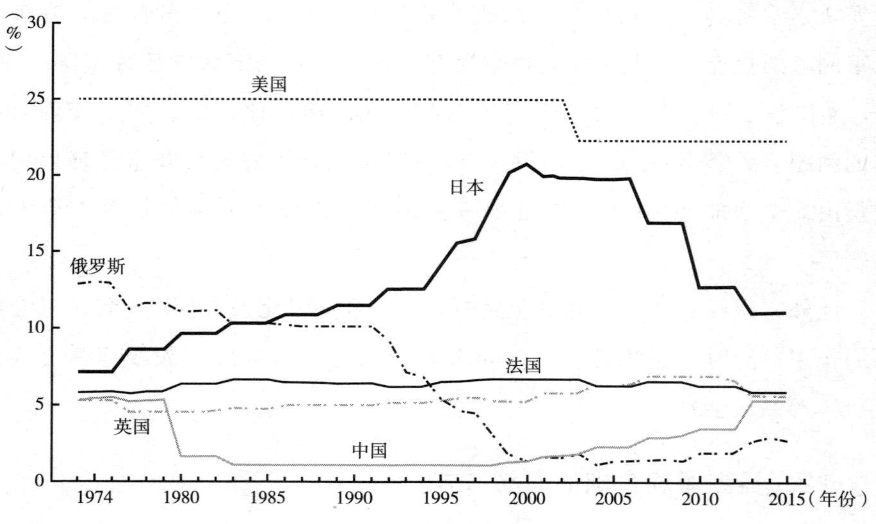

图 7－5 主要会员国的会费分担率变化

（图片出处：根据朝日新闻 2015 年 11 月 4 日朝刊图表制成）

本承担的联合国会费分担率比除美国之外的其他四个常任理事国的总分担率还高。之后日本的分担率依然为仅次于美国的第二高分担率，但是较之峰值（2000年前后）的约20%开始逐渐下降至约10%。与之相对的是经济发展觉醒之后的中国在联合国担负的会费分担率的大幅度增加，截至2016年，中国担负的联合国会费分担率已攀升至第三位。

除了联合国会费分担率下降以外，现在日本面临的有关参与联合国的问题中还存在着日本籍联合国雇员人数低下的问题等。联合国曾表示希望以联合国会费分担率为基准决定各会员国的“理想雇员数”（表7-1），但是在联合国的日籍雇员人数却一直远远低于这一数值。日本如果想对国际社会进一步做出贡献的话，那么就非常有必要考虑解决这一问题了。

表7-1　联合国会员国实际雇员数和理想雇员数（至2015年6月30日）

单位：人，%

顺位	国名	职员数（女性数）		理想雇员数范围			比率
				下限	中间点	上限	
1	美国	366	（199）	373 ~	（439）	~ 504	12.20
2	英国	151	（60）	92 ~	（109）	~ 125	5.03
3	法国	146	（71）	99 ~	（117）	~ 134	4.87
4	意大利	133	（65）	80 ~	（94）	~ 108	4.43
5	德国	132	（73）	125 ~	（147）	~ 169	4.40
6	加拿大	89	（39）	56 ~	（66）	~ 75	2.97
7	日本	81	（51）	186 ~	（219）	~ 252	2.70
8	中国	77	（38）	119 ~	（140）	~ 161	2.57
13	俄罗斯	50	（11）	49 ~	（58）	~ 66	1.67
14	韩国	46	（24）	40 ~	（47）	~ 54	1.53
其他		1730	（729）				
合计		3001	（1360）				

本表中的“雇员数”为地区分配原则适用职位的雇员数，并非全体雇员数（为总雇员数中的一部分雇员数）。（来源：《外交蓝皮书2016》）

3　专业领域的国际组织

《联合国宪章》中将那些横跨广阔专业领域担负着国际责任的国际组织

中与联合国经济及社会理事会达成合作协议的机构称为“**专门机构**”。联合国专门机关虽然是独立于联合国的国际法主体，但是它们与联合国共同协作，在各个领域开展着国际合作。目前国际社会中存在着17个这样的专门机构。

这些机构在每一个专业领域都为了推进国际合作而开展各种各样的活动，如，国际货币基金组织（IMF）在金融领域，国际劳工组织（ILO）在劳动问题上，国际民用航空组织（ICAO）在民用航空领域，联合国教育科学文化组织（UNESCO，教科文组织）在教育与科学和文化相关的领域等。

专门机构原本担负着在各个专业领域内推动专业性和技术性的国际合作的任务。然而，专门机构被卷入国际社会的政治博弈或者国家间的争端与冲突之中的事例也并不稀奇。某些专门机构过度卷入了政治旋涡或过度参与到国家间的冲突与争端之中，而脱离了原本在专业领域发挥作用的组织目的的情况，常常遭到诸如“专门机构泛政治化”的批评。

4　区域国际组织

在第3节中介绍过的专门机构，其成员国范围遍布全球，是全球性的国际组织。然而现代国际社会中存在很多只有特定地区的国家加盟参与的地区性国际组织。这种国际组织可以被称作区域国际组织。每一个这样的组织都在不同的地区发挥着重要的作用。

比如说，美洲各国所组成的美洲国家组织（OAS），非洲的非洲联盟（AU）都各自由美洲和非洲的国家加盟构成并开展活动。此外，在这些组织当中还存在着类似于由拉美各国和加勒比海各国等组成的数个更细化的国际组织（图7-6），在非洲也同样存在这样多重区域的国际组织。

在其他地区，亚洲有东南亚国家联盟（ASEAN）（图7-7）和阿拉伯国家联盟等重要的区域国际组织。此外，还存在着不具备正式国际组织所拥有的独立法主体地位的国际组织，比如像亚洲太平洋经济合作组织（亚太经合组织，APEC）这样的区域论坛性质的组织等灵活设置的具有多重性的地区间合作组织（图7-8）。

图7－6　中南美洲的区域国际组织

（图片出处：《外交蓝皮书2015》）

图7－7　东盟（ASEAN）总部秘书处（印度尼西亚・雅加达）

（图片出处：时事通信图片）

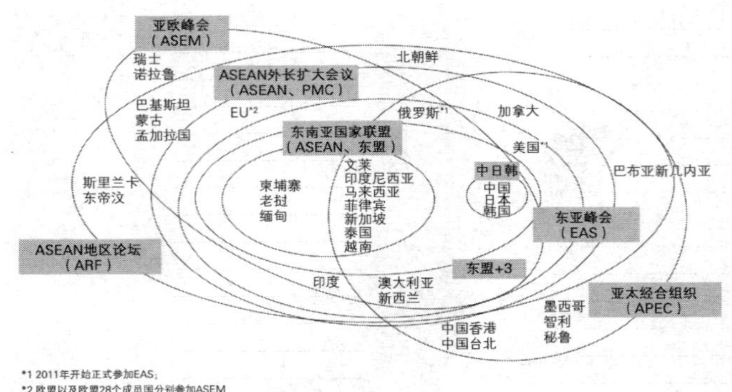

图 7－8 亚洲太平洋地区的主要国际组织

（图片出处：《外交蓝皮书 2015》）

此外，还需要留意的是，国际社会中还存在着像北大西洋公约组织（NATO）这样以促进军事领域的国际合作为目的的区域国际组织。

除了上述地区以外，在欧洲也有像**欧洲安全与合作组织**（OSCE）和**欧洲委员会**（Council of Europe，CoE）等区域国际组织开展多层级活动（图 7－9）。然而欧洲地区特别受到关注的则是**欧洲联盟**（EU）所推动的欧洲一体化进程。“欧洲一体化”进程是基于 17 世纪的“威斯特伐利亚体系”以及 19 世纪的“维也纳体系”所确立的主权国家共存的近代国际法秩序，通过对主权国家共存体系之下发生的导致毁灭性战争的国家间冲突（第一次世界大战和第二次世界大战）的反省，将只属于国家的主权向欧盟进行转让的一种领先于世界其他地区的发展尝试。

此外，随着欧洲“一体化进程”的深入展开，欧洲内部出现的反对一体化的声浪和区域内部对于分离和独立的要求（如苏格兰和西班牙的加泰罗尼亚）也越来越强烈。对此，欧盟采取了制定“尽可能对地方居民友好”的“**补充性原则**”等多种多样的尝试来应对。

然而，2016 年英国举行的公民投票的结果仍然是支持脱离欧盟的票数占多数。虽然从现实上来看英国要实现脱离欧盟还需要一定的时间，但是可以预见欧盟未来的路途想必不会平坦。

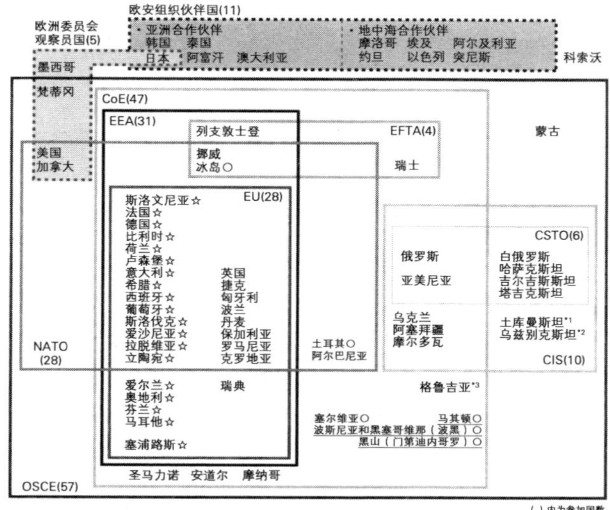

图 7－9　欧洲主要国家组织

说明：

○：欧盟候补国家（5）；

☆：欧元区国家（19）；

__：为加入北约的行动计划（MAP）参与国（3）。

※1－土库曼斯坦于 2015 年成为 CIS 准加盟国；

※2－乌兹别克斯坦于 2012 年停止参与 CSTO 活动；

※3－格鲁吉亚于 2008 年 8 月 18 日宣布退出 CIS。2009 年 8 月 18 日正式退出。

CoE（Council of Europe）：欧洲委员会（47）

CIS（Commonwealth of Independent States）：独立国家联合体（10）

CSTO（Collective Security Treaty Organization）：集体安全保障条约组织（6）

EEA（European Economic Area）：欧洲经济区（31）

EFTA（European Free Trade Association）：欧洲自由贸易联盟（4）

EU（European Union）：欧洲联盟（28）

NATO（North Atlantic Treaty Organization）：北大西洋公约组织（28）

OSCE（Organization for Security and Co-operation in Europe）：欧洲安全与合作组织（57）

（括号内为加盟国数量。图片出处：《外交蓝皮书 2015》）

参考文献

· 藤田久一：《国際法》，東京大学出版会，1998 年。

· 横田洋三编《国際組織法》，有斐閣，1999 年。
· 佐藤哲夫：《国際組織法》，有斐閣，2005 年。
· 最上敏樹：《国際組織論講義》，岩波書店，2016 年。
· 城山英明：《国際行政論》，有斐閣，2013 年。
· 庄司克宏：《はじめてのEU 法》，有斐閣，2015 年。

第八章　国际性人权保护

——国籍、人权

1　国际社会为什么要保护人权

第二次世界大战以后，国际社会制定了很多保护每个人人权的条约。直到第二次世界大战为止，对于人权的保护主要是基于各国的宪法来开展的。在当时，人权问题被认为是各国的国内管辖事项。因此当时认为调整国与国关系的国际法应当在人权保护问题上保持沉默。那么，经过了什么样的过程，国际法才开始涉及"人"的这个问题，本章将就此讨论一下国际法与"人"有关的内容。

事实上，在第二次世界大战以前国际法就开始涉及"人"的问题了。但是那个时候的国际法，主要是以赋予外国人什么样的权利为中心的问题而展开的。因此，当时主要讨论的问题是关于外国人与本国国民进行区别的"国籍"问题（参照第 2 节）。另外，跨越国境寻求庇护的人，即难民也是外国人。如何对这些人进行保护也成为当时的国际问题（参照第 3 节）。说到人权问题，就不得不谈到 20 世纪 30 年代至 40 年代发生的纳粹德国对犹太人进行的迫害，即第二次世界大战时期的犹太人浩劫（纳粹德国对犹太人进行的大屠杀）问题。基于对这一问题的反省，在联合国成立时，有关人权的规定被写入了《联合国宪章》。根据这些规定，在联合国框架下的人权问题不再被单纯地视为国内问题，而是成为"国际社会关心的议题"。国际社会的每个国家都表达了对人权问题的关注，联合国也将人权保护议题列为讨论对象（参照第 4 节）。

但是，《联合国宪章》只在第 1 条中规定“促进国际合作，以……不分种族、性别、语言或宗教，增进并激励对于全体人类之人权及基本自由之尊重”，所以不能认为宪章对于人权的内容做出了具体的规定。对此，联合国大会指示当时的人权委员会（经济及社会理事会的下属机关）起草《世界人权宣言》和国际人权公约。1948 年，联合国大会审议通过了《世界人权宣言》。这之后，人权委员会又起草了多份有关人权的国际条约案（参照第 5 节）。2006 年，人权委员会被废止，而现在主要讨论和处理人权问题的联合国机关为人权理事会。那么接下来的问题是，国际社会协商制定的人权条约，如何对国内社会产生影响（第 6 节）。

2 国籍

传统的国际法主要着眼于规定国家的权利和义务，因此主要的国际法主体为国家。在当时看来，个人只不过是国家的构成要素而已，因此传统国际法所涉及的有关个人的问题，仅仅是与在本国停留的外国人待遇有关的问题而已。而对于国民和外国人的区分方式，是由国籍来决定的。个人通过国籍与国家产生联系，基于国籍而发生国内法义务，同时也受到国籍国提供的保护。当居留国侵犯外国人的权利时，会发生国籍国如何保护本国受害者个人的传统国际法的问题。在这里，如何划定本国国民的范围，也就是说，如何确定赋予国籍的范围便是很重要的问题。

（1）国籍的取得和丧失

判断出生时获得国籍的基准可以分为血统主义和出生地主义（图 8 -1）。**血统主义**指的是新生儿的国籍随父母的国籍而定，与之相对的，新生儿国籍与父母的国籍无关，而是基于出生地获得当地国籍的原则被称为**出生地主义**。目前遵循血统主义原则的国家主要有日本、德国、意大利、中国和韩国等国。而采用出生地主义为原则的国家则主要包括了美国、加拿大和澳大利亚等国。

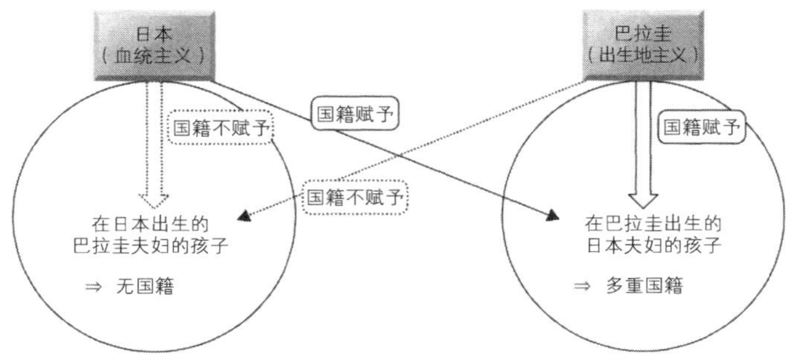

图 8－1　出生时获得的国籍与国籍冲突（多重国籍、无国籍的产生）

文本框

《消除对妇女一切形式歧视公约》的批准和国籍法改正

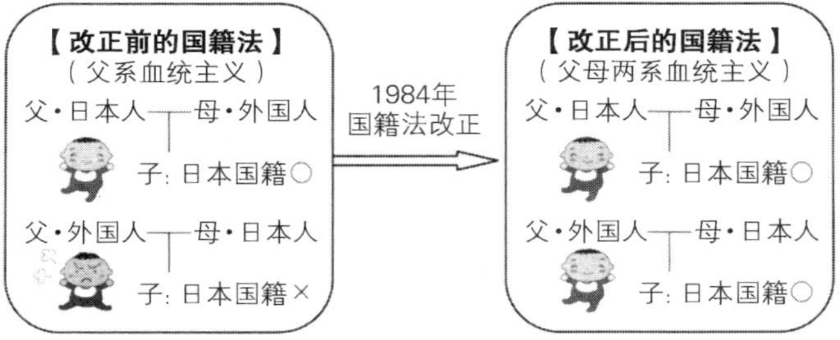

《消除对妇女一切形式歧视公约》第 9 条第 2 项规定，关于子女的国籍男女平等。为了批准这一公约，日本不得不修订本日本国籍法中关于在国际婚姻中父亲为日本人的情况下子女才可以获得日本国籍的“父系血统主义”的规定，否则可能会造成违反公约的后果。之后的 1984 年，日本修改国籍法，之后新生儿父亲为外国人而母亲为日本人是也可以取得日本国籍。

国籍应当赋予谁？这是决定谁是本国国民的问题。这一权限是国家的专属权限。国家要考虑本国的人口政策以及传统和文化等要素来决定赋予哪些人以国籍，而相关的判断基准和程序是由国内法来设定的（在日本是国籍法）①。然而国家对于赋予国籍问题的裁量权也并不是不受限制的，比如说国际人权公约当中就对国家的国籍赋予裁量问题设定了一些限制。

另外还有基于本人申请而赋予其国籍的归化制度。在处理归化申请时，必须要尊重申请者本人关于国籍变更的意思。除此之外，规定类似于在申请国居留满一定时间的时间要件（根据日本国籍法第 5 条第 1 项，申请加入日本国籍须在日本居留满 5 年以上的时间）② 等要求申请者与申请国存在社会联系的国家较多。

丧失国籍通常有两种情况。一种情况是遵照本人的意思放弃国籍，而另一种情况则是不根据本人意思而被剥夺国籍。根据《世界人权宣言》第 15 条的规定（图 8－2），国家是不可以肆意剥夺国籍的。因为，如果国家不遵照本人的意思而剥夺其国籍的话，很有可能造成被剥夺国籍人成为无国籍人的情况。

1. 人人有权享有国籍。
2. 任何人的国籍不得任意剥夺，亦不得否认其改变国籍的权利。

图 8－2　《世界人权宣言》第 15 条

（2）国籍冲突

所有人都必须只拥有一个国籍的所谓**国籍唯一原则**，被写入了 1930 年《关于国籍法冲突若干问题的公约》的前文之中。这是因为考虑到战争时期的忠诚义务和兵役义务的问题，为了解决各国在战时由于双重国籍造成的种种不便而做出的规定。然而，事实上每个国家都采取了不同的国籍赋予基

① 译者注：在我国是《中华人民共和国国籍法》。

② 译者注：根据《中华人民共和国国籍法》第 7 条规定，外国人或无国籍人“愿意遵守中国宪法和法律，并具有下列条件之一的，可以经申请批准加入中国国籍：一、中国人的近亲属；二、定居在中国的；三、有其他正当理由”。

准，遵照每个国家的国内法来赋予国籍的时候，经常会出现一个人持有若干个国籍（**多重国籍**）或者与之相反的一个人不持有任何一国国籍（**无国籍**）的情况。尤其是在全球化发展的现代国际社会中，移居到其国籍国以外的国家去的劳动人口（外国劳工、移民）越来越多。对于移居劳动人口来说，他们若能同时获得出生时的国籍以及居留地的国籍的话，那么他们在任何一个国家都可以享有完全的国民权利，从这一点上来看对于这些劳动人口是有利的。在人们跨国迁徙越来越容易的今天，多重国籍人员（主动国籍冲突）有逐渐增加的趋势。而且，很多国家也慢慢开始接受这样多重国籍人员的存在。

但是，对于那些不被任何国家承认为本国国民的无国籍人（消极国籍冲突），意味着没有任何国家对其提供保护，因此这些无国籍人被视为是国际社会的一大问题。国际社会通过制定国籍法冲突条约，通过有关无国籍人的议定书以及有关无国籍人的特别议定书来努力防止发生类似的问题。但是，根据联合国难民事务高级专员办事处（联合国难民署、UNHCR）的推算，截至 2015 年，世界范围内仍存在大约 1000 万人为无国籍人。在日本登记的外国人中，登记成为无国籍的人口数量也达到了 600 人（至 2016 年 6 月）。

不过，即便是拥有国籍，如果国籍国本身陷入内战状态或因为其他原因导致政府无法充分履行职能的话，这样的国籍国也很难对本国国民提供充分的保护。或者，当国籍国拒绝对居留在外国的本国国民提供保护的时候，那么这些人就一并被称为“**事实上的无国籍人**”。为了解决这些问题，还是要寄希望于国家在国内法上制定可以减少无国籍人的宽松的国籍赋予制度的规定，或促进归化，或可以对本国管辖下的每个人都给予充分的保护。

（3）外国人的地位

根据国籍，法律上可将国民与外国人区分开来。跨国迁徙的外来劳动人口以及在别国避难被认定的难民或者是在外国定居的移民，都是以外国人的身份在当地国家居留。之后，这些人会根据当地国家的法律，或者加入该国国籍，或者取得该国的其他居留资格。关于外国人在本国的居留资格，也是要根据居留国的国内法来判断的。在国籍的壁垒越来越低的今天，居留在本国以外的人口数量在不断增加（图 8 –3），而这一不断增加的人口数量也逐渐成为国内和国际性的大问题。

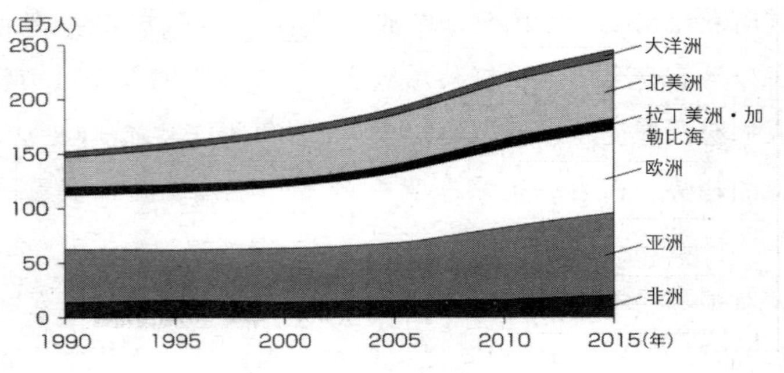

图 8 –3 目的地移民数变化

（图片出处：联合国网站）

国际法自古以来便将外国人处境作为一个问题来应对。国家在一般国际法上虽然不能拒绝本国国民入境，但是却可以裁量和决定是否允许外国人入境。关于外国人入境时所需要的签证的取得条件以及申请程序，不同国家也有着不一样的规定。也就是说，本国国民拥有回到本国的权利和入境的权利，而对于外国人可否入境或停留这一问题，则并不能认为是外国人的权利。

此外，各国对于外国人出国的对策也是不同的。外国人出国可能出现两种情况，即自发性出国和强制性出国。居留国不能拒绝外国人的自发性出国（《公民权利和政治权利国际公约》第 12 条第 2 项）。但是在涉及国家安全、刑事问题或公共卫生问题时，居留国可以基于这些理由拒绝允许出国（第 12 条第 3 项）。强制性要求外国人出国的情况可分为遣返、驱逐出境以及犯罪人员引渡等。在很长一段时间里，关于上述措施的决定权都属于国家的裁量范围之内。然而，随着现代国际人权法的发展，国家的这种裁量本身也开始受到限制。比如，国家肆意驱逐外国人或者以国际人权条约上所禁止的方式令外国人强制出国都是不被允许的（《公民权利和政治权利国际公约》第13 条）。

外国人被同意入境之后便进入居留国的管辖范围之内。结果是，即便是作为外国人，也同样接受适用居留国的法律，要服从居留国的司法管辖权（属地主义，参照**第三章第 3 节**）。居留国在国内法上也要保障外国人被认可的权利，要保护该国加入的国际人权条约所规定的人权。人权条约中规定，缔约国国民与外国人之间，或者不同国家的外国人之间享受无差别的权利和待遇，这一规定被称为**无差别对待原则**。人权条约的缔约国在保障人权条约所规定的本国国民的权利和义务之外，也要认可外国人享受同等待遇。

（4）外交保护

有时由于外国的行为导致本国在外国的公民可能遭受生命、身体或财产的损失。在这样的情况下，被害人需要利用责任国的可利用司法手段谋求赔偿。然而，如果无法获得合理赔偿的话，那么受害者的国籍国便可以对责任国提出国际赔偿要求。国家的这一权利便是外交保护权。国家在行使外交保护权的时候需要满足两个要件。

首先，受害人已经用尽一切责任国国内法上规定的可以利用的救济手段，即**用尽当地救济原则**。这一原则的目的是尽量不让个人的受害上升为国家间争端。其次，从受害人在受到损害的时候开始至外交保护权行使期间持续保有国籍国的国籍，这一原则被称为**国籍继续原则**。这一原则的目的是避免无关国家的介入。随着人权条约的缔结，现在开始出现有人在国际法院根据人权条约指出某国违反条约中所规定的国际性人权保护基准，而受害人的国籍国据此行使外交保护权的事例。

关于多重国籍人的外交保护权，需要由与受害人联系最密切的国籍国，例如受害人居住的国籍国或者与受害人经济活动联系最密切的**有效国籍国**来行使。这一理论称为**真实联系理论**。至于说多重国籍人的国籍国之间可否行使外交保护权的问题，目前在学说上主要分成不能行使说和有效国籍国对薄弱联系国行使两种对立的学说。基于近些年对个人救济越来越重视的立场，目前学说上更倾向于认可多重国籍人的真实国籍国行使外交保护权的方向。

另外，没有国籍的无国籍人和难民被排除在外交保护体系之外。其原因是，没有国家可以对他们实施外交保护，或者，受害人不希望受到该国的保护。最近的情况显示，已经出现了由居留国对这一类人员行使外交保护权的提议（《外交保护条款草案》第8条）。

3 难民保护

（1）国家保护难民的权限

所谓难民指的是为逃避在本国遭受的政治迫害或其他迫害或欺压而逃至别国并谋求别国保护的人（图8-4）。因为国家对于本国的领域拥有排他性统治的领域主权，所以国家可以对进入本国领域内的难民提供保护。根据这一**领域庇护**，难民可以受到避免本国迫害的保护。

图8-4 船民（boat people）

乘小船前往别国的人们经常被称为“船民”。上图为2014年试图由非洲跨越地中海前往欧洲的人们。（图片出处：Alamy/PPS通信社）

《世界人权宣言》第14条第1项规定，人人都拥有在其他国家寻求和接受庇护以避免迫害的权利，即**庇护权**。然而，之后作为《世界人权宣言》条约化产物的《公民权利和政治权利国际公约》（第4节）却没有规定这项权利。虽然，联合国大会决议通过的领土庇护宣言（22/2312），承认了对国家给予的庇护的尊重，同时明文规定禁止向其可能受迫害地遣返相关人员。但是，这还远谈不上确立庇护权为个人的人权。

（2）难民保护的历史和难民的定义

1917年俄国爆发革命时，曾有大量人口外逃出国，在当时成为一个很大的国际问题。国际联盟于1921年任命弗里乔夫·南森（Nansen，1861—1930年）（图8－5）为国际联盟难民事务高级专员。南森为援助难民向他们发放了南森护照，这使得难民们更容易越过国境进行迁移。

图8－5　弗里乔夫·南森

挪威籍极地探险家南森被任命为国际联盟首任难民事务高级专员。（图片出处：Mary Evans/PPS通讯社）

第二次世界大战后，欧洲产生了大量的难民，为此联合国于1950年成立了联合国大会的辅助机构——**联合国难民事务高级专员办事处**（**联合国难民署**，UNHCR），并促使其负担起保护难民的工作。第二年，《难民公约》获得通过，并在其中对难民进行了定义。

《难民公约》及其议定书中定义的难民应符合：某人① 有正当理由畏惧由于种族、宗教、国籍、属于某一社会团体或具有某种政治见解的原因造成的可能的迫害，并且② 不能或不愿受该国保护，而且③ 处于此人国籍国以外等三个要件。因此，难民公约的对象——难民——范围是有所限定的。而另外，区域难民公约则采取了相对更宽泛的难民定义。例如，非洲难民公约〔《非洲统一组织关于非洲难民的公约》（1960 年议定）〕中，除了认定上述关于难民的定义之外，还追加了包括因受到外国或外部侵略、占领、发生明显扰乱公共秩序的事件等原因而被认定的难民。此外，拉丁美洲各国通过的《卡塔赫纳难民宣言》（1984 年）中也列举了一些可以认定难民的诸如普遍的暴力、内乱和大规模人权侵害等原因。

（3）难民认定以及各国进行的庇护

《难民公约》虽然对难民的定义做出了上述的规定，但公约还是将对难民的认定工作交给了各国来裁量。也就是说，各国基于本国国内法的难民认定程序来认定难民。以日本为例，日本对难民进行认定时便会适用在当初加入公约时改订的《出入国管理及难民认定法》。

一旦被认定为难民得到庇护的话，那么此人便被认可在庇护国享受难民公约所规定的种种权利。比如，这些人会被认可关于禁止歧视、宗教信仰自由、结社自由等种种自由权以及工作的权利和接受教育的权利等，同时还要基于国内法保障其在劳动法上的权利和接受社会保障的权利等。

对于难民可以获得的待遇中，最重要的一点便是**不驱逐不推回原则**（禁止驱逐和遣返的原则，《难民公约》第 33 条）。这个原则旨在禁止将难民驱逐或遣返回可能对其造成迫害的国家。这一原则本身已经成为一项习惯国际法，因此即便是《难民公约》的非缔约国也必须遵守。

（4）难民问题的解决与 UNHCR 的作用

UNHCR 基于人道主义立场保护因冲突或受到迫害而离开本国的难民，

在解决难民问题的国际行动中发挥主导作用，负责调整难民问题解决措施的任务（图8－6）。该机构在成立之初仅仅是作为一个在难民问题全部解决以前存在的临时机构，但是2003年，联合国大会将其变更为一个半永久性机构。

图8－6　伊拉克北部UNHCR难民营中的叙利亚难民（2013年）

（图片出处：中国新闻社）

对于难民问题的永久解决方法，UNHCR提供了三种解决方案，即难民自愿回归本国，或者难民在最初受到保护的第一庇护国定居，抑或者迁移至既不是难民本国也不是第一庇护国的第三国进行定居（第三国定居）等方案。难民自愿回归本国方案来自UNHCR规程，并经过联合国大会确认。在执行此方案时，必须遵循不驱逐不推回原则，必须确保难民回国之后也不会受到迫害。UNHCR以及庇护国需要向难民提供有关其本国情况的信息，并根据难民本人的自由意志决定是否愿意回到本国。UNHCR不仅要对返回本国提供必要的援助，更需要在其回国之后再次融入当地提供持续性的援助。

第三国定居方案是指难民在不能回归本国的情况下，到第一庇护国以外的国家进行定居的方案。很多情况下，UNHCR在这一方案中主要担负中介的职能，向第三国介绍相关人员。但是，参与第三国定居项目的国家并不多。日本于2010年开始首先对亚洲国家难民设立了相关的制度，并接收了在泰国难民营中滞留的缅甸难民。截至2014年的5年间，日本共接受了18户共计86名缅甸难民。此外，从2015年开始，日本又接受了在马来西亚城市中滞留的缅甸难民，据此，截至2016年日本一共接收了31户共计123名缅甸难民。

（5）需要庇护的人员

《难民公约》将受保护对象限定在身处国籍国以外地区的人员。然而，随着冷战的结束，由于世界各地不断爆发的冲突导致很多滞留国内无法越境的**国内流离失所者**（Internally Displaced People，IDPs）不断增加。国内流离失所者因为滞留在国籍国无法离境，因此无法成为基于《难民公约》而被认定的难民。对于保护这类人群负有首要义务的，便是这类人群所处的领域国。但是，像这样背井离乡离开自己习惯的土地的国内流离失所者所面对的悲惨境遇，在身处国籍国以外的难民身上也可以看到。2005年，联合国为解决国内流离失所者问题，扩充了UNHCR的任务范围，令其担负起解决国内流离失所者问题的责任。为此，UNHCR对国内流离失所者的保护工作和难民营进行了一系列的运营调整。至2015年，UNHCR已对全球约4080万国内流离失所者中的约3230万人提供了相关的支援。特别是在大量出现国内流离失所者的叙利亚、尼日利亚、伊拉克、刚果民主共和国以及南苏丹等地，UNHCR均开展了大量工作。

（6）日本和难民问题

在第二次世界大战之前，日本曾接收过俄国革命时出现的流亡难民。1978年以后，基于针对伴随越南战争结束而出现的大量中南半岛难民的特别阁议谅解，日本接收了相关的难民。此行动自1978年开始实施至2005年。在此期间，共有13000余人来到日本并定居。而这些人并不都是符合《难民公约》定义的“公约难民”。

以接收中南半岛难民为契机，日本于1982年批准了《难民公约》。在日本申请难民资格，需要向地方入国管理局提交申请书，在经过难民调查官的面谈之后，由法务大臣决定是否认定其为难民。在难民申请未被认定时，申请者可以申请行政复议（图 8-7）。2005 年制定的行政复议程序设定了引入具有专业资质的第三方**难民审查参与员**的制度，以期提高和改善在难民认定审查过程中的公正性和中立性。然而，即便如此被认定为难民的人数依然没有增加（图 8-8）。一旦被认定为难民，其在《难民公约》上的种种权利便也会被认定（图 8-9）。

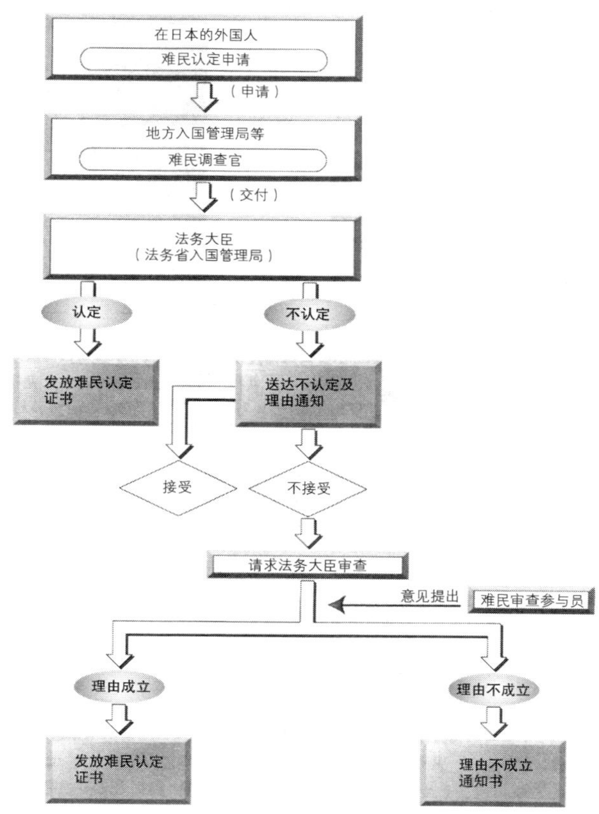

图 8-7　日本的难民认定程序

（图片出处：入国管理局网站）

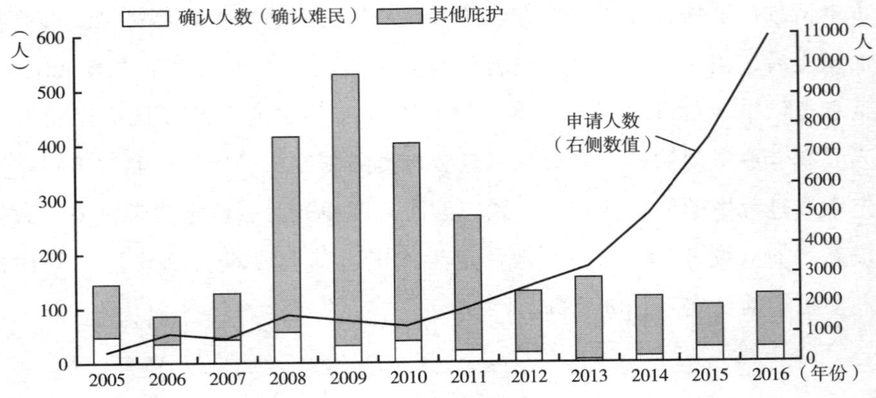

图 8-8　日本对于难民申请者的认定人数

"其他庇护"指虽然没有被认定为难民，但是获得在留特别许可，或者出于人道上的理由考虑被认可在留资格变更许可的人。（图片出处：基于法务省网站制成）

图 8-9　难民旅行证

难民无法获得本国政府发行的护照，但在出入境时又需要持有相关证件。图为日本政府为难民发放的难民旅行证。（图片出处：外务省网站）

4　联合国的国际人权保障

第二次世界大战是国际人权保障的一个转折点。反对集体主义、主张民主主义的联合国在第二次世界大战后，基于美国总统罗斯福所提出的人的四项基本自由（言论自由、宗教信仰自由、免于贫困的自由和免除恐惧的自由）构筑了新的世界秩序。联合国将拥护基本人权作为其一种组织目的而写入《联合国宪章》。

原本联合国会员国对于《联合国宪章》中的有关规定负有什么样的法律义务并不是很清晰。在这样的情况下，经济及社会理事会设立了一个作为其下设职能委员会的人权委员会，并责令其起草国际人权文件的草案。作为这一系列草案的其中一部分，联合国大会于 1948 年通过大会决议〔217（Ⅱ）A〕通过了**《世界人权宣言》**。《世界人权宣言》中明文规定了包括：① 要求控制国家对国民生活的不当介入的自由权，比如保障生命和人身自由，禁止肆意拘禁，保障宗教信仰的自由，禁止酷刑，保障平等权以及集会结社的自由等；还包括② 国家有必要积极参与的《经济、社会和文化权利国际公约》，如社会保障的权利，劳动的权利等；更包括③ 参政权、财产权和文化性权利等共三十条规定。一部分社会主义阵营国家和伊斯兰国家对决议投出了弃权票，但是并没有国家对决议表达反对意见。

在《世界人权宣言》通过以后，人权委员会为制定具有法律拘束力的条约而重新开始了审议工作。由此，人权委员会起草的《经济、社会和文化权利国际公约》以及《公民权利和政治权利国际公约》，于 1966 年分别通过了联合国大会的审议。在此之后，人权委员会又继续起草了诸多针对各种人权问题的条约草案（表 8－1）。这些人权条约中详细规定了应保障的权利以及条约相关机构的设置和相关程序的规定。条约相关机构是由条约缔约国国民基于其个人资格由缔约国会议选举组成的机构（委员会）。这些机构担负着监督缔约国实施保障条约所规定的人权的职责。由于联合国秘书处（**联合国人权事务高级专员办事处**）只负责事务性援助以及为条约机构提供会议场所等工作，而联合国会员国与国际人权条约的缔约国名单又不一定完全一致，因此这些条约机构是区别于联合国的单独机构。

《联合国宪章》所规定的负责人权保护的联合国机构为联合国大会和经济及社会理事会。之后，通过联合国的行动，又增设了很多担负着保护人权任务的新的机构。比如，首先基于根据世界人权会议的建议而通过的联合国大会决议，于1993年成为联合国秘书处的一个下设部门的联合国人权事务高级专员办事处以及与2006年设置的代替人权委员会的**人权理事会**。在那之后，经济及社会理事会便几乎不再针对人权问题进行实质性的审议了。接下来我们要详细介绍一下联合国关于人权保护的相关活动。

（a）联合国人权理事会

联合国在成立之初，根据《联合国宪章》第68条，在经济及社会理事会之下设立作为其职能委员会的人权委员会。人权委员会起草和制定了大量国际人权文件草案。然而，对于委员会的成员国本身出现的人权侵害行为，以及在审议过程中偏向于问题提出国等的批评声音时有出现，因此根据2006年联合国大会决议（61/178），人权委员会被废止，取而代之的是作为联合国大会辅助机构而设立的人权理事会。

从人权委员会时代便开始实施，并由现在的人权理事会继续执行的程序包括特别程序和申诉程序。所谓特别程序指的是基于1967年通过的联合国经济及社会理事会第1235号决议发展而来的程序。根据该程序，由特别报告员或专家组成的委员会可以对特定国家或地区的人权状况进行调查，对国际性人权基准的执行状况进行监督，并发布包括建议书在内的报告书以及就各国共同关心的课题进行研究和报告。另一项申诉程序指基于经济及社会理事会第1503号决议而发展而来的程序。该程序是针对基于大量可信证据证明的一贯的人权侵害活动而展开的研究讨论程序。该程序的一大特点为，根据个人或者团体对人权侵害行为的来文，被通报国和人权委员会（现在的人权理事会）可以在非公开状况下对相关问题进行审查（被审查过的国家名单会被公开）。现在个人或者团体的相关来文依然可以由联合国的各人权担当机构接收并向人权理事会的业务部门转交，并最终接受人权理事会的审议。这个程序的目的并不是救助受害人的个人权利，而是改善联合国会员国的整体人权状况。

2006年成立的人权理事会是由在联合国大会中获得过半数票的积极尊重人权的47个成员国组成的。每年在日内瓦召开为期十天以上的会议。除前面所说的从人权委员会继承而来的程序之外，人权理事会还增设了如**普遍**

定期审查制度（UPR）。这是一项要求所有联合国会员国都要提交报告的制度。联合国会员国会每四年需要根据指南中所提出的事项制成和提交有关本国情况的报告（参照**文本框**）。人权理事会会根据抽签抽中三个国家（被称为"三国小组"）对各国的报告进行审议并提出意见。之后人权理事会会审议这些对各国报告书提出的建议和结论。通过这些审查措施，其他国家会对被审查国的人权状况做出评价。在人权委员会时代，作为审查对象的国家是被随意挑选出来的，而这一点也曾饱受批评。新的普遍定期审查制度要求联合国所有会员国均被审查，以此淡化了审查的随意性。

文本框

日本的普遍定期审查报告书

日本于2008年第一次接受审查，并于2011年主动提交了跟进实施报告。之后于2012年第二次接受审查。人权理事会理事国就女性和儿童的人权问题、代替收容制度、死刑制度、人身买卖等人权状况问题向日本政府提出建议。此外，同时建议日本接受各人权条约规定的个人来文制度以及加入其他日本未批准的条约。

（b）人权理事会咨询委员会

作为人权理事会的下级机构，新设立的咨询委员会替代了之前的人权小组委员会，于2008年开始运作。咨询委员会由18名个人名义的专家构成，每年召开两次每次会期为一周的会议。委员会的任务是根据不同课题进行人权问题的调查研究，并对人权理事会提出建言。

（c）联合国人权事务高级专员

从20世纪50年代开始，国际社会出现应当在联合国秘书处设立专门处理人权事务的机构的想法。然而由于当时东西方冷战导致意识形态的严重对立，这一想法没有实现。直到1993年底，根据联合国大会决议（48/141）才设立了联合国人权事务高级专员办事处。办事处的负责人为任期四年的**联**

合国人权事务高级专员（图 8 - 10）。这一办事处的主要任务是作为人权理事会以及根据人权条约规定而成立的委员会或其他机构的会议筹备事务处，为促进基于发展的权利而进行的开发活动，以及解决原来住民、少数民族、残障人士和性别差异问题，对各国的人权状况进行事实调查上的支援等活动。

图 8 - 10　联合国人权事务高级专员

现任高级专员扎伊德·侯赛因（2014 年—　），约旦王室成员，曾任驻美大使。（图片出处：时事）

译者注：2018 年，扎伊德·侯赛因卸任，智利前总统米歇尔·巴切莱特接任为现任高级专员。

5　国际人权条约

（1）普遍性人权条约（表8 - 1）

在 1948 年《世界人权宣言》发表之后，为了能够将《世界人权宣言》中提出的权利制定成具有法律拘束力的具体的人权条约，联合国人权委员会开展了大规模的条约起草工作。然而由于当时东西方冷战产生的对于人权问题的想法上的对立，起草工作的进展极为困难。直到 1966 年，联合国大会才最终审议通过了《经济、社会和文化权利国际公约》和《公民权利和政治权利国际公约》。这两部公约与《世界人权宣言》一道，被称为**“国际人权法案”**，成为国际人权法的核心。

表 8－1　普遍性人权条约

人权条约名	制定	生效	日本加入	条约机构名	缔约国数量	内容
消除一切形式种族歧视国际公约	1965 年	1969 年	1996 年	消除种族歧视委员会	178	为实现没有种族歧视的社会，规定国家和私人禁止进行种族歧视的义务或煽动种族歧视等
经济、社会和文化权利国际公约	1966 年	1976 年	1979 年	经济、社会及文化权利委员会	165	规定社会保障权利、劳动权等要求国家积极参与的经济、社会和文化权利国际公约
经济、社会和文化权利国际公约任择议定书	2008 年	2013 年	未加入		22	确立经济、社会和文化权利国际公约的个人来文制度
公民权利和政治权利国际公约	1966 年	1976 年	1979 年	公民及政治权利委员会	169	规定生命权、禁止酷刑、人身自由和思想信条的自由等个人免受国家干预的自由
公民权利和政治权利国际公约第一任择议定书	1966 年	1976 年	未加入		115	设置公民权利和政治权利国际公约的个人来文制度
公民权利和政治权利国际公约第二任择议定书(废除死刑议定书)	1989 年	1991 年	未加入		84	将废除死刑作为缔约国义务
消除对妇女一切形式歧视公约	1979 年	1981 年	1985 年	消除对妇女歧视委员会	189	规定女性的各种权利
消除对妇女一切形式歧视公约议定书	1999 年	2000 年	未加入		108	对于违反消除对妇女一切形式歧视公约的个人来文制度
禁止酷刑公约	1984 年	1987 年	1999 年	禁止酷刑委员会	161	禁止公务员使用酷刑，将酷刑规定为国内法上的犯罪行为等义务
禁止酷刑公约任择议定书	2002 年	2006 年	未加入		83	关于实施禁止酷刑公约设立防止酷刑小组委员会，进行定期访问制度
儿童权利公约	1989 年	1990 年	1994 年	儿童权利委员会	196	规定未满 18 岁者享有自由权、经济、社会和文化权利国际公约和文化权利

续表

人权条约名	制定	生效	日本加入	条约机构名	缔约国数量	内容
关于儿童卷入武装冲突问题的任择议定书	2000 年	2002 年	2004 年		166	将防止未满 18 岁的儿童参与武装冲突规定为义务
关于买卖儿童、儿童卖淫和儿童色情制品问题的任择议定书	2000 年	2002 年	2004 年		173	规定禁止儿童买卖和儿童色情
关于设定来文程序的任择议定书	2011 年	2014 年	未加入		32	关于儿童权利的个人来文制度
保护所有移徙工人及其家庭成员权利国际公约	1990 年	2003 年	未加入	保护所有移徙工人及其家庭成员权利委员会	50	不论是违法状态还是非法状态，规定保护所有迁徙工人及其家庭成员的权利
保护所有人免遭强迫失踪国际公约	2006 年	2010 年	2010 年	强迫失踪问题委员会	56	规定缔约国有义务将强迫失踪规定为犯罪
残疾人权利公约	2006 年	2008 年	2014 年	残疾人权利委员会	172	规定以残疾人为权利主体，社会包容并确保残疾人权利
残疾人权利公约任择议定书	2006 年	2008 年	未加入		91	设立关于残疾人权利公约的个人来文制度以及对于重大有组织侵害的调查制度

此外，联合国人权委员会还制定了各种各样适用于全球范围内的人权条约。目前已经被采用的这些条约包括《消除一切形式种族歧视国际公约》、《禁止酷刑公约》、《儿童权利公约》、《保护所有迁徙工人及其家庭成员权利国际公约》、《保护所有人免遭强迫失踪国际公约》、《残疾人权利公约》等条约。而《消除对妇女一切形式歧视公约》则是由妇女地位委员会起草制定的。

（2）区域人权条约（表8 -2）

除联合国制定的普遍性人权条约之外，有一些地区以保护本地区内的人权为目的也制定了区域性人权条约。这些条约主要是以区域性国际组织为核心而起草制定的。比如，欧洲委员会（Council of Europe：CoE）制定的《欧洲人权公约》（1950 年）、美洲国家组织（OAS）制定的《美洲人权公约》（1969 年通过）、非洲统一组织［OAU，于 2002 年改组为非洲联盟（AU）］制定的《非洲人权宪章》（1981 年通过），以及以阿拉伯国家联盟为中心制定的《阿拉伯人权宪章》（1994 年通过、2004 年修正、2008 年生效），等等。这些条约都是体现了相关地区的特点，基于该地区的一些同质性基准而规定。

表 8－2　区域国际人权条约

人权条约名	欧洲人权公约	美洲人权公约	非洲人权宪章	阿拉伯人权宪章
制定、生效	1950 年、1953 年	1969 年、1978 年	1981 年、1986 年	1994 年、2008 年(2004 年改订)
基础机构	欧洲委员会	美洲国家组织	非洲联盟	阿拉伯国家联盟
缔约国数	47	23	54	13
条约实施方法	国家、个人申报	国家通报、个人请求、国别调查	国家通报、个人来文、国家报告、委托审理	国家报告
条约机构	欧洲人权法院(法国·斯特拉斯堡)	美洲人权委员会、美洲人权法院(哥斯达黎加·圣何塞)	非洲人权与民族权法院(坦桑尼亚·阿鲁沙)、非洲人权委员会	阿拉伯人权委员会

缔约国数：截至 2016 年 6 月。

（3）人权条约的实施方法

国际社会制定的人权条约中的规定要如何实施，这是一个很重要的问题。为了实现条约的目的，每个人权条约都规定设置了单独的实施机构（条约机构）。条约机构要接受缔约国关于人权条约在其本国内的实施状况的报告，通过对其报告书进行审议并指出问题点来参与条约的实施。此外，通过国家提交的此类报告以及搜集到的由个人提交的关于人权侵害状况的来文，条约机构会搜集有关条约内容的反馈，并基于这些反馈和意见采纳关于条约内容解释的**一般性意见**。缔约国和条约机构通过具体实践不断充实着人权条约的内容。

一般来说，为确保人权条约所规定的内容可以被有效履行，人权条约的实施制度大概可以分为五大类：**① 国家报告制度；② 国家间指控制度；③ 个人来文制度；④ 调查制度；⑤ 审判制度（图 8－11）**。

① 国家报告制度

为有效实施人权条约，当事国应定期向条约机构报告本国在国内采取的措施（制定或修订国内法等措施）的制度。比如，《公民权利和政治权利国际公约》中规定，一般地，缔约国应每四年提交一次报告书。之后条约机构会根据缔约国所提交的报告书内容，会同条约机构的委员与缔约国代表进行建设性的对话。除此之外，条约机构还会对缔约国国内外的 NGO 所提供的信息进行审议。审议之后条约机构会针对缔约国需要改善的问题点提出包括指正在内的总体意见，并要求缔约国对相关问题跟进处理。

② 国家间指控制度

人权条约的缔约国可以针对其他缔约国内发生的违反人权条约规定的情况向条约机构进行指控的制度。很多时候这一制度在实际应用中，会需要其他国家事先发表一个关于接受别国对本国出现的违反人权条约的情况进行通报的特别声明。而在《消除一切形式种族歧视国际公约》中则特别规定不需要这样的接受声明（公约第 11 条）。虽然在制度上存在这样的程序，但迄今为止在普遍性人权条约的实施中还未出现相关应用实例。

③ 个人来文制度

人权条约的缔约国或在其管辖范围内遭遇人权侵害的受害者可以就该侵害行为向条约机构进行通报并要求条约机构审查的制度。若想利用这一制度，不仅要求相关国家为人权条约的缔约国，还需要其批准相关的任择议定书或者发表声明承认条约机构接受有关该国的通报的权限。并且只有在完成相关程序的国家的管辖范围内的人员才可以利用这一制度。此外，单纯是在完成相关程序的国家管辖范围内还不完全满足利用这一制度的条件。程序上来说，还要求相关受害人个人需要穷尽相关国家所设立的国内救济手段（穷尽国内救济程序原则）才可以利用个人来文制度。除此之外，在利用个人来文制度时，还有要求来文者提供明确的根据以及不允许匿名等规定。在

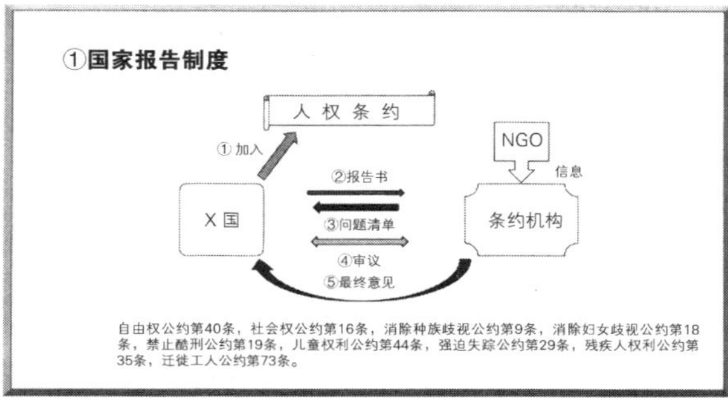

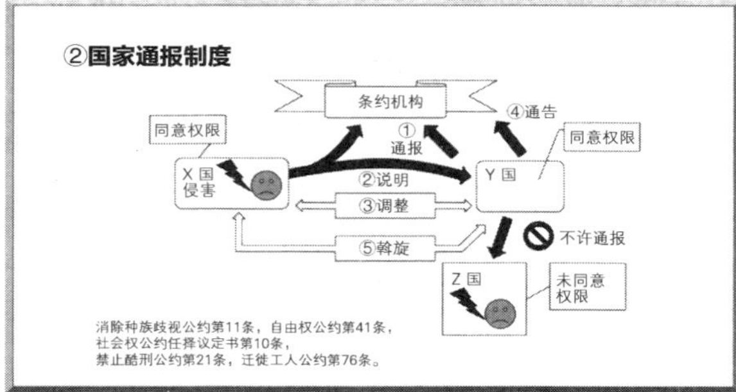

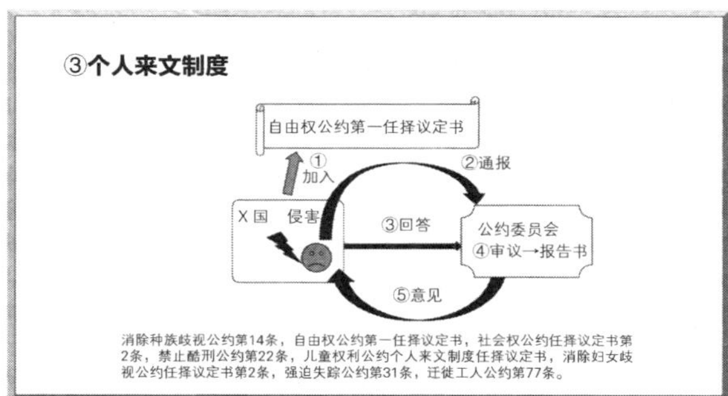

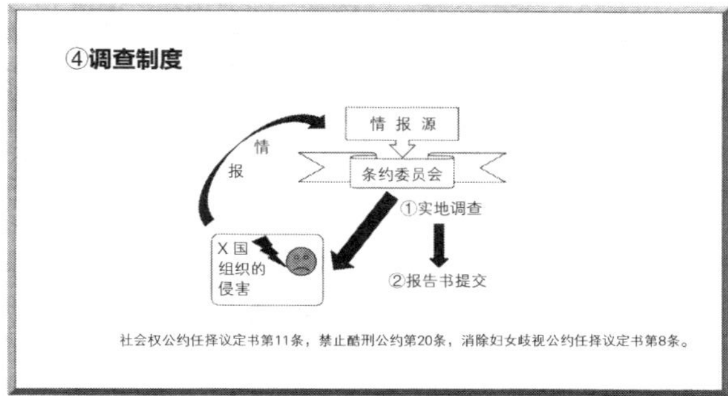

图 8－11　确保履行人权条约规定的制度

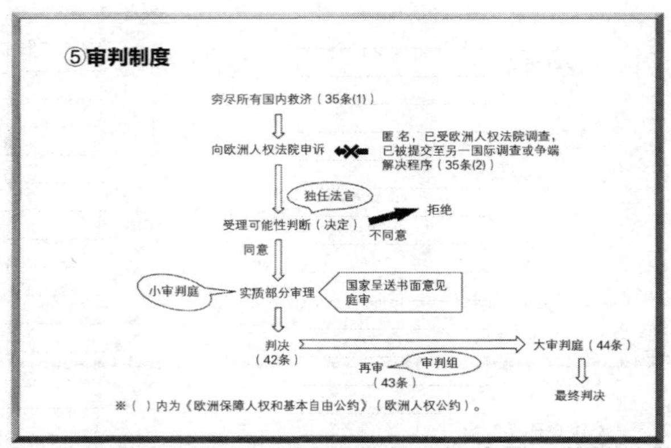

图 8－11（续） 确保履行人权条约规定的制度

这样的前提下，条约机构会听取相关国家和被害人双方的意见，并提出条约机构自己的“意见”。然而，条约机构提出的这些意见并不具备法律拘束力，仅仅是建议性意见。

④ 调查制度

条约机构的成员会对缔约国进行访问，以调查当地与条约规定有关的人权状况。不过在实施这些调查之前，条约机构需要获得调查对象国的同意。条约机构在完成调查之后会研判调查结果，并对接受调查的国家提出意见或建议。

⑤ 审判制度

遭受人权侵害的受害人在完成国内司法程序等国内救济程序而仍得不到损害补偿时，可以以相关国家为对象向国际性人权法院提出诉讼。基于此方法而获得的判决对相关国家具有法律拘束力。现在欧洲地区、美洲地区和非洲地区都设有基于人权条约而成立的法院，但是这些条约都只是区域性人权条约。

6 人权条约的国内实施

因为人权条约是以保护人权为目的的条约，因此要求各国不仅仅是批准条约，还要求缔约国要根据条约的规定完成在本国国内对相关人权的保障。人权条约的国内适用方式，可以分为将人权条约直接视为国内法的规定，不需要采取任何其他特定措施便在国内司法实践中直接进行适用，即**直接适用**；以及根据人权条约对于特定事项的规定和条约机构对于特定事项的作为等，将其视为解释国内法的方针或补充，以供国内法院系统参考，即**间接适用**。

日本国内法院系统在 1993 年违反大麻取缔法、违反关税法事件的司法案例中，曾经对《公民权利和政治权利国际公约》进行过直接适用。在东京地方法院进行的第一审判决中，法院判决要求被判有罪的报告人自行承担庭审的翻译费用。对此，东京高等法院根据《公民权利和政治权利国际公约》第 14 条第 3 项（f）号的规定，认为被告人接受免费翻译援助的权利应受到无条件且绝对的保障，因此根据《刑事诉讼法》第 181 条第 1 项做出判决表示不允许要求被告人负担相关费用。

此外，在日本的司法实践中，还常常可以见到对于人权条约间接适用的案例。比如说，关于争辩以非日本人为由禁止进入浴场设施的行为是不是违法行为的小樽入浴拒否事件（2002 年），当时的法院判决并没有直接适用《公民权利和政治权利国际公约》和《消除一切形式种族歧视国际公约》等条约的规定，而是在对民法进行解释的时候参照了这些公约所设定的基准。此外，在国籍法违宪诉讼的最高法院大法庭判决（2008 年）中，法庭的判决书提及了《公民权利和政治权利国际公约》和《儿童权利公约》中存在体现有关儿童自出生之时起便不得受到任何形式的歧视这一宗旨的相关规定。国际人权条约在国内司法实践中已然成为一种解释基准。

通过以上的内容，我们可以认为国际性人权保护的对象在逐渐地扩大，其规制的方式也在逐渐地深化。首先，通过国内法对国民人权的规定来限制国家权力以保障国民的人权。其次，通过对居留本国的外国人的相关规定，将人权保障的范围拓展至保障外国人权利。在经历了两次世界大战之后，关于保护某一国家内少数人群的权利的国际规制体系不断普及，除此之外，不论是不是本国国民，对于某一国家领域内的人所适用的国际性人权保障基准也在不断得以应用。

此外，在相关规定的规制手段上，不仅要求缔约国要对条约本身进行批准，还要通过别国的代表或个人参照国际性基准对缔约国的具体对应情况进行审查。虽然其中很多内容仅仅具有建议性的性质，但是这也不能说人权条约对于缔约国完全没有实际效力。联合国各机构以及根据条约成立的条约机构通过不断努力，在逐渐充实着条约的内容，并且不断地强化国际社会对人权的保护。

参考文献

· 阿部浩己他：《テキストブック国際人権法（第3版）》，日本評論社，2009年。
· 横田洋三編《国際人権入門（第2版）》，法律文化社，2013年。
· 国際法学会編《日本と国際法の100年　第4巻　人権》，三省堂，2001年。

第九章　犯罪也是可以跨国的

——国际犯罪

1　国际犯罪的概念

（1）各种各样的国际犯罪

所谓**国际犯罪**（international crime）这一用语，被用于表达各种各样的意思。首先，比如说某日本国民在外国对一个非日本国民实施诈骗，有人称这样的跨越国境的犯罪行为为国际犯罪。这是一国刑法所规定的犯罪涉及数个国家时发生的犯罪。对于这样的犯罪，除了我们认为的行为发生地（**犯罪行为地**）国之外，有时候作为对破坏加害者或受害者的国籍国的法律秩序和法律所应保障的利益（**法益**）的行为的惩处，这些国家也可以行使**刑事管辖权**。

其次，如果超越犯罪行为地国、加害者或者被害者国籍国这样单独某一国家的法益，像**海盗**这样对公海上的船舶进行无差别袭击的行为所损害的是各国的共同法益。因此，这种即便不是直接受害国也可以直接进行取缔和打击的犯罪，也被称为国际犯罪。

此外，不仅侵害各国共同法益，如果其行为对国际社会全体法益进行侵害的话，那么由代表国际社会全体的国际性刑事法院或者代替这些法院的国家来对其进行惩处的犯罪，也是国际犯罪。事实上，这一类型的犯罪是最严格意义上的国际犯罪。这类犯罪通常包括**种族灭绝罪**（crime of genocide）、

危害人类罪（crime against humanity）、**战争罪**（war crime）以及**侵略罪**（crime of aggression）。

（2）对于国际犯罪的惩处

虽然对于国际犯罪有各种各样的理解，但是包括其中最严格意义的国际犯罪在内，所有类型的国际犯罪均可由国家来对其进行惩处。此时国家可以通过制定本国刑法等立法行为，规定应当受到惩处的对象，并且在犯罪嫌疑人入境时对其进行逮捕，或比如从外国进行引渡等有机会对其执行惩处时，经审判对其加以惩处。从这一点上来看，相关国家对国际犯罪的惩处与其对国际犯罪以外的犯罪的惩处方法并无区别。

原本国际法并没有对国家行使管辖权的边界设定一般形态的规定，某国对别国国民进行的惩治不构成对相关国家的权利侵害。因此，不论是否属于国际犯罪，一国在原则上都可以不论具体的行为发生地，对无论是本国国民还是外国国民的某些行为，设立相应的刑法惩处规定。因此，会出现对于同一行为或犯罪有多个国家同时宣称管辖权的情况发生。在这里需要注意的是，即便某一行为的归属人在某国受到了相关惩处，但是这不妨碍其他拥有管辖权的国家对其重新进行惩处。所谓“**一罪不二审**”的原则，仅适用于同一个国家的内部法律系统中而已。

但是反过来说，国家并不承担对于某些犯罪必须要进行惩处的义务。只要国家不是针对某些特定的行为依照条约或习惯国际法对其负有处罚义务，那么即便对相关犯罪人员不进行惩处而只是将其搁置起来，也不构成违反国际法。

就像这样，国家可以通过制定用于惩处的国内法来处理犯罪行为，国际犯罪也在这样的国内法框架内受到惩处。目前打击和处理国际犯罪的主力也依然是国家。而国家本身却不被要求承担一般性的惩处义务。而且，有些国家会倾向于遮掩本国或者是友邦的领导人或军队从事的犯罪行为，或者有些国家因为陷入内战等状态导致本国刑事司法制度完全崩溃而无法对犯罪进行惩治。此类情形导致的对于犯罪无法进行惩处的情况，尤其是在发生对于国际社会全体法益构成侵害的国际犯罪的时候便成为一个突出的问题。为此，联合国安理会通过决议或制定条约来设立国际性刑事法庭以努力避免犯罪不受惩处的情况发生。

2　由国家进行惩处

（1）对侵害个别国家法益的惩处

一般来说，对于哪些行为进行惩处都是由各国自行判断的。国家通常只对那些与本国有某些关联的行为进行惩处。

如果本国为犯罪行为地，那么为了维护该国的法秩序，犯罪行为地国会行使刑事管辖权。这一原理称为**属地主义**。比如说，在日本国内一个日本国民被另一日本国民杀害时，日本警方会逮捕犯人并将其送交法庭审判，这并不是一件让人感到匪夷所思的事情。而这个过程本身就是属地主义的一种体现。而且，即便加害者和受害者其中一方或者双方都是外国人，但只要是在日本国内发生的犯罪，那么同样基于属地主义，日本可以对其进行惩治（日本刑法第 1 条：**国内犯罪**）。由此，过去基于一些不平等条约而被认可的所谓领事裁判权，将外国人国籍国领事所行使的管辖权置于优先地位，便可以解释为是通过这样的不平等条约而对当地国基于属地主义行使的管辖权的一种限制。

如果我们将目光聚焦到人的因素上，那么还存在如果是本国国民犯罪，即便其犯罪行为发生在外国，其国籍国也可以对其进行惩处的原理（日本刑法第 3 条：**本国国民的国外犯罪**；第 4 条：**公务员的国外犯罪**）。同时，本国国民如果是在国外犯罪的受害者，那么不管加害者是哪一国的国民，受害者的国籍国都可以对加害者进行惩处（日本刑法第 3 条分条：**国民以外者国外犯罪**）。前一种原理被称为**积极属人主义**，而后一种原理则被称为**消极属人主义**。但是相对于将全部可以依照属地主义惩治的犯罪都基于属人主义进行惩处来说，更多国家只针对一些特定的重特大犯罪才基于属人主义来进行惩处。比如说，日本国民在国外犯有杀害日本以外的其他国家国民的行为便是此类重特大犯罪，而针对这一犯罪，除了犯罪行为地国要基于属地主义对相关犯罪人员进行惩处以外，日本和被害人国籍国也有可能分别基于积极属人主义或者消极属人主义来对其进行惩处。

文本框

TAJIMA 号事件

TAJIMA 号油轮

2002 年 4 月，在一艘从波斯湾开往姬路港的隶属于日本航运公司的巴拿马籍油轮 TAJIMA 号上（排水量 148330 吨，船员包括日本籍船长、5 名日本船员以及 18 名菲律宾船员）。当轮船行驶至中国台湾近海处领水外海域时，日本籍船员遭到菲律宾籍船员杀害。菲律宾刑法中并不存在基于积极属人主义而对在国外犯罪的本国国民进行惩处的规定，日本当时也无法基于消极属人主义对相关犯罪进行惩处，因此只有作为轮船的船旗国而拥有管辖权的巴拿马可以对相关人员进行惩处。于是日本基于巴拿马提出的调查援助请求，在轮船入港后基于船长权限将嫌疑人关押在船舱内。之后由于巴拿马提出引渡请求，因此日本只得将嫌疑人引渡至巴拿马。

TAJIMA 号事件后，航运业相关人士强烈要求对刑法进行改正，因此国会于 2003 年修订刑法，在日本刑法中引入了可以行使消极属人主义的第 3 条分条的内容。（图片出处：相关船运公司提供）

另外还有一种情况，针对犯罪行为地国不是本国，而且也与本国国民无关系的情况，只要某些犯罪行为损害本国法益，那么该国就会对其行使管辖权，即**保护主义**原理。例如，某外国国民在日本以外的国家伪造日本货币，那么日本对其损害日本利益的行为进行的惩处，便是以保护主义为根据而展开的（日本刑法第 2 条：**对所有人的国外犯罪**）（参照**第三章**）。

（2）对侵害各国共同法益的惩处

如果某一犯罪行为即便没有对本国法益产生直接的侵害，但是其对各国共同的法益产生侵害的话，那么任何一个国家都可以基于其本国的国内刑法对这样的犯罪进行惩处。这一原理被称为**普遍主义**（**世界主义**）。

文本框

索马里海盗

海盗行为指在公海上或者在任何国家管辖权均不覆盖的地方对私人船舶或私人飞机的船员、机组成员或乘客为私人目的施以暴行和进行掠夺的行为（《联合国海洋法公约》第 101 条）。

说到海盗的问题，近来最为引人注目的便是索马里海盗。为打击索马里海盗，欧美及其他国家均派遣军舰和军机前往打击。联合国安理会曾通过决议例外认可在索马里领水内也允许开展打击活动（安理会决议第 1816 号，2008 年）。日本也派出了舰艇和飞机前往打击海盗，并参与了关于在索马里海域逮捕的海盗的谈判（2011 年）。①

比如说，海盗行为由于是对各国共同法益的侵害，因此自古以来便被视为习惯国际法上基于普遍主义的惩处对象。**《联合国海洋法公约》**（1982 年）

① 译者注：中国海军自 2008 年起在索马里海域开展护航行动。截至 2018 年 8 月，已派遣 30 批护航编队。

对这一原理加以确认，规定任何国家的军舰或有相应权限的政府船舶或者飞机均可以对海盗行为进行取缔（公约第110条）。不过在此还需要说明的是，各国对于这样的管辖权也不承担行使义务，相关的规定也只是允许国家对相关行为进行惩处而已。

像被视为侵害各国共同法益的海盗行为这样可以成为习惯国际法上基于普遍主义进行惩处的行为对象，事实上除海盗行为以外并无他例。条约上最早要求各国基于普遍主义进行应对的对象，是1949年**日内瓦各公约**中所规定的保护武装冲突牺牲者的相关部分。日内瓦各公约规定了一些对公约所保护的人或者财产做出的一定的行为为**“严重违法”行为**，而国家对于此类行为的责任人负有“**或引渡或惩处**（*aut dedere aut judicare*）”的义务。而之后制定的《**关于制止非法劫持航空器的海牙公约**》以及《**制止危及海上航行安全非法行为公约**》等其他有关恐怖主义的条约中也都设定了同样的义务。但即便这些条约在规定上采用了普遍主义，被要求承担惩处义务的国家也仅局限于相关条约的缔约国而已。

文本框

航空犯罪

1970年9月，解放巴勒斯坦人民阵线（PFLP）同时劫持了美国、瑞士和英国的三架商业客机，责令三架客机降落在位于约旦境内的革命机场（原道森英军机场），并在将机组与乘客驱逐出飞机之后炸毁了飞机。同一时间还发生了另一架美国客机被劫持以及莱卡·哈立德等人对以色列客机的劫持未遂事件。图为被劫持至约旦机场的三架客机。近处为英国海外航空公司客机和美国环球航空公司客机。三架飞机最终全部被炸毁。

在当时大量发生劫机事件的背景之下，国际社会制定了《关于在航空器内犯罪和其他某些行为的公约》（《东京公约》）（1963年）、《关于制止非法劫持航空器公约》（《海牙公约》）（1970年）以及《关于制止危害民用航空安全的非法行为的公约》（《蒙特利尔公约》）（1971年）。

这些公约都具有针对破坏活动以及恐怖主义活动的特点。其他类似条约还有《关于防止和惩处侵害应受国际保护人员包括外交代表的罪行的公约》（1973年）、《反对劫持人质国际公约》（1979年）、《核材料实物保护公约》（1980年）、《制止在用于国际民用航空机场发生的非法暴力行为以补充1971年9月23日订于蒙特利尔的制止危害民用航空安全的非法行为的公约的议定书》（1988年）、《制止危及海上航行安全非法行为公约》（《SUA公约》，1988年）、《制止危及大陆架固定平台安全非法行为议定书》（1988年）、《在可塑炸药中添加识别剂以便探测的公约》（1991年）、《制止恐怖主义爆炸事件的国际公约》（1997年）、《制止向恐怖主义提供资助的国际公约》（1999年）以及《制止核恐怖主义行为国际公约》（2005年）等。（图片出处：PPS通信社）

此外，作为严重破坏日内瓦各公约及其第一追加议定书（1977年）行为的战争罪，虽然被视为与**海盗行为**同样的国际犯罪行为，但是直到20世纪90年代在国际性刑事法院的组建过程中，才将其视为与种族灭绝罪同等的侵害国际社会全体法益的犯罪。因此，虽然构成对各国共同法益侵害的犯罪与构成对国际社会全体法益侵害的犯罪之间的区别并不明确，但是各国都可以对于其中任何一种犯罪基于普遍主义来惩处。

日本的情况是，如果受到条约要求需要对某些犯罪进行惩处时，会制定相应的国内法来确保惩处的实施。1987年以后，日本刑法规定，所有于当年以后对日本生效的条约，如果存在要求日本对于在日本国外发生的行为负有惩处义务的时候，那么可以将相关犯罪一并根据日本刑法中规定的相应范围来进行惩处（日本刑法第 4 条分条：**基于条约的国外犯罪**）。根据这些措施，日本可以对条约上要求的惩处措施一并进行对应。此外，关于海盗行为，由于原本没有条约上的惩处义务，而日本刑法上也没有规定基于普遍主义可以进行惩处的相关内容，因此如果当时日本想要对海盗行为惩处的话，只能根据刑法上规定的罪行基于属地主义或属人主义行使管辖权。不过，随着 2009 年日本制定的《**海盗对处法**》，现在日本在国内法上已经可以根据普遍主义对海盗进行惩处。

（3）对侵害国际社会整体法益的惩处

灭绝种族罪、危害人类罪、战争罪以及侵略罪被视为是侵害当今国际社会整体法益的犯罪，根据国际法可以对相关责任人直接追究其个人责任。但是，作为在第二次世界大战结束后基于犹太人大屠杀的经验而于 1948 年早早制定的有关灭绝种族罪的《**防止及惩治灭绝种族罪公约**》中，仅仅对国家可以基于属地主义对相关行为进行惩处或者是由国际性刑事法院进行惩处，以及关于引渡做了规定。作为战争罪的一种，1949 年日内瓦各公约规定的严重破坏行为也被视为侵害各国共同法益的行为。而关于灭绝和迫害等危害人类罪，从当年的**欧洲国际军事法庭**宪章和**远东国际军事法庭**宪章之后，直到**国际刑事法院**（ICC）规约制定完成，没有任何条约对其做出过规定。

现在随着国际法的发展，对于世界范围内持续发生的大规模有组织的危害人类行为的应对正在逐渐发生变化，至少对于种族灭绝罪、危害人类罪以及战争罪等对国际社会整体法益构成侵害的国际犯罪，可以寄希望于各国基于普遍主义对其进行惩处了。但是，说到基于普遍主义惩处国际犯罪的成绩，就连作为条约义务的对于严重破坏日内瓦各公约的行为的惩处实际也称不上有所作为。20 世纪 90 年代联合国安理会之所以设置了处理前南斯拉夫地区冲突以及卢旺达内战的**前南斯拉夫问题国际刑事法庭**（ICTY）以及**卢旺达问题国际刑事法庭**（ICTR），正是因为相关国家在惩处犯罪方面停滞不

文本框

由武装冲突当事国进行的战争罪犯惩处——山下审判

法官入席时起立的山下大将（左二）

战争罪给武装冲突当事国带来危害，因此通常由武装冲突的当事国对相关人员进行惩处。

第二次世界大战中日军所犯下的战争罪，也主要由盟国来进行惩处。曾在菲律宾参战的山下奉文陆军大将在日本投降后由美军设在马尼拉的军事法庭（军事审问委员会）审理和处刑。这场**山下审判**中涉及上级责任问题——即便是在司令部与前线通信中断的情况下由部下犯下的战争罪也要追究其**上级责任**。（图片出处：United States Army Signal Corps. / Harry S. Truman Library & Museum）

前，而被安理会认定为对相关犯罪搁置不惩处的态度是对国际社会和平与安全的威胁。

即便是基于条约而成立的ICC，也只确立了只有在国家对相关犯罪行为不惩处或有意掩盖相关犯罪行为时才能够行使补充性管辖权的原则。而对于相关犯罪的惩处，基本上还是考虑到国家承担的部分比较重要。然而，这些国际性刑事法院的规约，又没有要求国家承担惩处义务。也就是说，只要相关的国际条约没有规定国家必须要对某一种犯罪行为进行惩处，那么例如日

文本框

基于普遍主义的惩处——艾希曼事件

左图：党卫队时期的艾希曼
右图：耶路撒冷地方法院庭审中的检察官（1961 年）

在第二次世界大战中参与了押解与流放犹太人的纳粹党卫队中校**艾希曼**在战后逃亡至阿根廷。1960 年，以色列情报机构在未获阿根廷同意的情况下在其国内控制了艾希曼，并利用参加阿根廷 150 周年独立纪念活动的以色列代表团所搭乘的以色列航空公司航班将其秘密押解回以色列。为此，安理会通过决议认定以色列的行为侵犯了阿根廷的领域主权（安理会决议第 138 号，1960 年）。

艾希曼因危害犹太人罪、危害人类罪以及战争罪在耶路撒冷地方法院被提起诉讼。审理过程中，控辩双方围绕关于惩处以色列建国前发生的行为与罪刑法定主义的问题、犯罪行为地国之外的惩处问题以及通过违法手段控制人身自由等问题展开交锋。法院最终认定罪刑法定主义并非习惯国际法，嫌疑人的控制和转移中出现的违法性也不影响判决。在此基础上法院认定任何一个国家都可以基于普遍主义对艾希曼的行为进行惩处，并援用保护主义和消极属人主义判处艾希曼死刑。以色列最高法院也驳回了艾希曼的上诉。（图片出处：Yad Vashem）

本即便不启动刑法第 4 条分条的规定对其进行惩处也是可以的。

与灭绝种族罪、危害人类罪以及战争罪并列，但是被很少提及的侵略罪是否属于基于普遍主义的惩处对象这一问题，还存在一些疑问。在将侵略罪列为对个人进行惩处的对象时，势必要涉及对于发动侵略行为的国家的必然的批判，因此可以说这一犯罪具有特殊性。对此，在有关**《国际刑事法院（ICC）规约》（《罗马规约》）**就侵略罪进行追加规定的审查会议中，也只是通过了一项对各国基于广泛普遍主义对侵略罪进行惩处的持消极态度的决议［参照**第 3 节（3）**］。

3　由国际性刑事法院进行惩处

（1）欧洲国际军事法庭与远东国际军事法庭

历史上最早尝试通过国家以外的机关来惩处国际犯罪的例子，可以追溯到第一次世界大战后签订的**《凡尔赛和约》**中规定的特别法庭追究德国皇帝个人责任（《凡尔赛和约》第 227 条追诉条款）。然而，由于荷兰拒绝引渡德国皇帝，所以这一尝试并未能成为现实。

第二次世界大战结束后，盟军各国除了将参与战争有关行为的德国和日本国民列为各国军事法庭的惩处对象以外，还专门为审理两国领导人涉及的危害和平罪、危害人类罪以及战争罪而在纽伦堡和东京分别成立了欧洲国际军事法庭和远东国际军事法庭（图 9－1）。前者根据英、美、法、苏四国协定而成立，后者是经盟国授权由盟军最高司令长官设立的。虽然从实现了对国家领导人的惩处这一角度来看，两个军事法庭的成立具有划时代的意义，但是对于这两个法庭的性质以及使用规则的非议，以及批评审判本身为战胜国对战败国“成王败寇式审判”的声音也不绝于耳。

为了消除这样的疑问，联合国大会于 1946 年通过决议，确认了国际军事审判的各个原则，并责令作为联合国大会辅助机构的**国际法委员会**（ILC）开始对**“危害人类和平与安全罪”**进行法典化作业。这一法

图 9-1 远东国际军事法庭

远东国际军事法庭（东京审判）起立听取起诉状诵读的被告人和辩护人。前数第三列左起第二人为东条英机首相，其身后为大川周明等人。（图片出处：近现代 PL/アプロ）

典草案最终于 1996 年完成，并成为之后起草《国际刑事法院规约草案》的重要参考。

（2）前南斯拉夫问题国际刑事法庭（ICTY）和卢旺达问题国际刑事法庭（ICTR）

直到第二次世界大战结束，除国家以外进行的刑事审判，只有以战胜国共同推动的国际军事法庭这样的特殊形式而存在。在那之后虽然也不断尝试去建立更具普遍性的国际性刑事法庭，然而距实现这一目标仍然遥远。

进入 20 世纪 90 年代以后，虽然世人皆知在前南斯拉夫地区和卢旺达都发生过大规模的反人道行为，但是各国都没有对其进行过惩处。为了应对这一事态，联合国安理会及其辅助机构基于《联合国宪章》第 7 章的规定通过决议在荷兰海牙和坦桑尼亚的阿鲁沙分别设立了前南斯拉夫问题国际刑事法庭（ICTY）［安理会决议第 827 号，（1993 年）］和卢旺达问题国际刑事法庭（ICTR）［安理会决议第 955 号，（1994 年）］。

ICTY 对 1991 年以后发生在前南斯拉夫地区的对日内瓦各公约的严重破坏行为、违反战争法规和惯例的行为、灭绝种族罪以及危害人类罪等犯罪行为拥有管辖权。截至 2015 年春天，法庭已经审理了超过 160 名涉案人员

（图 9－2）。而对卢旺达内战中的行为进行惩处的 ICTR，将 1994 年一年之内发生的灭绝种族罪、危害人类罪以及**严重破坏日内瓦各公约共同第 3 条**以及**第二附加议定书**的行为作为惩处对象，审理了超过 90 人的涉案人员。

图 9－2　ICTY 的审判实例

1999 年受到起诉并于 2001 年被移交至 ICTY 的前南斯拉夫联盟共和国总统米洛舍维奇。历史上第一个被国际性刑事法院起诉的现任国家元首。由于其本人于 2006 年逝世，审理自然终结。（图片出处：ICTY）

随着两个法庭任务期的终结，为了能够妥善处理两法庭余留的任务，联合国安理会基于宪章第 7 章通过决议设立了**刑事法庭余留事项国际处理机制**（IRMCT）。

（3）国际刑事法院（ICC）

ICTY 和 ICTR 是为了针对惩处特定冲突中发生的危害人类的行为而设立的国际刑事法庭。因此，从 20 世纪 90 年代后半期开始，国际社会中关于有必要针对同种行为设立一个拥有更广泛管辖权的法庭的呼声进一步加强。为此，联合国采纳了这一意见，并开始着手制定国际性刑事法院的设置条约。1998 年，《国际刑事法院（ICC）规约》（图 9－3）在罗马获得通过。该规约要求的批准国数量于 2002 年达到生效要件的 60 国，该规约并于同年生效。

国际刑事法院纹章
（图片出处：ANP/时事通信图片）

第5条第1项（法院管辖权内的犯罪）

（a）“种族灭绝罪”

（b）“危害人类罪”

（c）“战争罪”

（d）“侵略罪”

·1998年规约制定时并未就相关定义和管辖权行使条件做出规定，仅在第1项（d）中提及犯罪名称。

第2项

基于第5条第1项（d）的规定，同一条第2项中就之后追加有关侵略罪的相关规定做出的规定。之后在2010年规约审查会议上基于本条第2项的规定追加了有关侵略罪的规定。至此，本条第2项完成了任务，在同一次审查会议中被删除。

第6条（“种族灭绝罪”定义）

第7条（“危害人类罪”定义等）

第8条（“战争罪”定义）。

第1项 规约所管辖的战争罪的有组织性、大规模性要件。

第2项

（a）对日内瓦各公约的严重违法行为（grave breaches）［（ii）—（viii）］

（b）严重违反国际法既定范围内适用于国际武装冲突的法规和惯例的其他行为（serious violations）［（i）—（xxvi）］

（c）严重违反1949年8月12日四项《日内瓦公约》共同第三条的行为（serious violations）［（i）—（iv）］

（e）严重违反国际法既定范围内适用于非国际性武装冲突的法规和惯例的其他行为（serious violations）［（i）—（xii）］［2010年改正后在（e）（xiii）之后追加至（xv）号］。

第8条分条（“侵略罪”定义）（2010年修订追加）

第1项 侵略罪。

第2项 作为侵略罪的必要前提，关于国家发动侵略行为（act of aggression）的定义。

图9-3 《国际刑事法院规约》的对象犯罪

规约缔约国数124国，批准关于侵略罪相关规定国家数32国（2017年1月）。

ICC位于荷兰海牙，被赋予了独立于联合国的法人人格。ICC由审判部门、检察官办公室和书记官处构成。其惩处对象包括灭绝种族罪、危害人类罪、战争罪以及侵略罪。其中关于侵略罪，在规约制定时并没有就其定义以及管辖权行使条件做出详细规定，因此事实上无法对这些罪行进行惩处。之后在 2012 年，于乌干达的**坎帕拉**召开的一次规约研讨会议上，追加了一条对于侵略罪的规定。这一修正在得到 30 个国家的批准后，需要于 2017 年以后召开的缔约国会议中以确认性决议的形式另行审议通过。

ICC 在行使管辖权时需要遵从**补充性原则**以及**相关国家同意原则**。补充性原则指的是，只有在所有国家都无法对犯罪行为进行妥善惩处时，ICC 才能够作为对国家管辖权的补充来对相关犯罪行为进行惩处。国家不行使管辖权时，当犯罪行为地国或者嫌疑人国籍国任何一国为规约缔约国，或者即便是非缔约国但是在得到同意时，ICC 才可以行使管辖权。这一原则被称为同意原则。其中需要注意的是，只要基于属地主义或者积极属人主义可以进行惩处的国家的单方面同意，便可以视为满足了同意原则的要求。也就是说，只要犯罪行为地国同意，即便嫌疑人国籍国不是规约的缔约国，犯罪行为地国也可以对这样的嫌疑人进行惩处。但是，经 2010 年规约改正而追加的与侵略罪和一部分战争罪相关的规定，在针对这类犯罪行使管辖权时，原则上需要征得嫌疑人国籍国的同意。

在规约缔约国向 ICC 提交案件或者由检察官基于职权开始调查时，需要相关国家对此进行同意。但是，如果联合国安理会基于《联合国宪章》第 7 章内容通过决议向 ICC 提交案件时，则规约上并不要求得到相关国家同意。

截至 2015 年春天，被提交至 ICC 的案件涉及刚果民主共和国、中非、乌干达、苏丹、肯尼亚、利比亚、科特迪瓦以及马里等以非洲国家为主的事项。其中，关于苏丹的事项虽然是经安理会提交（安理会决议第 1593 号，2005 年），但是作为嫌疑人的苏丹前总统巴希尔却并没有被逮捕。

日本虽然推迟签署 ICC 规约，但是最终还是于 2007 年成为规约缔约国。当时，为了能够尽到 ICC 规约规定的义务，日本国内特别制定了《ICC **协力法**》。如前面所说，规约并没有规定缔约国有对对象犯罪进行惩处的义务，日本也没有针对相关的对象犯罪制定在国内法上对其惩处的新的法律规章，因此日本只可能在现有刑法中适用相关罪行的范围内对对象犯罪行为进行惩处。而针对妨碍 ICC 运作的毁灭证据等行为，则是通过 ICC 协力法另行规定了惩处措施。

文本框

混合法庭

在国内法院中加入国际性元素，作为介于国内法院与国际性法院之间的刑事司法机构而设立。此类法庭的设立虽是以惩处国内法院所无法处理的严重事件为目的，但是也会在因联合国安理会内部分歧导致无法基于《联合国宪章》第7章而通过决议时，或当国际性法院只能集中惩处大人物而对于其他人员惩处不力时设立。此类法庭的设立背景纷繁复杂，因此其设立方法以及法律根据也有所不同。此类刑事司法机构被统称为混合法庭（mixed tribunal，hybrid tribunal）。

其中比较知名的混合法庭为根据柬埔寨和平协定于2003年成立的柬埔寨法院特别法庭（ECCC）。在这一法庭中，由柬埔寨人和外国人担任的法官，对红色高棉时期发生的大规模危害人类行为的责任人进行审判。与其性质稍有不同的是联合国管理下的在科索沃和东帝汶的混合刑事司法机构，以及**塞拉利昂特别法庭**（2000年）和黎巴嫩问题特别法庭（2007年）。中非在将有关情况提交给ICC的同时，也于2015年制定了在该国国内设置混合法庭的相关法律。（ECCC情景。图片出处：ECCC）

4　犯罪者引渡

（1）向国外引渡

因为国家拥有判断外国人是否可以入境的自由，因此国家并没有拒绝在外国犯罪的人员入境的义务。此外，国家也不负有应别国要求向其引渡犯罪者的一般性义务。因此，从法律上来说，犯罪者在该国领域内藏匿的行为是被允许的，这被称为**领域庇护**。域外庇护和保护难民的一般国际法上的根据也是基于领域庇护。强行侵入别国领域并抓捕犯罪者的行为是侵犯该国领域主权的行为。但是，利用本国在外的公使馆对进入馆舍的人员提供**域外庇护**的行为是不被认可的。

反过来说，国家也可以任意将犯罪者引渡给别国。这种行为被称为**犯人引渡**（extradition）。有时候引渡犯人被条约规定为国家的义务，而规定这种义务的条约被称为**犯人引渡条约**。日本和美国以及韩国均签署有此类犯人引渡条约。

如果没有在条约上被规定为一种义务的话，国家对于引渡的判断是任意的。但是通常在引渡之前，会考虑一下条件。首先，要求引渡双方对相关罪行均可以进行惩处（**双罚性**）。也就是说，针对某犯人的犯罪行为，要求引渡双方国内刑法上均可以进行相应处罚。不过，有的国家将引渡限定在一定程度以上的严重犯罪，有的国家遵循不引渡本国国民的原则。此外，虽然原则上不引渡**政治犯**，但是如果该政治犯犯有类似于《关于制止非法劫持航空器的海牙公约》这样的特别条约中所规定的、与政治动机无关的犯罪行为时，也是可以被引渡的。日本在判断是否要向外国引渡犯人时，要遵从**《逃亡犯罪人引渡法》**（1953 年）的相关规定来判断。

（2）向国际性刑事法院引渡

除了国家之间对犯罪人员的引渡之外，国家与国际性刑事法院之间也存在引渡制度（图 9-4）。比如，根据《联合国宪章》第 7 章决议而设置的 ICTY 与 ICTR，从层级上两法庭的地位要高于各国国内法院的地位，因此联合国会员国对于即便已在本国司法审理程序中的同一人员，也负有向两法庭进行引渡的义务。

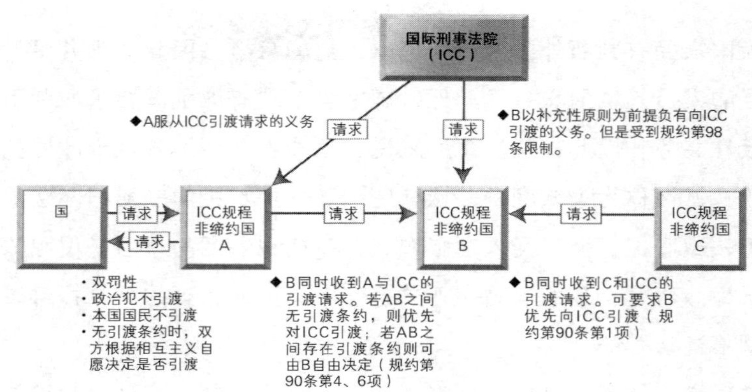

图 9-4 国家间犯人引渡（extradition）以及国家对国际刑事法院引渡犯人（surrender）

ICC 与其缔约国之间的引渡程序相当复杂。首先，ICC 规约缔约国负有协助 ICC 的义务。因此在 ICC 提出要求时，各缔约国必须将本国领域内的嫌疑人向 ICC 进行引渡。由于 ICC 的管辖权是基于补充各国管辖权的形态而设立的，因此与对等国家之间的横向引渡程序不同，ICC 要求缔约国引渡犯罪者时不需要适用“双罚性”和“政治犯不引渡”原则，甚至本国国民也会被要求引渡至 ICC。

此外，根据《ICC 规约》的规定，国家元首等具有“官方身份”的人在 ICC 不享有豁免权（规约第 27 条）。但是 ICC 规定，对于有可能“违背对第三国的个人或财产的国家或外交豁免权所承担的国际法义务”的规约缔约国，ICC 不能要求其引渡相关人员（规约第 98 条第 1 项）。因此，犯有规约规定犯罪行为的非缔约国国家元首等在缔约国领域停留时，不能要求该缔约国否定非缔约国国家元首等的豁免权以向 ICC 进行引渡。此外，对于驻外部队的成员，在有条约规定必须征得派出国同意时，亦不可要求驻在国违反相关规定向 ICC 引渡相关人员。但是，如果是根据《联合国宪章》第 7 章由联合国安理会提交的案件，会被认为基于安理会决议的效力，非缔约国国家元首等的豁免权会被否定，而有关国家应就此将相关人员义务性引渡至 ICC。此外，规约中还就 ICC 与另一国家同时要求某国引渡某人的请求竞合问题做出了规定（第 90 条）。

日本在制定逃亡犯罪人引渡法时并没有考虑到向国际性法院引渡相关人员的问题，并且也没有就向 ICTY 和 ICTR 引渡相关人员问题修订法律或制定新的法律。如果 ICC 要求日本向其引渡犯罪人员时，日本需要根据新制定的 ICC 协力法来完成对 ICC 工作的协助。

参考文献

· 山本草二：《国際刑事法》，三省堂，1991 年。

· 《特集 · 国際刑事裁判所》，国際法外交雑誌第 98 巻代 5 号，1999 年。

· 村瀬信也 = 洪恵子編《国際刑事裁判所―最も重大な犯罪を裁く［第 2 版］》，東信堂，2014 年。

· 《特集 · 国際刑事裁判所“侵略犯罪”関連規定への日本の対応》，国際法外交雑誌 114 巻 2 号（2015 年）。

第十章　跨越国境的货物、服务和资本

——关于国际经济的法律

近年来，随着国境的壁垒越来越低，货物、服务和资本大量从外国涌入本国。同时，我们也会发现在外国也可以买到本国的货物或作品。那么，在这样的经济领域，存在着怎样的国际性规则和制度呢？

1　国际经济活动体系的展开

（1）至第二次世界大战时期的全球经济以及 GATT 体系的出现

现在从外国进口的货物或许已经成为我们生活的一部分，而很多人可能会有这样的印象：在和外国进行贸易的时候不存在规则，可以自由开展。

在 19 世纪，一个国家经常会与另一个国家签订双边通商条约，并在条约之中规定最惠国待遇和国民待遇［参照**第 2 节（1）**］，以这样的方式基于自由主义而参与通商。在那之后，为了能够筹集到第一次世界大战所需要的军费，国家开始更加积极地介入经济。第一次世界大战后的 1929 年，从美国开始爆发了全球性的经济危机（大萧条），导致各国采取包括限制进口以及提高关税等措施的贸易保护主义政策，其结果是全球贸易量的减少并形成了封闭经济圈。最终，这样的封闭经济圈演变成为帝国主义之间的军事对抗，并随后引发了第二次世界大战。

1944 年 7 月，基于对第二次世界大战的反省，美国在布雷顿森林召开了战后国际经济秩序对话会（图 10 - 1）。在本次会议上各国达成一致协议，决定基于自由贸易体系的根基，在贸易、货币以及金融等各领域构筑起国际合作的框架。为稳定货币体系以及实现外汇自由化目的提供短期融资服务的**国际货币基金组织**（IMF）和为援助战后重建以及开发活动目的的提供长期融资服务的**国际复兴开发银行**（International Bank for Reconstruction and Development，IBRD、世界银行）被作为这一国际经济框架的基础而成立。在此之后，国际复兴开发银行又与相继成立的国际金融公司（IFC，1956 年成立）、国际开发协会（IDA，1960 年成立）、国际投资争端解决中心（ICSID，1966 年成立）以及多边投资担保机构（MIGA，1998 年成立）等五大机构，一道被称为世界银行集团。

图 10 - 1　美国在布雷顿森林召开战后国际经济秩序对话会

国际社会也曾试图建立一个关于贸易的国际组织，即国际贸易组织（International Trade Organization，ITO），但由于美国国会拒绝批准该机构的成立条约，导致 ITO 最终因没有国家批准其成立条约而流产。因此，当时并没有成立一个涉及各国贸易政策的国际组织。但是，在与 ITO 成立条约一同开展磋商的关于下调关税的谈判内容《关税及贸易总协定》（GATT、《关贸总协定》）则于 1947 年获得通过并于第二年生效。日本于 1955 年加入了《关贸总协定》。这一时期确立的全球经济秩序被称为**布雷顿森林 - GATT 体系**。GATT 体系是以多边贸易机制为基础，以促进贸易自由化为目的而设立的体系，因此并没有社会主义国家参与其中。与之相对的是，苏联和东欧国家结成了以经济互助委员会（COMECON）为中心的单独经济体系。

（2）新兴独立国家提出的新主张

第二次世界大战以后，亚洲和非洲各国脱离了殖民统治，开始逐步走上国际社会舞台。这些国家在成立之初，虽然获得了与发达国家在政治上的平等地位，但是在经济层面上却处于欠发达的状态。为解决南北问题而谋求实现经济独立，这些国家或吸引外国资本到本国进行开发，或将国内的天然资源全面实行国有化。西欧各国在冷战的大环境下，为了阻止对立阵营扩大势力而对发展中国家开展了积极的援助。

然而，发展中国家逐渐意识到，当时存在的国际经济秩序是对应发达国家的经济状况、为满足发达国家的经济需求而成立的，而发展中国家在这样的国际经济秩序中只能处于从属性的地位。同时，发展中国家还意识到，当时的国际经济秩序所能够保证的基于援助而强化的资本，不足以缩减发达国家与发展中国家在经济实力上的南北差距。于是，在 1964 年于日内瓦召开的联合国贸易与发展会议（UNCTAD）上，发展中国家提出建立一个同时适用于发达国家和发展中国家的新的贸易原则的主张。这一主张的核心内容包括涉及对发展中国家生产的货物实施非相互性的普遍优惠政策，并建立一套对由于出口而导致的收入流失[①]进行补贴和融资的机制。在同一年，联合国大会通过决议，将 UNCTAD 作为一个解决南北问题的常设机构设置于联合国大会之下。

此后，1974 年联合国大会决议通过了以经济主权、国际合作以及平等为三大支柱的**《各国经济权利和义务宪章》**（联合国大会决议第 29/3281 号）。发展中国家以资源民族主义为基础的主张于 20 世纪 80 年代后期席卷了联合国——发展中国家强调民族自决权在经济层面的体现，主张对于自然财富和资源拥有永久性主权。然而，由于 20 世纪 80 年代发生的全球规模的长期经济衰退，发展中国家的贸易条件逐渐恶化并引发了累积债务危机，进一步加大了其与发达国家之间的经济差距，结果导致发达国家对于发展中国家的经济

---

① 译者注：大量独立后的殖民地国家依然保持着依托单一初级产品出口的经济结构。然而此类产品的国际价格过于低迷，导致相关国家出口越多损失越大。

拉动现象消失。加之，冷战结束后各国对计划经济体制的有效性有所质疑等诸多原因，以发展中国家为核心主张的对于建立新国际经济秩序的努力遭遇顿挫。

在这之后，针对发展中国家的开发问题的国际解决机制开始介入发展中国家的国内政策之中。关于介入问题，在 20 世纪 70 年代世界银行曾经提出过 Basic Human Needs（BHN，人类的基本需求）的概念，但是由于这一概念与发展中国家的国内经济政策有一定关联，因此在当时被很多发展中国家视为是对其内政的“干涉”。然而，20 世纪 90 年代以后，随着新自由主义的扩张与世界对于贫困问题的关注程度越来越高，针对发展中国家的开发问题的国际解决机制开始越来越多地介入发展中国家的国内政策之中。

（3）WTO 的成立

20 世纪 40 年代成立的 GATT 得到了除社会主义国家之外的多数国家的参与。GATT 的各参与国举行了多轮**回合制谈判**（多边贸易谈判），就关税下调问题展开了磋商。由此，关税壁垒及其他贸易壁垒开始逐渐降低。最终，在第二次世界大战结束之后，原本发达国家对矿工业产品平均征收的 40% 的关税在数次谈判后下调到 6%—10%。

20 世纪 90 年代，随着新自由主义在全球范围内的有力扩张，各国基于国内法对于经济的限制也在逐渐缓解。在这样的一个潮流之中开始的乌拉圭回合谈判（1986—1994 年）打破了单纯货物贸易谈判的局限，将谈判领域拓展至农业领域（《农业协定》）、服务业（《服务贸易关税总协定》，GATS）、知识产权保护（与贸易有关的知识产权协定，TRIPS）以及植物检疫（《实施卫生与植物卫生措施协定》，SPS）等对象领域，同时，还确定成立了配备争端解决制度的**世界贸易组织**（WTO）（图10－2）。由此，之前的 GATT被称为GATT1947，而构成 WTO 多边贸易协定的被称为GATT1994。

WTO 覆盖了前社会主义国家，比 GATT 更具普遍性。截至 2016 年，共有 164 个国家和地区加入了 WTO。由于参加的国家越来越多，各国之间的利害关系也变得越来越复杂，这导致 WTO 形成一致意见越来越困难。因此，近些年来在 WTO 框架之外达成的双边或多边的区域贸易协定越来越多。

马拉喀什建立世界贸易组织协定→WTO成立
- 关于货物贸易的多边协定
  - 1994年关税及贸易总协定（附件1A）
  - 农业协定
  - 实施卫生与植物卫生措施协定（SPS，附件1A）
  - 服务贸易总协定（GATS，附件1B）
  - 纺织品和服装协定
  - 技术性贸易壁垒协定（TBT）
  - 与贸易有关的投资措施协定（TRIM）
  - 关于实施1994年关税及贸易总协定第六条的协定（反倾销协定）
  - 关于实施1994年关税及贸易总协定第七条的协定（海关估价协定）
  - 装船前检验（PSI）协定
  - 原产地规则协定
  - 进口许可程序协定
  - 补贴与反补贴措施协定
  - 保障措施协定
- 服务贸易关税总协定（附件1B，GATS）
- 与贸易有关的知识产权协定（附件1C，TRIPS）
- 关于争端解决的规则与程序的谅解（附件2，DSU）
- 贸易政策审议机制（附件3，TPRM）

多边贸易协定（附件4）
- 民间航空器贸易协定
- 政府采购协议（GPA）

图 10－2　WTO 协定体系

2　货物贸易

GATT 以及之后作为 WTO 协定基础的各原则与例外如下。

（1）原则

（a）最惠国待遇原则

将提供于某一外国国民、企业或产品的待遇，同样也提供于其他国家的国民、企业或产品，称之为**最惠国待遇**。最惠国待遇是禁止对国与国之间进行区别对待的无歧视待遇原则的一个具体体现。在关税、费用、进出口规章手续以及有关在国内流通与销售的国内规则等，皆可享受最惠国待遇。这一原则的目的在于保障提供平等的竞争机会。

（b）国民待遇原则

在国内市场赋予本国国民或本国产品的权利同时也适用于外国人和外国商品，保障外国人和外国商品与本国人和本国商品在本国市场内享有同等待遇的原则称为**国民待遇**原则。这是禁止国内外歧视待遇的原则。根据这一原则，当进口某一与本国产品“相同的”产品时，不得对该进口产品给予低于本国产品的待遇。比如，曾经日本的酒税法引发的问题便是这一原则在应用上的一个例子。由于日本曾经将烧酒与伏特加、金酒（杜松子酒）以及其他蒸馏酒课以区别税率，因此被欧洲共同体（EC）、加拿大和美国以违反GATT 第 3 条为由提出申诉。为解决这一争端而设置的机构最后判断上述酒类为同种商品，而日本对伏特加所课的税率高于对烧酒所课的税率，因此认定日本违反 GATT 规则。

（c）关于关税与非关税贸易壁垒的原则

起到限制贸易效果的措施或状态，广义上被称为**贸易壁垒**。其中包括关税壁垒和非关税壁垒。进口国关于关税上限所做出的承诺被称为**关税减让**，各国在决定关税上限以后，可以在上限范围内对其他国家的产品课以关税。GATT 和 WTO 并不是禁止设定关税，而是以阶段性下调关税为目的。

非关税贸易壁垒的例子通常包括数量限制、补贴、进出口许可制度、商品规格、流通机制以及商业习惯等。GATT 中，数量限制、进出口配额和许可等均为明文禁止的非关税壁垒。除此之外的非关税壁垒的设定，需要在不超过为达成正当目的所必要的贸易限制的范围内，根据相关国际基准来设定。WTO 中涉及非关税贸易壁垒的协定［《技术性贸易壁垒协定》（TBT）、《实施卫生与植物卫生措施协定》（SPS）等］，相较于 GATT 时期的对象范围有显著的扩大。

（2）例外

WTO 体制以及其使用原则存在被认可的各种各样的例外。

（a）一般例外

GATT 第 20 条规定了一些可以一般性适用的例外（**一般例外**）。与国家主权有密切联系、基于维持国内公共秩序考量所必要的事项，可以被排除在自由贸易事项之外。比如说，GATT 中规定为保障人民、动植物的生命或健康所必需的措施［GATT 第 20 条（乙）］，为有效保护可能用竭的天然资源的有关措施［GATT 第 20 条（庚）］等十种规定情形为例外。但是在适用相关条款以采取与 GATT 规定内容不同的措施时，要求必须满足类似于必要性要件等各种各样的要件。

（b）保障措施（紧急进口限制）

所谓**保障措施**，指由于进口的激增导致某些特定国内产业有可能受到损害，或者已经受到损害时所采取的一种损害补救措施。此时，临时撤回或修正已经下调的关税，或对进口数量加以限制的措施是被允许的。由于有了这一条款，缔约国更容易接受促进贸易自由化的义务，并且这一条款还具备在贸易自由化实施以后防止保护主义出现的安全阀作用。

此外，作为对发展中国家产品的优待，GATT 也认可对发展中国家的一定程度的特殊待遇并不违反有关最惠国待遇的规定。

文本框

美国对虾和虾制品进口限制案（1998 年）

美国对未将装备避免误捕海龟装置列为捕虾业义务的国家所生产的虾与虾制品下达的进口禁令，被 WTO 上诉机构认定符合适用 GATT 第 20 条（庚）项规定。然而，由于美国采取的是单方面措施，而且在程序上不透明，所以构成了“武断的差别待遇”以及“不能认为是合理的差别待遇”，因此最终并没有被认可其正当性。

（c）反倾销关税

将本国商品以低于正常价格的低价销售至其他国家的行为被称为**倾销**。所谓正常的价格，指的是出口国的国内市场价格或者对第三国的出口价格。低于此价格时，即可被认为是倾销。倾销行为可能对进口国的国内产业产生损害。然而，由于设定价格是私有企业的行为，因此 GATT 和 WTO 无法对其进行直接规制。为此，当被认定为 WTO 体系下的倾销，在进口国受到实质性损害的时候，作为对这些不公正行为采取的对抗措施，进口国可以向倾销商品追缴不超过倾销价格差额的反倾销税。

3　服务贸易和知识产权问题

关于**服务贸易**的例子，比如使用外国网络购物、入住外国酒店等海外消费；在银行的国外分行进行金融交易、外国艺人来国内演出等均属此列。虽然相关行为在这之前就受到相互主义的规制，但是 WTO 还是在这一领域制定了新的协定（GATS）。在这一协定中，加入了允许外国服务业者进入本国市场的“市场准入”概念，以推进相关贸易的自由化程度。在服务业领域，同样规定了最惠国待遇和国民待遇原则，除此之外协定还要求签字国负有公开与服务业相关的国内法律和规章的义务（透明度）。另外，协定还列出了关于服务业贸易自由化的范围和条件附录，以供定期磋商。

在 WTO 的系列协定中，有规定了关于保护**知识产权**（专利权、商标权和著作权等）（图 10－3）的最低保护标准等内容的协定（TRIPS）。关于知识产权领域，从 19 世纪开始便以世界知识产权组织（WIPO）为核心①，制定了用于保护知识产权的国际条约并开展了相关的活动。至 20 世纪 80 年代，知识产权条约的内容主要集中在属地主义和国民待遇问题上。对此，美

① 译者注：WIPO 的前身可追溯至 19 世纪末于《保护工业产权巴黎公约》成立的国际局。该局后几经变革与扩大，最终发展成为今天的 WIPO。

国认为相关的内容不足以保护知识产权，因此强烈主张在 WTO 协定中加入有关保护知识产权的内容，并最终获得了通过。至此，以最惠国待遇原则和国民待遇原则为最低标准来处理知识产权问题成为各国义务。此外，协定还对各签字国的实施程序的最低标准进行了规定。

图 10－3　海关查处的仿冒品

海关于 2012 年查处的仿制商品和侵害知识产权的商品（东京·霞关——财务省)。(图片出处：时事)

4　争端解决程序

（1）WTO 争端解决程序的流程（图10－4）

WTO 的争端解决由争端解决机构（DSB）依照《关于争端解决的规则与程序的谅解》（DSU）来进行。当 WTO 成员不履行义务或 WTO 成员的某项措施导致某成员在 WTO 协定上的利益丧失或受到侵害时，首先要进行的是争端当事方之间的磋商。除磋商以外，还可以采用调解、调停以及仲裁等制度。若磋商经过一定时间仍无法解决争端时，起诉方可以将问题提交至 WTO 的争端解决机制。WTO 的争端解决机制是由**专家组**和**上诉机构**构成的二审制解决机制。

除非争端各方协商一致不设立专家组，否则在起诉方要求 DSB 设立专

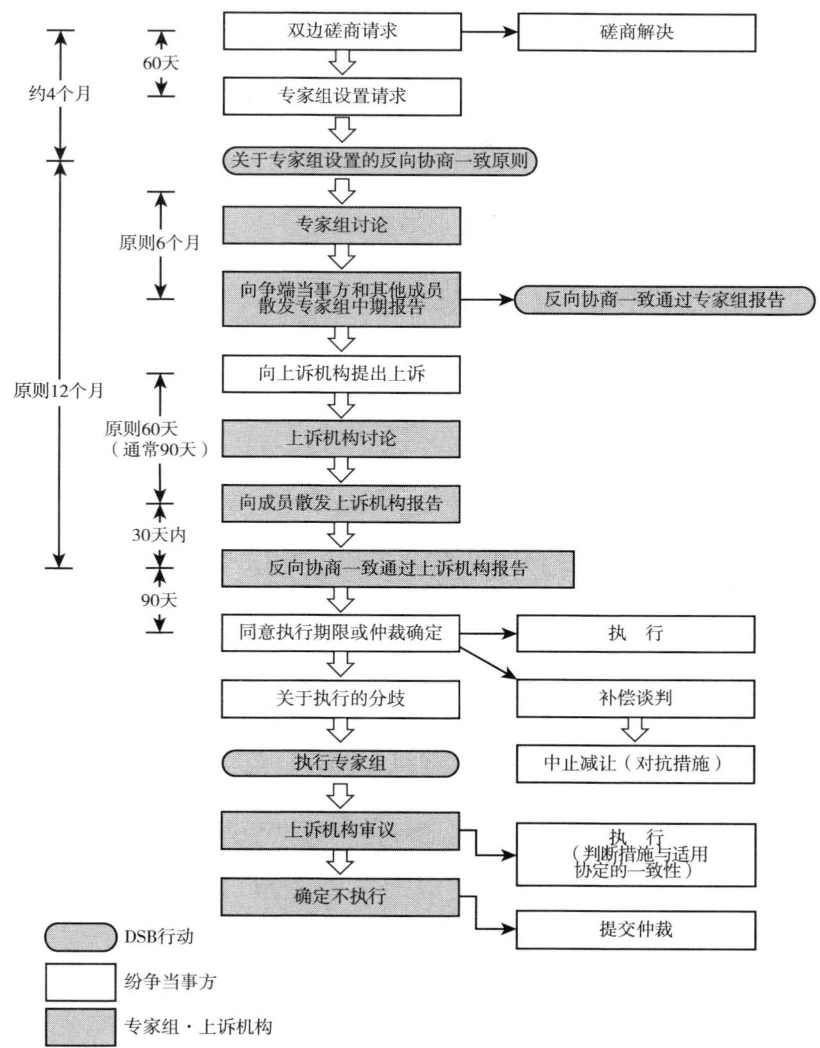

图 10－4　WTO 争端解决程序

家组的时候，DSB 必须要成立一个由三名独立任职的专家组成的专家组（**反向协商一致**）。也就是说，只要有一方赞成，就可以设立专家组。争端各当事方应各自基于书面形式或口头形式向专家组陈述己方主张的正当性。专家组基于这些材料编写专家组报告。专家组所编写的报告不仅要交付给争端当事方，还会散发给 WTO 的全体成员。

纷争当事方对专家组的判断有异议时，可以向上诉机构提出上诉。上诉机构可以对专家组的报告进行修正或直接撤销专家组报告。之后上诉机构的报告也需要交付至全体成员。从专家组的设立到最终做出专家组或上诉机构报告，大概需要耗时一年零三个月。

当这些报告获得通过时，要么被诉方遵从报告内容进行执行，要么由上诉方采取对抗措施来解决争端。但是，有时会产生关于报告书所示的措施是否已被执行的争议。此时可以将相关问题提交至执行专家组。导入这样的上诉制度使得 WTO 争端解决机制的公平性和可信赖性都得到了提升。

（2）WTO 争端解决程序的特征

为了补偿因违反 WTO 协定而造成的利益损害，基于 WTO 协定规定的争端解决程序是一个迅速而且有效的争端处理制度。在 GATT 体制下，在其他成员违反规定时，作为有效防止这种情况出现的规定，另一成员可以对违反规定的成员采取单方面的反制措施。此外，在争端解决程序中规定的程序的自动化处理和二审制也是 WTO 争端解决机制的特征。在关于专家组和上诉机构的设置以及有关报告通过的问题上，WTO 争端解决机制引入了反向协商一致。也就是说，除非达成全体一致意见不成立专家组，否则专家组一定会成立。通过上述方法，WTO 实质上自动推进程序的展开。

具备这些特征的 WTO 争端解决程序提高了机制本身的实效性。事实上，WTO 的争端解决案件数量也在不断增加。GATT 体制下处理的争端案件数量在 1948 年至 1994 年共计 314 件（平均每年 6.7 件）。与之相比，WTO 在成立之后的 20 年间（至 2015 年 12 月）共处理了 501 件纠纷（平均每年 25.1 件）。可以说 WTO 争端解决机制已获得了 WTO 成员的信赖，并有效地发挥着作用。

5　区域经济一体化和经济伙伴协定

（1）区域贸易协定

一直以来推进自由贸易的 GATT 体系下也将区域经济一体化作为最惠国待遇的一个例外加以认可。在 WTO 体系下大量出现了组建**自由贸易区**的协定或**自由贸易协定**（FTA）。较为人所熟知的自由贸易区包括欧洲自由贸易联盟（EFTA）、北美自由贸易协定（NAFTA）、南方共同市场（MERCOSUR）以及东盟自由贸易区（AFTA），等等。这些多种多样的区域自由贸易协定一般以实现区域内贸易的自由化或建立单一市场目标而缔结。此外，近来的自由贸易不仅局限于货物贸易自由化，而且还追求在金融等服务业、知识产权、投资、竞争政策以及劳动基准等诸多领域建立共同的自由贸易体系。

欧洲联盟（EU）已经实现导入共同货币——欧元，在向经济同盟转轨的同时也在追求共同外交政策和共同安全政策，不仅完成经济一体化，还缓步走向政治一体化。自由贸易协定的成立有助于扩大市场规模，促进竞争，可以使资源更有效地被分配和利用（参照**第七章第 4 节**）。

（2）日本的经济伙伴关系协定

日本的**《经济伙伴关系协定》**（EPA）也是自由贸易协定的一种。这些协定不仅局限于在特定国家与地区间降低或撤销进出口关税等贸易领域，还在放宽或撤销针对服务业的限制、整合投资环境以及保护知识产权等方面规定了两国之间的合作关系。

目前与日本签订了 EPA 的国家有新加坡（2002 年）、墨西哥（2005 年）、马来西亚（2006 年）、智利（2007 年）、泰国（2007 年）、印度尼西亚（2008 年）、文莱（2008 年）、菲律宾（2008 年）、东盟（2008 年）、瑞士（2009 年）、越南（2009 年）、印度（2011 年）、秘鲁（2012 年）、澳大利亚（2015 年）和蒙古（2016 年）（括号内为协定最初生效年）。在受到雷曼冲击导致全球经济暂时性衰退而出现贸易量减少的问题后，与没有签订 EPA 的国家相比，签订 EPA 的国家之间的贸易量恢复速度更快。

《跨太平洋伙伴关系协定》（TPP）前身为 2006 年由新加坡、新西兰、智利以及文莱四国签订的跨太平洋战略经济伙伴关系协定。2010 年 11 月，美国、澳大利亚、秘鲁和越南加入该协定。之后又召集了马来西亚、墨西哥、加拿大和日本等共计 12 国开始了新一轮磋商。这一协定将推动亚太地区在货物、服务业、投资自由化以及顺畅化方面，并在知识产权、电子交易以及环境等诸多领域建立新的规则。经过数轮磋商，各国于 2015 年 10 月达成基本的意向性协议，并于 2016 年 2 月在新西兰奥克兰进行签署（图 10 - 5）。由于协定生效需要签署国中的主要 6 个国家批准，而由于 2017 年 1 月上台的美国特朗普政府宣布退出 TPP 协定，导致 TPP 事实上面临难以生效的困局。

图 10 - 5　在 TPP 协议文本上签字的 12 国部长（2016 年 2 月）

（图片出处：时事）

以上的各种贸易协定均是在一定区域内形成，其结果是可以促进相关区域内部的贸易自由化。随着自由贸易区的扩展，可以认为这些动向最终会对全世界的贸易自由化做出贡献，并以此促进相关区域的和平与稳定。区域自由贸易协定自 GATT 时期便已存在，想要废止相关协定是不现实的。因此，WTO 体系也承认了这些区域经济一体化进程为其次级系统。

6　对国际投资的规制

（1）关于国际投资的“南北之争”

19 世纪以后，欧美各国的投资者开始对发展中地区进行大规模的投资。19 世纪的时候并不存在国际投资法的概念，特别是在拉丁美洲各国关于外国人待遇的问题都制定有相关的国内法，而国际法上针对外国人投资者遭受侵害的情况，也仅仅存在投资者母国进行的外交保护（参照**第八章**）制度而已。对于投资者的母国来说，对于投资的待遇和保护是影响本国经济的重大关切事项。因此，直到第二次世界大战结束，欧美各国都在主张投资接受国应基于文明国家的最低标准，即**国际标准主义**（文明国标准主义），给外国人提供相应的待遇。然而，从 20 世纪初开始，拉美各国和苏联等社会主义国家，以及随后出现的各新兴独立国都表示反对国际标准主义。这些国家主张，外国人居留的国家，只需保障在本国居留的外国人与本国国民享有同样待遇即足够的**国内标准主义**，以此与国际标准主义进行对抗。

两种主义的分歧，尤其在征收或国有化外国人财产问题上的分歧尖锐。所谓征收指国家机关剥夺财产权，对财产进行管理乃至对财产进行永久支配。虽然不能否认国家拥有征收外国人财产的权限，但是在习惯国际法上，这种权限应该满足以公共利益为目的，基于非歧视性原则，并且在支付相应补偿的条件下才可以行使。

关于应该遵循的补偿原则，1938 年美国国务卿赫尔提出了“**充分、及时且有效的”补偿**原则（**赫尔原则**）。根据赫尔原则，国家在征收资产时应根据资产的市场价格，在合理期限内使用在国际上可流通兑换的货币来支付补偿。不过，第二次世界大战结束之后出现了大量新兴独立国家，这些国家不仅追求政治上的独立，还追求经济的自主性。这些国家提出了“对于自然资源的永久主权”这一崭新概念，并试图通过联合国大会决议来修正关于国有化补偿的传统原则。1974 年通过的《各国经济权利和义务宪章》中规定，对于国有化之后应进行的补偿，各国应根据本国国内相关法律来支付适当的补偿；关于国有化引发的纠纷，应基于各实行国有化国家的国内法，通过其国内法院来解决。对此，西方发达国家在宪章表决时，多投出了弃权票或反对票以示抗议。在这之后，各发达国家开始利用自 20 世纪 60 年代开始签订的**双边投资条约**（BIT，也称双边投资协定）中与征收问题有关的条款来个别解决相关问题。其结果导致有关征收问题的国际法规范内容至今仍无定案。

疑似国有化（间接征收、管理征收）指的是在一定时期内通过一连串正当的规制行为，采取具有最终导致实质投资价值降低效果的措施。因为此类情况是基于国家的正当规制而发生的，因此无法判断此类受损投资是否应成为补偿对象，或者是否不需要满足关于征收的必要条件来补偿，等等。近些年的 BIT 在条款规定中常常使用与征收"相当"或与之"相等的措施"等宽泛的用词，以求适用关于征收相关原则的规定。

（2）投资纠纷的解决

考虑到投资者和投资接受国之间可能会产生投资纠纷，因此很多 BIT 中都会设置关于**投资协定仲裁**的相关规定（ISDS 条款）。因为相关纠纷的其中一方当事人不是国家，因此无法将其视为国际法上的争端，而在投资接受国的国内法院来解决相关问题也面临诸多困难。因此，根据这一规定，投资者可以对投资接受国提出仲裁请求。20 世纪 90 年代以后，利用这一规定提起的仲裁事例逐渐增多。世界银行集团下属**国际投资争端解决中心**（ICSID）、国际商会（ICC）、联合国国际贸易法委员会（UNCITRAL）等均可受理相关诉讼。后两个机构基于 1958 年《承认及执行外国仲裁裁决公约》（《纽约公约》）进行仲裁。

虽然在投资纠纷中可以利用仲裁机制，但其与通过国际法解决争端还是有所不同的。因为此类仲裁不要求程序公开，并且会根据不同纠纷基于不同组织结构来裁决，因此其一惯性并不明确。

参考文献

· 中川淳司、他:《国際経済法（第2版）》，有斐閣，2012年。
· 小林友彦、他:《WTO · FTA 法入門》，法律文化社，2016年。

第十一章 处理全球规模的环境问题

——关于环境的国际性规制

1 国际环境法的历史

人类为了创造便利和舒适的生活条件在一直不断地努力着，所以才会有今天的文明社会。不过，这一过程所造成的负面结果在今天也已经凸显。有些动植物已经因为人类的活动而灭绝，化学物质的使用导致了臭氧洞和很多由于环境污染引发的疾病。诸如此类，人类活动对地球环境造成负面影响的例子不胜枚举。

国际环境法指的是以保护环境为目的的各种各样的国际法规。然而，“环境”的概念是非常广泛而全面的，很难对其进行定义。一般来说，我们可以认为“环境”指的是人类和动植物共存的自然空间以及自然资源。国际法自 20 世纪后半叶开始关注环境问题，与其他国际法领域相比，这一领域的国际法历史较短。

国际社会在 20 世纪后半叶，为了协调单一国家无法单独对应的环境破坏或跨越国家管辖的地区而对临近地区造成影响的环境问题，开始进行法律框架的建设。同一时期，随着工业和科学技术的进步而导致的地球环境问题则越发的严重。为此，国际环境法逐渐就预防环境破坏义务（预防义务）为核心形成一致认识。接下来就看一下这方面的历史变迁。

（1）第二次世界大战之前

一般地，从国际法上来说，国家除受条约等特别限制情况以外，可以为任何目的使用本国的领域，而且也有决定如何使用本国领域的自由。但是，这种自由并不是无限制的自由，它的条件是一国在使用本国的领域时需要确保不损害其他国家的权利。即便国家允许个人使用其领域，该个人的行为也要受到这个条件的约束。这一原则被称为**领域使用的管理责任**。1941 年美国诉加拿大的**特雷尔冶炼厂仲裁案**（图 11 －1）的最终裁决中明示了这一规则。

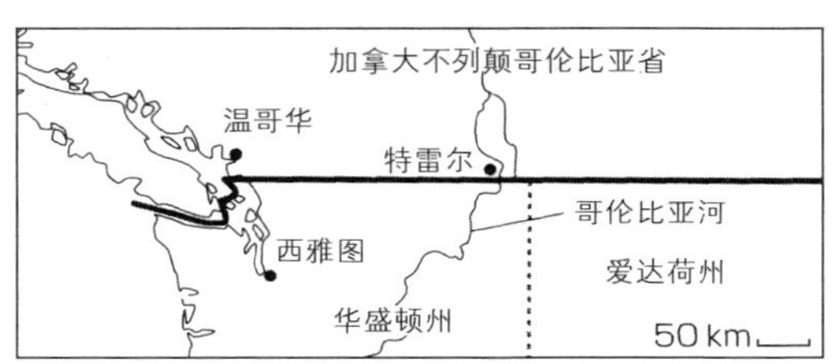

图 11 －1　特雷尔冶炼厂仲裁案（1941 年）

加拿大特雷尔冶炼厂的煤烟顺着山谷飘向美国华盛顿州并影响到了当地农作物的生长。仲裁法庭认为负责运营冶炼厂的加拿大对冶炼厂管理不善，因此认定其负有领域使用的管理责任，要求加拿大采取措施防止损害发生。

（2）伴随人类活动扩大化的变化

到 20 世纪 70 年代，人类的活动范围已经极为广阔，同时，对自然界的影响也越来越大。加之，货柜船的大量运输和太空活动等，为人类生活的利益而伴随着危险的活动也越来越多。国际法无法禁止这样的活动。然而，万一发生事故造成损害时，只靠传统的国际法规范来对应解决又稍显困难。此外，受到事故影响的国家很难举证证明导致事故发生的国家没有尽到妥善的注意义务。因此，条约对于此类具有潜在危险性的活动规定了一种**无过失责任**（即便某一行为的相关国家并非故意也无过失，但是依然需要对该行为承担责任的理念）。

1972 年在斯德哥尔摩召开的**联合国人类环境会议**（图 11 －2）中，环境问题成为全球规模的共同课题。各国意识到有必要为今后世代利益加以考虑。因此，在此次会议最后通过的**《人类环境宣言》**中，既确认了领域使用的管理责任，又提出了**可持续性发展**的口号。在这次会议之后，联合国设立了一个联合国大会的辅助机构以处理全球环境问题，这便是**联合国环境规划署**（UNEP）。

图 11－2 斯德哥尔摩联合国人类环境会议（1972 年）

（图片出处：时事通信图片）

（3）转向全球规模的应对

随着 20 世纪 80 年代之后环境破坏的规模扩大，人们逐渐意识到环境问题造成的影响是全球规模的。比如，臭氧层的破坏和全球变暖问题。为了应对这些问题，国际社会在不同领域分别签署了大量的多边条约。1992 年，在里约热内卢召开的**联合国环境与发展会议**（又称地球峰会，简称 UNCED）上（图 11－3）通过了关于环境和发展的里约热内卢宣言（里约宣言）。里约宣言就可持续性发展的实施问题规定了一些主要的原则，包括**世代间公平原则**、**共同但有区别的责任原则**以及**风险预防原则**，等等［**第 2 节（2）**］。此外，同一时期很多有关环境的争端被提交到国际法院（ICJ）、联合国海洋法法庭（ITLOS）、世界贸易组织（WTO）等争端解决机构。这些机构对相关问题做出的判决或裁决，对国际环境法的发展产生了重大影响。2002 年通过的《约翰内斯堡宣言》再一次强调了可持续性发展的重要。

2 国际环境规制的特征

国际法的存在形态主要有条约和习惯国际法（参照**第二章**）。至于国际

图 11－3　地球峰会（1992 年）

（图片出处：平成 5 年《环境白皮书》）

环境法，国际组织的决议以及环境条约所设置的条约机构、缔约国会议（COP）的决定等，都对法规范起到了一定的形成效果。这些会议的决议或决定发挥着充实和明确环境条约中的详细规则和具体内容的作用。这样的做法是考虑到灵活对应科学发展、科学知识的进步以及经济状况的变化的必要，具有同时可以依据条约以外的各种决议内容的优点。因为条约本身的磋商过程非常耗费时间，而且调整各国的利害关系又非常的困难和复杂，因此有时候相对宽松的原则更容易发挥作用。环境管理方面，具有以下的原则和特征。

（1）条约的形式

地球环境问题的因果关系非常复杂，而且时常伴随着科学上的不确定性。因为结果的不确定性，或者因为无法证明因果关系，所以可能导致达成条约的时间一拖再拖，最终会导致环境的进一步恶化。同时，想要快速规定具体的国家义务，以及在不同背景的国家之间达成协议也是非常困难的事情。因此，很多环境条约都采取了**框架条约**的形式。即，条约会先就全体目标、各国的合作义务、设置条约机构等大体上的内容达成协议进行签署，在此之后会由缔约国继续反复探讨更加具体和详细的国家义务，而这些国家义务会以条约的附件或附加议定书的形式被确立下来。

（2）国家关于环境的义务和法律原则

（a）妥善注意义务

妥善注意义务是基于前文所说的领域使用的管理责任［**第 1 节（1）**］推导而来的国家义务。由于个人行为而导致的对外国造成的损害问题，国家不应担负责任。然而，如果国家在损害发生之前没有采取必要的预防措施，或者在事后没有对相关行为人采取控制措施，那么就可以认为国家没有对相关损害加以妥善注意，这就构成了义务违反。

（b）跨境环境破坏防止义务

领域使用的管理责任在人类环境宣言原则 21 中成为确保不对国家管辖范围以外的环境造成破坏的义务。这一规则不仅涉及对于领域的使用，还要求国家控制（control）的活动不能对别国或者全球公域的环境造成影响。1996 年，ICJ 在其发布的国际法院关于以核武器进行威胁或使用核武器的合法性的咨询意见中，明确将基于领域使用的管理责任而产生的跨境环境破坏防止义务认定为国家的一般义务。这一义务为妥善注意义务的一种。

（c）事先通报·协调义务

在国家准备开展某一项有可能对别国环境产生影响的计划前，应尽到事先向利害相关国家进行活动通报和与之进行协商的义务。然而，这并不意味着开展某项计划必须要征得利害相关国家的同意。这一原则是拉努湖仲裁案（1957 年）裁决所示原则。此外，有的条约也规定国家在出现紧急情时况应负有通报义务。《里约宣言》原则 18 也确认了当发生对别国有重大影响的紧急事态时，国家负有立即向该国通报的义务。

（d）环境影响评估

在决定许可、计划和实施某一项计划活动之前，在有合理原因认为其可能对环境造成影响时，要针对该影响进行评估的程序。之后应根据评估的结果对相关事业计划进行考量与判断。这一程序最早为一项国内程序，之后被导入国际法之中。环境影响评估在《北欧环境保护公约》（1974 年）、《联合国气候变化框架公约》（1992 年）、《生物多样性公约》（1992 年）之中均有明文规定。同时，《里约宣言》原则 17 也提及了环境影响评估的必要性。

(e) 可持续性发展原则

这一原则的意思是对于自然资源的开发和利用有必要在满足未来世代需求的前提下，在不妨碍未来世代的开发和利用能力的范围内，进行满足本世代的需求的开发和利用。作为整合环境保护和经济发展的一个概念，可持续性发展原则作为一项超越南北问题［参照**第十章第 1 节（2）**］的原则而被提倡。虽然可持续性发展原则被写入了《里约宣言》原则 4，但是，关于实现这一原则所必要的内容和适用基准的规定却十分暧昧，各国可以自己裁量和判断为达成这一原则所必须采取的措施。

(f) 共同但有区别的责任原则

这一原则的意思是，虽然保护地球环境是所有国家的共同责任，但是各国与造成环境问题的原因的关联性以及解决环境问题所必须的财力和能力是有差异的，所以每个国家应在其能力范围之内担负不同责任。基于这一原则，可以认为发达国家相较于发展中国家担负着更加重大的责任。比如在削减对臭氧层有害物质的问题上发展中国家被认可暂缓履行义务，而在削减温室气体排放问题上也达成了只对发达国家设定了目标排放量的条约规定。此外，这一原则通过《里约宣言》原则 7 被确认。近来，批评这一原则的适用过于僵硬的声音越来越大，现在有意见要求所有国家都必须参与到环境保护的行动中来。

(g) 世代间的公平原则

公平原则不仅要适用于发达国家与发展中国家之间，还需要考虑到现在世代与将来世代之间的公平。现在世代的人们应当脱离时间的限制，顾及未来世代可以享受的条件和资源问题来保护现在的环境。

(h) 风险预防原则・预防性措施

环境问题时常出现科学认知上的不确定性以及推测结果的不确定性。然而，因为不确定性而不采取行动常常造成无可挽回的结果。因此，即便科学无法证明某种原因与最终损害之间的因果关系时要防患于未然，风险预防原则要求所有国家针对可能出现的情况采取一定的措施。此外，要求国家将这一原则体现在政策目标上时，预防原则也可以称为预防性措施（precautionary approach）。这一原则在《里约宣言》原则 15 中有明确规定。

在这一原则之外，还有一种在程序上要求开展具有潜在风险活动的行为人负有证明其行为不会对环境造成破坏或恶劣影响的举证义务的主张，即**举证责任倒置**主张。在原本的传统国际法规则中，权利关系在发生和变更时，主张权利的一方须负有证明相关要件的义务。如果这一举证责任倒置原则被引入国际法，那么可以说是对传统国际法做出的重大变更。

（3）如何履行国际环境条约中的义务

国际社会不是一个中央集权化的社会，而是分权的社会。因此，即便是被认定违反了国际法，对其进行制裁的制度也并不像国内法的相关制度那般完整。在国际法体系当中，一般对于违反国际义务的情况，会适用要求对受害国进行补偿，同时对责任国进行追究的国家责任制度（参照**第二章第 4 节**）来处理。在国际环境法领域也是同样的。之前所说的特雷尔冶炼厂仲裁案中涉及的两国间跨境环境污染问题便是基于国家责任制度进行的处理。

然而，由于环境问题本身的一些特质，国家责任制度有时无法充分发挥功能。比如说，在某些多重行为或原因同时导致的某种环境灾害发生时，被害国很难科学证实其中的因果关系。更不用说如果是全球环境问题，被害国基本不可能证实具体作为发生源的某一个国家的某一种原因物质导致了相应的环境损害（图 11-4）。相对于恢复个别国家的个别利益，涉及地球环境保护的争端的目的往往是保护国际社会的一般利益。

在环境条约中（表 11-1），常常要求缔约国对本国管辖下开展的个人活动也要实施有效的监督和管理。不过，对于其他国家来说，想要举证证明相关国家对于某一些原因行为未予妥善、充分注意是非常困难的。此外，利用国家责任制度追究义务违反责任，即便可以得到与环境破坏程度相应的金钱赔偿，也不能够保障环境绝对不受破坏。

图 11－4　中国北京的大气污染状况（2015 年）

大气污染常常无法辨别是发生于本国的污染还是外来污染。（图片出处：中国新闻社）

因此，为了能够让环境条约的缔约国遵守条约的规定，环境条约当中常常会规定：①国家报告制度；②不遵守程序。国家报告制度是指，缔约国应向条约机构报告本国为实施条约而采取的国内措施，并经由缔约国会议进行审议和讨论的制度。这一制度使缔约国的条约实施状况得以广泛公开，以此借助国际舆论的压力来达到敦促缔约国遵守条约的目的。

不遵守程序，指在缔约国不遵守环境条约所规定的义务时，任何一个缔约国或者不遵守环境条约规定的缔约国本身，都可以向条约机构的秘书处或执行委员会申告。在根据这项程序进行申告时，不要求申告国必须是由不遵守条约的行为造成的被害国。在受理申告以后，缔约国会议以及条约机构会对那些努力忠实履行条约规定但是仍然无法达到条约要求的不遵守国，根据条约的规定决定提供资金援助以及技术转让。但是，对于那些不忠实履行条约规定的不遵守国，可以采取中止其在条约上的权利等制裁措施。

国际环境条约一般具备越多国家参与便越能达成条约目的的普遍性需

求，因此条约中多会设置一些促进国家加入条约的内容。比如通过条约设置的基金提供资金的机制，以及特别针对发展中国家设置的促进技术转让的机制，等等。此外，有的条约有时也会设立禁止或限制缔约国与非缔约国进行管制物质贸易的规定。

3 各种环境条约的概要

（1）大气层环境的保护

目前规定在全球范围内保护大气层的条约有《保护臭氧层维也纳公约》和《联合国气候变化框架公约》。两个公约都是规定了共同但有区别的责任原则以及预防性措施的框架公约。《保护臭氧层维也纳公约》限制损害臭氧层的氟利昂类的使用；《联合国气候变化框架公约》则根据其后签订的各个议定书控制温室气体（二氧化碳等）的排放量。但是在对于这些对大气层有害气体的排放控制方面，发达国家的义务是被特别强调的。现在对于发展中国家也规定了限制排放的义务，但是在缔约国会议上（COP）针对这一问题的交锋依然很激烈。在 2015 年召开的《联合国气候变化框架公约》第 21 次缔约国会议上，通过了一个新的法律框架——《巴黎协定》。《巴黎协定》将缔约国的共同目标设定在未来将全球温度控制在较工业革命时标准上升 2 摄氏度以内，并设定了包括温室气体主要排放国在内的所有国家的排放削减目标，并规定各国应将这一目标设定为国内政策（表 11 -1）。

表 11 -1 环境条约一览

条约	通过・生效年	日本生效年	缔约国数	概要
国际干预公海油污事故公约	1969 年・1975 年	1975 年	89	为控制因船舶事故而发生的油污损害，沿海国有权介入公海上的外国船舶事故
拉姆萨尔公约	1971 年・1975 年	1980 年	168	保护水鸟栖息的重要国际湿地义务

续表

条约	通过・生效年	日本生效年	缔约国数	概要
防止倾倒废物及其他物质污染海洋的公约（伦敦公约）	1972年・1975年・1993年改订・1994年	1980年	88	对由于倾倒废弃物引发的海洋污染进行管理。禁止倾倒汞、镉以及放射性废弃物。倾倒其他废弃物需要得到特别许可
伦敦公约1996年议定书	1996年・2006年	2007年	47	强化伦敦公约的防治措施，原则上禁止海上倾倒和海上焚烧
国际防止船舶造成污染公约（MARPOL公约）	1978年・1983年	1983年	88—155（根据附件，数量有差异）	为防止伴随船舶航行或事故引发的海上污染，禁止排放规定物质，以及建立通报制度。后经修订改正
华盛顿公约（CITES）	1973年・1975年	1980年	182+EU	关于野生动植物物种的国际贸易，通过国际合作保护濒危野生动植物
保护臭氧层维也纳公约	1985年・1988年	1988年	196+EU	为保护可以吸收对生物有害的紫外线的臭氧层设立以国际合作为基本框架的条约
关于消耗臭氧层物质的蒙特利尔议定书	1987年・1989年	1988年	196+EU	管制破坏臭氧层物质的排放和交易。数次追加管制物质和措施
控制危险废物越境转移及其处置巴塞尔公约（巴塞尔公约）	1989年・1992年	1993年	185+EU	要求有害废弃物进出口时需要进口国的书面同意。设定对非法交易废弃物的处罚措施、确保抑制国内废弃物发生以及适当处分
巴塞尔公约修订（BAN修订）	1995年・未生效	未生效	93+EU	规定OECD成员国全面禁止向发展中国家出口有害废弃物以及跨境转移

续表

条约	通过・生效年	日本生效年	缔约国数	概要
巴塞尔公约责任和赔偿问题议定书	1999 年・未生效	未生效	11	废弃物完成转交以前的出口者、完成转交以后的处理者承担无过失责任
关于环境保护的南极条约议定书	1991 年・1998 年	1998 年	37	以保护南极环境和生态系统为目的,全面禁止除科学研究以外的一切有关矿物资源的活动,规定实施环境影响评估
联合国气候变化框架公约	1992 年・1994 年	1994 年	196 + EU	以降低和控制大气中的温室气体浓度为目的,设立防止全球变暖不良影响的法律框架
京都议定书	1997 年・2005 年	2005 年	191 + EU	发达国家设定具有法律拘束力的减排目标;设立达成目标的机制
巴黎协定	2015 年・2016 年	2016 年	176	把全球平均气温升幅控制在工业化前水平以上低于 2℃之内,并努力将气温升幅限制在工业化前水平以上 1.5℃之内
生物多样性公约	1992 年・1993 年	1993 年	195 + EU	保护生物的多样性,并促进对其进行可持续性利用,同时公平公正地分配遗传资源
卡塔赫纳议定书	2000 年・2003 年	2003 年	170 + EU	规定了防止转基因生物对生物多样性造成不良影响相关措施
名古屋 – 吉隆坡补充议定书	2010 年・2018 年	2012 年签字	41	卡塔赫纳议定书的补充内容,对因转基因物种引发的对于生态体系的不良影响,特定引起损害的事业者承担恢复原样的义务

续表

条约	通过・生效年	日本生效年	缔约国数	概要
关于获取遗传资源和公正和公平分享其利用所产生惠益的名古屋议定书	2010 年・2014 年	2017 年	105	利用遗传资源时，须经提供国事前同意，并根据协议规定的条件公正地分配利益
联合国关于在发生严重干旱和/或荒漠化的国家特别是在非洲防治沙漠化的公约	1994 年・1996 年	1998 年	197	在防止沙漠化的同时缓解干旱的影响，制定防止沙漠化行动计划程序以及规定实施调整机制。不同地域有针对性实施附件
关于在国际贸易中对某些危险化学品和农药采用事先知情同意程序的鹿特丹公约	1998 年・2004 年	2004 年	160	建立制度化有害化学物质及杀虫剂信息交换工作，在进出口许可问题上导入基于事先获取的信息判定同意与否的制度
关于持久性有机污染物的斯德哥尔摩公约	2001 年・2004 年	2002 年	182	规定二噁英、PCB、DDT 等 18 种持久性有机污染物质的制造、适用、进出口禁止、限制以及适当管理的规定
关于汞的水俣公约	2013 年・2018 年	2018 年	91	管制汞的生产，规定跨国贸易时需要进口国书面同意进口

（缔约国数截至 2018 年 4 月）

（2）野生动植物的保护和维持生物多样性

对于野生动植物进行保护的问题，从 20 世纪 40 年代起便开始相关条约的制定工作，可以说是环境条约的先驱者。这些条约最早是保护对人类商业活动有价值的动物（海豹和鸟类等）。在那之后，又制定了保护作为水鸟栖息地的湿地的拉姆塞尔公约（1971 年）（图 11 – 5）以及控制濒危动植物国际贸易的华盛顿公约。这些公约对特定动植物的贸易做出禁止规定，以及对水鸟栖息的湖泊沼泽等做了保护规定。

图 11 – 5　日本根据拉姆塞尔条约制定的湖水地图

（图片出处：环境省网站）

1992 年召开的联合国环境发展会议通过了《生物多样性公约》。现在由于人类活动导致地球上的生物多样性正在逐渐丧失，多种动植物已经处于濒临灭绝的险境之中。这一公约的主要任务便是保护生物的多样性，并促进对其进行可持续性利用，同时还以公平公正分配遗传资源（根据具有遗传功能利用价值的生物得来的材料）为公约目的。

在特别涉及发展中国家的相关问题上，发展中国家难以获取遗传资源是最大的问题。伴随生物科技的发展对遗传资源的利用越来越活跃。利用遗传资源得到的成果和利益对于那些面临经济困难的发展中国家具有很大的吸引力。对此，在《名古屋议定书》（2010 年）中规定了一系列的措施，以保证缔约国可以在公平公正的条件下优先获取相关资源。现实中，资源获取需要基于相关国家之间通过个别交涉达成协议的条件来开展。

由于生物科技的发展，人类可以孕育出很多转基因生物（genetically modified organism：GMO）。在这一领域，2000 年制定的《卡塔赫纳议定书》中主要基于预防性措施的立场，对缔约国之间有关相关物种的跨境转移的管制措施进行了规定。根据这一议定书，缔约国在跨境转移转基因生物时有义务遵从**提前知情同意程序**（Advanced Informed Agreement：AIA）。

（3）化学物质、有害废弃物的跨境转移

废弃物的进出口问题在 20 世纪 80 年代开始最先发生在发达国家之间。然而，在那之后发达国家大量产生有害废弃物，导致处理费用上调以及发生超过处理能力极限的问题。因此，发达国家开始将废弃物出口到发展中国家。担忧环境恶化的发展中国家对此主张禁止废弃物的跨境转移，而发达国家则主张对于那些与发达国家之间进行的具有经济价值的可回收利用物的交易不应受限。

《控制危险废物越境转移及其处置巴塞尔公约》（《巴塞尔公约》，1989 年）中规定，是否接受废弃物入境是各国的主权权利（图 11－6）。禁止废弃物入境的缔约国通过公约秘书处向其他缔约国进行通报。禁止缔约国同意向禁止进口有害废弃物的国家出口有害废弃物。此外，公约还禁止缔约国与非缔约国进行废弃物交易。在进行有害废弃物的进出口贸易时，要遵从公约规定的**事先知情同意程序**（Prior Informed Consent：PIC）和相关规则。

现在越来越多的发展中国家已经开始对有害化学物质以及杀虫剂的制造、使用和进口等完善国内相关管理制度，采取管制措施。但是很多在发达国家被禁止使用的物质在发展中国家依然被广泛使用着。并且由于其使用方法并不妥当，因此极易引发环境污染和损害健康等问题。国际社会针对这些作为国际贸易对象的特定有害化学物质制定了规定**事先知情同意程序**的《鹿特丹

图 11－6 有害废弃物管制

在日本运往菲律宾的集装箱内发现了医疗废弃物。根据巴塞尔公约在焚烧处理被返还的垃圾前对垃圾进行检查的警察。(2000 年)（图片出处：时事）

公约》(《PIC 公约》)，该公约于 1998 年获得通过。公约构建了一套缔约国之间的信息共享以及在出口化学物质时应尊重进口国方面意思的制度。

对于残留性很高的 PCB、DDT、二噁英等 POPs（Persistent Organic Pollutants，持久性有机污染物），非常有必要通过国际协作的方式来彻底消除或削减。为此，国际社会于 2002 年制定了《关于持久性有机污染物的斯德哥尔摩公约》。公约规定对 POPs 的制造和使用进行一般性禁止或适当的管理等。

《关于汞的水俣公约》规定，为降低汞对人的健康所造成的威胁，全面管制汞的生产、使用以及向环境的排放和废弃等。该公约于 2013 年在熊本市以及水俣市分别召开了公约审议和署名的外交会议，共有 92 国在公约上签字。为了将日本水俣病的教训传达给全世界，实现公约的尽早签字，特别是为了能促进发展中国家批准，公约规定了资金援助以及技术支援等内容。

（4）海洋环境、南极地区

海洋环境污染的原因多发生于陆地（领土）。《联合国海洋法公约》（参照**第六章**）规定了各国有义务防止本国成为海洋污染的发生源。然而，由于这属于各国领域内事项，因此国际性管制目前还未奏效。

至于说起船舶引发的海洋污染，比较引人注目的是进行海上运输的油轮等发生的事故所引起的污染。国际社会为此专门制定了条约。海上主要由船舶的登记国（船旗国）来行使管辖权［船旗国主义，参照**第三章第 3 节（3）**］。然而，只靠船旗国主义对于保护海洋环境的作用是有限的，因此条约规定靠港国和沿海国也都要应对海洋污染问题。

关于船舶引发的污染问题，1973 年制定了《国际防止船舶造成污染公约》（MARPOL 公约）以及对其进行修正和追加的议定书（MARPOL 议定书）。为了减少船舶造成的污染，公约设定了排放基准以及船只结构标准，还设定了禁止排放区域。对于相关行为的监管问题，原则上依旧遵从船旗国主义，但是在必要的时候沿海国进行补充管辖。

海上倾倒指为处理废弃物或船只等故意将其遗弃在海洋中的行为。早先根据废弃物的毒性而将其分为禁止倾倒和事先获得特别许可后可以倾倒的两类废弃物（1972 年《伦敦公约》）。之后通过的公约议定书（1996 年）采用了原则上全面禁止倾倒但是保留反向清单的方式。即原则上一般性禁止向海洋倾倒废弃物，但列举了可以例外倾倒的内容。不过，海上焚烧被一般性禁止并严加管制。

关于南极地区［参照第五章第三节（3）］的环境保护（图 11－7）问题，1991 年制定了《关于环境保护的南极条约议定书》。根据这一议定书，成立了环境保护委员会，并赋予其向缔约国提出建言的机能。议定书中规定，对于南极的矿产资源，除了用作科学研究以外，全面禁止其他目的的活动。此外，对于缔约国的活动，需要缔约国自行实施环境影响评估。在发现环境紧急事态时，发现事态的国家需要对其进行处理。

4　国际环境法今后的课题

环境问题最初被看作国内问题，由国内法和国内措施进行处理。在那之后，随着科技实力的逐步发展，人类活动对环境的影响越来越大，结果导致

图 11－7　南极堆积成山的垃圾

日本在五年以内（1998—2002 年）运回昭和基地附近超过 800 吨的垃圾。（图片出处：AFP＝时事）

一国内部的环境问题逐渐开始影响到邻近国家，甚至影响到全球公域，这才促使国际环境法的出现和发展。由此建立了一套敦促各国遵守与原本国际法原则不同的原则以及法规范的制度。比如，考虑到发展中国家的需求而加入的很多新的原则，以及为促进各国踊跃加入而制定的制度。此外，现代社会对于跨世代共享环境的意识越来越强，这种超越了“眼前”的意识越来越要求对环境问题采取预防性措施。

不过，这些法律规范虽然反映了大家普遍要求又照顾到发展中国家需要的，也会降低人类活动对地球环境造成的负面影响，但是可以说这种影响不会完全消失。所以，今后国际环境法会向哪个方向发展以及如何发展，是需要继续关注的一个问题。

参考文献

· 松井芳郎：《国際環境法の基本原則》，東信堂，2010 年。
· 西井正弘、臼杵知史編《テキスト国際環境法》，有信堂高文社，2011 年。
· 交告尚史：《環境法入門（第 3 版）》，有斐閣，2015 年。

第十二章　不用战斗解决问题

——争端的和平解决

1　所谓国际争端的和平解决

（1）通过国际法解决争端的意义

在任何社会中，如果所有的成员都基于自己的利益行动，那么就无可避免地会和其他采取同样行动的成员发生利益冲突。在国际社会中也是一样的，比如说一个国家主张对一个岛屿的主权，而另一个国家也认为该岛屿是自己的领土的话，那么这两个国家之间就会出现对抗。如果我们不能寄希望于一个社会完全不存在争端的话，那么合理的做法应该是试着去建立一定的行为规则，在避免争端出现的同时，建立起一套争端产生时用以解决的规则。

国际法便是这样的一种规则。国际法能够作为解决当事方之间争端的一种手段，也是以这样的现实考量为基础的。在一开始的时候，所谓争端一般可以认为像是“**由于两个当事方对于某一个法律或事实的认知不一致而产生的法律见解上或利益上的冲突**”［希腊诉英国马弗罗玛提斯巴勒斯坦特许权案常设国际法院（PCIJ）1924 年判决］那样，定义的范围极其宽泛。因此，单纯依靠国际法这种规则不足以解决争端，还需要针对争端的内容和性质，以互相能够体谅对方利益所在的方式来分配利益之外，基于公平和政治性的考量，包括将伦理和道德规范等法律以外的规则，作为解决争端、达成

政治性协议的手段。（参照第 2 节以及第 3 节）

不过，相较于其他规则来说，国际法不仅提出了客观的依据，还具备有法律拘束力的特征，因此对于违反国际法的行为，可以追究其相关的法律责任。也就是说，只要能够遵守国际法，那么以国际法为依据来解决争端的手段就比其他手段有更加稳定的效果。

（2）使用武力的违法化与和平解决争端义务

直到 20 世纪初，国际社会都没有将使用武力视为违法行为，在无法用和平手段解决争端时，允许国家以战争等手段依靠本国的力量获得自己的权利。因此当时的国际法也并没有将和平解决争端视为国家义务。于 1899 年通过并于 1907 年修订的《和平解决国际争端公约》只是将争端的和平解决设定为努力目标。之后 1919 年的《国际联盟盟约》也没有将作为争端最后解决手段的开战行为排除在国家权力之外。

但是，1928 年的《非战公约》和作为第二次世界大战的一项结果而确立的 1945 年《联合国宪章》中，都将战争以及使用武力原则上视作国际法上的违法行为（**战争、使用武力违法化、不使用武力原则**）。随之而来的是要求各国承担起使用战争和武力以外的手段来和平解决争端的义务。

也就是说，只要能够和平解决争端（**和平解决争端义务**），为达到这样的义务各国可以自由选择解决手段（**争端解决手段的选择自由**）。关于这些规则，在《联合国宪章》第 2 条第 3 项以及第 33 条中都有具体规定。之后通过 1970 年《友好关系原则宣言》（《国际法原则宣言》）以及 1982 年《和平解决国际争端宣言》（《马尼拉宣言》）等联合国大会决议，和平解决争端义务被正式确立。

至此，和平解决争端义务与不使用武力原则作为表里一体的国际法基本规范而成立，并适用于各国之间。

（3）争端的性质和解决方式的关系

如果我们观察国际争端的发生原因以及局势恶化的过程，我们会发现这些争端不仅停留于法律层面，同时还有政治性、经济性、历史性以及宗教性等其他多种多样层面的特性（图 12－1）。也就是说，争端并不是单纯对应着一个一个的法律争端或政治争端等而可以分别独立存在（**混合争端论**）。因此，想要彻底解决争端，就需要对应争端的每个不同侧面的性质寻求最适当的解决方式。比如说领土归属的问题，如果从法律层面来看的话，我们可以将适用法律依据作为解决此类争端的方式，但是如果是基于历史认知的观点的话，就需要促进争端当事双方就历史认知问题展开对话，并最终达成各方都可以接受的结论。

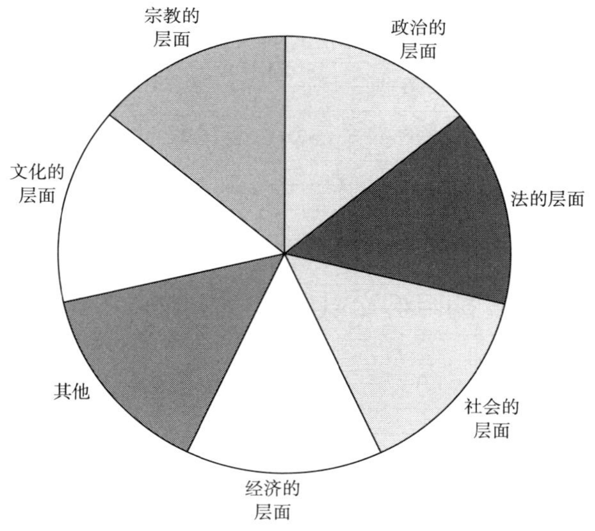

图 12－1 争端的多重侧面

依照国际法能够解决的是法律层面的争端。

为此，围绕争端的性质和解决方式的关系，现在已经发展出了对应争端的特定侧面性质制定特别解决方式的制度。就像《联合国宪章》第 33 条规定的那样，争端解决方式包括**谈判**（交涉）、**调查**、**调停**（居中调停、mediation）[①]、**和解**（调解、conciliation）[②]、**公断**（仲裁）、**司法解决**、**区域机关或区域办法**

① 译者注：日语原文中为“中介”。

② 译者注：日语原文中为“调停”。

之利用，或各国选择之其他和平方法，并认可争端当事者自行选择和平解决争端的方式。

从国际法的角度上来说，使用国际法来解决争端一般可以利用的方式大致分为：①诉讼方式；②非诉讼方式。前者包括公断（仲裁）和司法解决，后者包括谈判（交涉）、调查、调停（居中调停、mediation）、和解（调解、conciliation）。两种方式主要依照最终解决方案是否具有法律拘束力的标准来判断。

此外，从传统争端概念上来说，可以将争端分为：①当事者在符合诉讼程序的争端中的有关国际法上的权利义务关系纠纷的**法律争端**；②在非诉讼程序中的除此之外的**非法律争端**。然而，如果从混合争端论的观点来看，法律争端也只不过是争端全体中涉及国际法上的权利义务关系的一部分而已。接下来，我们就以国家间产生的争端解决手段为中心展开说明。

2 国际诉讼以外的争端解决方式

（1）谈判（交涉）

争端发生后，各争端当事国负责外交关系的政府部门（通常是外交部或外务省），会通过外交途径互相联络进行直接对话（图 12 -2）。这种**谈判**（交涉）的方式，事实上促进着争端当事方在各个领域中的依存关系，比如在经济问题上的经济部门、在金融问题上的金融部门之间，相关的各部门之间会首先进行协商。虽然不能否认在协商无效的情况下各方会选择诉诸国际诉讼方式等其他方式来解决问题，但至少通过谈判（交涉）的方式，争端当事者之间会首先明确问题的争议点。虽然谈判（交涉）的过程和结果非常容易体现当事者之间政治上和经济上的实力对比，而且关于其是否具备独立的争端解决机制地位还存有很大的争议，但是如果遵循从选择争端解决方式到争端的最终解决都需要当事者各方之间达成协议的事实来看，就不能否认当事者之间的谈判（交涉）既是解决争端的起点，又是解决争端的终点。

图 12－2　国家间谈判

围绕伊朗核问题，2014 年 7 月在维也纳举行的美国国务卿克里和伊朗外交部长扎里夫出席的双边磋商。（图片出处：Alamy/PPS 通信社）

在诉讼判决时，诉讼机构也会通过下达要求当事者为解决争端而善意谈判（交涉）的“交涉命令判决”等，以诉讼和谈判相结合的方式来解决争端。这种方式虽然没有直接要求达成解决问题的效果，但是却显示出谈判（交涉）对于解决争端具有极为重要的意义。

（2）调查

为避免事实不清妨碍争端解决，当事者之间可以通过协商成立一个调查争端事实的机构，这一制度即为**调查**制度。1899 年和平解决国际争端公约所设立的这一制度，在多格滩事件（1904 年）以及红十字军号事件（1961 年）中均被使用。这种由独立个人委员组成的机构虽然可以被寄予厚望做出中立的判断，但是无法被广泛适用。调查机构的权限虽然被限定于事实认定方面，但是在实际中也常常会被要求不仅认定事实，还要做出法律评价，在这样的情况下相对于调查来说，不如选择和解（conciliation）的形式来处理。

（3）调停（居中调停、mediation）

所谓**调停**，指的是除争端当事方之外的第三方，为争端当事方达成讲和提供必要的支援的方法。当第三方的介入程度较弱时，可以称之为**斡旋**，但是斡旋与调停之间的差别并不明显。如果一定要对二者加以区别的话，如果第三方单纯只为当事者提供联络手段或谈判所必要的设施的话，那么可以称为斡旋（如日俄战争后在 1905 年缔结《朴次茅斯条约》时的美国等），而如果第三方的介入程度不仅于此，而是针对争端本身提供和协调各种各样的意见，提出具体的解决方案的话，那么这个时候就可以称为调停（比如美国于 1978 年提出的用于调停埃及和以色列之间争端的《戴维营协议》等）（图 12－3）。此外，在进行此类调停时，争端当事国通常会通过协商选择特定国家的国家元首或政府首脑，或者联合国秘书长等具有政治权威和国际地位背景的第三方来作为调停人。虽然通过调停得来的解决方案可以获得这种权威的担保，可以期望其发挥一定的政治影响力，但是这种解决方案本身不具备法律拘束力。

图 12－3　调停案例

左图：日俄战争后，在美国朴次茅斯举行的日本（右侧）和俄国（左侧）代表团召开的和谈会议（1905 年）。美国总统西奥多·罗斯福居中斡旋。

右图：在美国总统度假地戴维营举行的埃及与以色列之间的和平磋商（1978 年 9 月）。埃及总统萨达特（右）、以色列总理贝京（左）和作为中间人的美国总统卡特。（图片出处：PPS 通信社）

（4）和解（调解、conciliation）

除了实施调查以外，通过中立机构对包括法律层面争端在内的争端全体进行研判，考虑争端当事者的主张，为友好解决争端而提出具体解决方案的方式被称为**和解**。与调停不同，和解需要争端各当事方通过协议形式选择具有独立资格的委员构成非政治性的中立机构来主持进行。第一次世界大战之后，在很多双边条约或多边条约中规定的和解制度，推动了国际调查制度向可以提出解决方案或建议的制度方向发展。第二次世界大战结束后所缔结的很多为解决争端的条约中也可以见到规定和解制度的例子（1948 年波哥大宪章以及 1957 年的欧洲和平解决争端公约等）。此外，除有关争端解决的公约之外，还有比如《联合国海洋法公约》［参照第 5 节（1）］，也将和解制度作为一种对公约的解释和适用问题等发生的争端的解决方法加以规定（除此之外还有 1969 年《维也纳条约法公约》等）。

虽然此类方式可以依据国际法来提供解决方案，但是利用这种方式达成的解决方案对于争端当事方依然不具备法律拘束力。在玻利维亚和巴拉圭之间关于格兰查科地区发生的争端问题(图 12－4)，虽然美洲各国为此设立了和解委员会并根据该委员会发布的报告（1929 年）使事态一度稳定下来，但由于两国对于该地区资源再次发生冲突最终还是走向了战争。最近典型的和解案例就要数由于扬马延岛周边大陆架问题成立的冰岛挪威和解委员会发布的报告了（1981 年）。和解作为一种手段至今很少被适用的主要原因在于，它对于争端当事国来说并不是很有吸引力，而且它本身的失败案例又非常多。

在现阶段国家不能诉诸战争的前提下，以国际法为依据解决争端，可以下达具有法律拘束力判决的诉讼制度比和解制度更能维护法律的稳定性。此外，对于那些由于法律制度不够发达而引发的争端来说，相较于利用法律依据以外的和解制度来解决争端，更需要建立一套可以改变相关有问题的法律制度本身的程序。这也是和解制度不常被使用的一个原因。

（5）通过国际组织解决

最早的一般性国际组织——国际联盟，是为维护第一次世界大战之后的国际体制而设立的争端解决程序，是国际联盟理事会的调查程序。争端当事方可以通过单方面的申请来启动这一程序。国际联盟理事会通过这一程序促进争端当事方之间的和解。此外，在有关少数者保护的条约等适用问题上，国际联盟理事会也会通过向 PCIJ（常设国际法院）请求咨询意见的方式来促进争端的解决。

图 12－4 格兰查科地区

位于玻利维亚和巴拉圭之间的格兰查科地区。两国围绕该地区于1932年爆发战争之后，在阿根廷的调停之下于1935年停战，并于1938年缔结了布宜诺斯艾利斯和约。之后，同年7月两国将国界划定问题提交仲裁，仲裁法庭于同年10月下达裁决。

在第二次世界大战之后设立的联合国框架下，特别是负有“维持国际和平及安全之主要责任”（《联合国宪章》第24条第1项）的安全理事会（安理会），基于《联合国宪章》第6章的规定对于和平处理争端拥有重要权限。安理会的争端解决程序可以在争端当事方将相关争端提交至安理会时，或者由联合国大会或联合国秘书长以及争端当事国以外的联合国会员国提请安理会对某一争端的注意时，或者由安理会自主开始调查时启动。当安理会认定相关争端的持续有可能危害世界和平和安全的维持时，安理会必须就争端解决的相关程序、方法以及解决条件提出建议。

此外，作为一项联合国大会的一般性权限，联合国大会可以向会员国或者安理会提出建议。但是在安理会执行任务期间，联合国大会只能就相关问题进行讨论，不能提出建议。另外，联合国秘书长可以接受联合国大会或安理会的委托任务，扮演争端解决者的角色。比如，在两伊战争期间（1980—1988年），联合国秘书长便为实现停战和解决争端进行过调停活动

（图 12－5）。此外，在彩虹勇士号事件中，联合国秘书长也曾亲自下达裁决（1986 年），而且因为这一裁决本身被认为是具有法律拘束力的，因此事实上此次联合国秘书长开展的活动具有仲裁的性质。

区域国际组织中也有设立关于争端解决程序或机构的例子［非洲联盟（AU）之下设立有和平与安全理事会，美洲国家组织（OAS）之下设立有美洲和平解决争端委员会（Inter-American Committee on Peaceful Settlement）以及常设理事会（Permanent Council），欧洲安全与合作组织（OSCE）之下设立有调解和仲裁法院等］。《联合国宪章》第 8 章鼓励区域国际组织的成员国通过各区域组织程序对成员国之间的争端加以解决。

图 12－5　两伊战争后促成改善两国关系的外长谈判的联合国秘书长德奎利亚尔（1990 年）

1980 年开始的两伊战争，在联合国秘书长提出若干解决方案并采取其他行动后，随两国接受关于要求立即停战以及撤军的联合国安理会第 598 号决议（1987 年 7 月 20 日）而结束。（图片出处：UN Photo）

3　通过国际诉讼解决争端

（1）国际诉讼的特征

国内诉讼，不论是民事诉讼还是刑事诉讼，被告人（被诉人）都必须在对于案件拥有管辖权的法院出庭。国内法院被认为拥有全面的**强制（义务）管辖权**。对此，涉及国家间争端的国际诉讼，在争端当事国双方未能达成将争端提交给法院的时候，法院不能对争端行使解决权限。国际社会的其他争端解决程序也是一样的，只要争端当事国各方没有一致同意，便不能利用国际诉讼来解决争端。比如，日本就向ICJ提交有关竹岛（韩国称“独岛”——译者注）主权争端的建议请求韩国的同意（1954年、1962年、2012年），就是因为国际诉讼的这一特点。

此外，国际诉讼以及其他争端解决方式，在通过相关程序最终做出的解决方案对争端当事国是否具有法律拘束力这一问题上，也是有所区别的。国际诉讼的判决对争端当事国具有法律拘束力，不服从判决时便会发生法律责任。不过，由于国际诉讼都是以当事双方一致同意将争端提交至法院为前提的，因此争端当事国多会服从判决。虽然国际社会不存在能够对国际诉讼判决强制执行的机构，但是争端当事国还是会考虑到服从判决最终对本国有利而执行判决。

接下来要讨论的是国际诉讼中的公断（仲裁）和司法解决。

（2）公断（仲裁）①

仲裁，指争端当事国在争端发生以后签署**仲裁协议**，将争端提交给由当事国自己选定的仲裁人组成的仲裁法院（仲裁法庭）加以解决的形式。仲裁作为国际诉讼的一种，仲裁裁决具有法律拘束力。此外，仲裁庭进行裁决的依据准则，由争端当事国自己决定。仲裁多基于国际法规则进行裁决，但是在纷争当事国同意时也可以采用国际法以外的依据，比如说特定国家的国内法或者**公允及善良**原则，等等。此外，仲裁机构本身并不是常设机构，而是针对个别案件由争端当事国协商设立的。仲裁的一个重要特点就是它只对某一特定事件做出裁决。在这一点上，仲裁与常设法院所做出的司法判决之

---

① 译者注：《联合国宪章》第33条规定的“arbitration”有仲裁之意，而宪章中文版本使用的表述为“公断”。为遵从《联合国宪章》的一惯性，本章在翻译过程中采用了“公断”的表述。但是由于本节内容主要涉及仲裁程序和国际仲裁机构，为方便读者理解，本节中涉及“公断”的部分将直接使用“仲裁”这一表述。

间是有区别的。

现在具有代表性的仲裁机构便是基于 1899 年《和平解决国际争端公约》设立的**常设仲裁法院**（PCA）。然而，虽然其名头之中惯有“常设”二字，它的仲裁员并不是常任仲裁员。常设仲裁法院保有一份由公约缔约国选定的仲裁员名单，在出现案件的时候由相关的争端当事国从名单当中指明仲裁员组成仲裁庭。

由于仲裁程序尊重争端当事国的意向来组建仲裁庭和决定仲裁依据，因此对于争端当事国来说比较容易通过仲裁程序解决纠纷，也比较容易履行仲裁裁决的结果。之前就有过很多通过仲裁来解决国际争端的例子［如阿拉巴马号仲裁案（1872 年）、特雷尔冶炼厂仲裁案（1938 年以及 1941 年）、拉努湖仲裁案（1957 年）等］，近些年来也有很多争端通过仲裁方式得以解决［如，莱茵钢铁仲裁案（2005 年）、巴巴多斯－特立尼达和多巴哥海域划界仲裁案（2006 年）、圭亚那－苏里南海洋划界仲裁案）（2007 年）、孟加拉－印度孟加拉湾海洋划界仲裁案（2014 年）（图 12－6）等］。对于这些案件中的争端当事国来说，仲裁是发挥了作用的争端解决方式。

图 12－6　孟加拉湾海洋划界仲裁案（孟加拉/印度），仲裁法庭庭审情景（2013 年 12 月）

关于与印度之间的海洋划界问题，2009 年孟加拉国将争端提交给仲裁法庭。仲裁法庭于 2014 年 7 月下达仲裁裁决。（图片出处：PCA）

（3）司法解决

司法解决的一大特征便是通过国际法解决案件，其判决具有法律拘束力；除此之外，不用根据每一个案子特别成立一个法庭，而是在业已存在的法庭中审理相关的案件（**常设性**）。特别是这个法院的常设性，是区分司法解决与仲裁的重要特征。但同时，相对于仲裁程序中仲裁法庭的设立是基于争端当事国的协议、仲裁员的组成也由各争端当事国来决定这一点来说，用于司法解决的法院的常设性意味着法院的构成不会直接反映争端当事国的好恶。同时，由于是常设的法院，因此可以期望法院在对各种各样被提交的案件的判决中体现出一惯性，其判决结果甚至可以被认为会形成一种判例法。

历史上第一个司法解决机构为中美洲法院（1907年成立），但是世界上第一个具有普遍性的国际性法院是1921年在荷兰海牙成立的**常设国际法院**（PCIJ）。PCIJ并不是国际联盟的下属机构，但是其与国际联盟保持着密切的联系（国际联盟理事会可以请求PCIJ下达咨询意见）。因此，PCIJ在解决国际争端，尤其是欧洲国家间的争端以及促进国际法发展方面做出了巨大贡献。PCIJ通过关于接受法院强制管辖权的**任择性强制管辖制度**［第4节(2)］，实质上引入了强制管辖权制度。虽然看起来似乎确立了国际社会中的法治原则，但是对于那些否定当时的现行法制度的力量来说应用当时的现行法制度来解决争端的机构本身并不重要，因此PCIJ在第二次世界大战爆发后便停止了运作。

第二次世界大战之后成立的**国际法院**（ICJ）事实上继承了PCIJ。ICJ对应PCIJ，具有联合国的主要司法机构的地位，其成立文件ICJ规约是联合国宪章不可分割的一部分。因此，联合国会员国理所当然地也是ICJ规约的当事国（《联合国宪章》第93条第1项）。而联合国的非会员国，如加入联合国之前的日本和瑞士等，根据安理会的建议基于联合国大会所设定的条件，也可以成为ICJ规约的当事国（《联合国宪章》第93条第2项）。

虽然ICJ是处理国家间争端的主要司法解决机构，但是现在还有处理国家间关于海洋法领域争端的**国际海洋法法庭**（ITLOS）作为同类机构在运营。此外具有司法解决机构特征的机构，在人权（欧洲人权法院、美洲国家间人权法院）、经济（欧洲联盟法院、欧洲自由贸易联盟法院等）、刑事法（国际刑事法院等）领域比较常见。接下来，我们对作为司法解决的代表性机构 ICJ 的制度进行简单介绍。

4 国际法院（ICJ）的制度和程序

（1）ICJ 的组成和审理依据（图12－7）

ICJ 由不同国籍的 15 名独立个人法官组成（《ICJ 规约》第 3 条）。这些法官任期九年，由联合国大会和安理会选举产生（规约第 4 条、第 8 条、第 10 条），但事实上常任理事国国籍的法官一定会当选，而且在席位的分配上也会考虑到地区间的比例（亚洲三人、非洲三人、中南美洲两人、西欧及其他地区五人、东欧两人）。争端当事国国籍的法官也可以出庭（国籍法官），如果无争端当事国国籍法官，那么争端当事国可以指名**选派法官**（规约第 31 条）。这一点与仲裁庭仲裁员的构成比较类似，因为国籍法官和选派法官可以更有利地向其他法官介绍当事国的主张，因此这一制度可以使将争端提交给 ICJ 的当事国感到安心。

ICJ 在原则上要根据国际法来解决争端（规约第 38 条第 1 项）。虽然审理主要根据的是条约和习惯国际法，但有时也允许使用国际法以外的**一般法律原则**作为审理依据。一般法律原则是为了避免出现以不存在可适用的法律为由而导致无法审理的情况而被引入的。此外，判决和学说虽然可以作为确定审理依据的内容和意义的补充手段，但是现实中不论是 PCIJ 还是 ICJ 在判决时都频繁地参考前例，因此前例判决理由有很大影响。此外，在当事国一致同意时，虽然 ICJ 也可以将公允及善良原则作为法律以外的依据来进行审理（规约第 38 条第 2 项），但是目前还尚未出现相关案例。

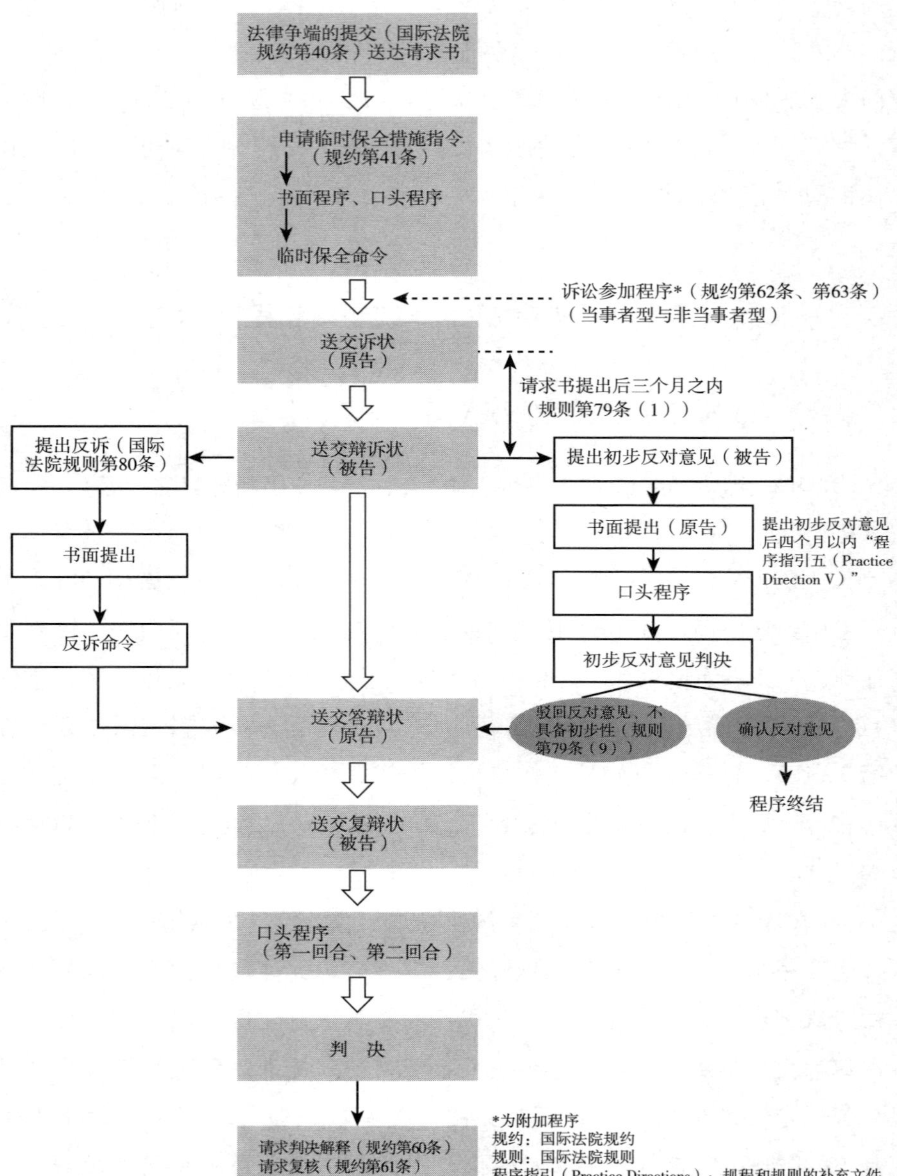

图 12－7 国际法院争端事件程序流程（单方面提交时）

（2）ICJ的管辖权

关于ICJ对争端的议题进行审理并做出判断的权限，是必须获得争端当事国双方的同意才可以对某一争端行使管辖权。关于这一点，可以采取争端发生后同意或争端发生前同意等两种方式。

作为争端发生后争端当事国的同意方式，包括与仲裁相同的、根据每个案件的当事方达成提交协议之后将争端提交给ICJ进行审理的方式；或者在某一当事方单方面在ICJ对对象国提出起诉时，对象国或明示或暗示地认可ICJ的管辖权，即**应诉管辖**的方式。而作为争端发生前的同意方式，包括在特定条约中规定**诉讼条款**（规定在关于本条约出现解释或适用上的争端时可以单方面提交给ICJ等内容的条款），或者通过个别的**诉讼条约**（在规定争端解决方式的条约中有允许向ICJ单方面提交争端相关规定的）等，与争端当事国在事前缔结过类似条约的情况。从形式上来说基于这样的诉讼条款或诉讼条约，任何一个争端当事国均可以向ICJ提起单方面诉讼的原因是，根据其中任何一种方式都可以认为两当事国已经事先同意了ICJ的管辖权（规约第36条第1项）。

另一个争端发生前同意方式是基于ICJ规约第36条第2项规定设立的关于强制管辖权的**声明接受任择性条款**制度（图12－8）。根据这一制度，一国可以随时发表接受ICJ在对于涉及本条款中所规定的法律争端的强制管辖权的声明，在发表过声明的国家之间，在双方声明接受义务的同一范围之内可以被认为已设定了ICJ的管辖权。

原本在国际联盟体制下法律专家咨询委员会在PCIJ规约草案中添加了对于法律争端的强制管辖权内容，但是以大国为中心的国际联盟理事会删除了这一部分的内容。关于强制管辖权的问题最后被提交到了国际联盟全体大会来讨论。最终，主张基于国际法来解决争端而强调强制管辖权的中小国家与主张最大限度确保主权国家自由意志的大国之间达成妥协，关于强制管辖权的规定被引入PCIJ制度当中。由于当时多数国家已经发表声明单方面接受了强制管辖权，因此事实上可以期望这一制度发挥出一般性强制管辖权一

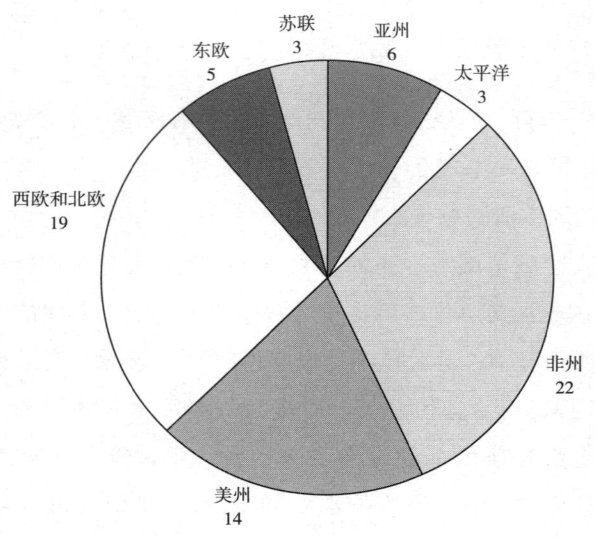

图 12-8 任择性接受声明发表国家和地区比例（2016 年 12 月）

（资料来源：根据 ICJ 网站资料制成）

样的效果。PCIJ 时期国际联盟会员国有八成以上的国家发表了接受声明，然而接受 ICJ 强制管辖的国家还不足联合国会员国的四成，只有 72 国（截至 2016 年 12 月）。

接受任择性条款之后可以对同样发表了接受声明的国家提起单方面的诉讼，但同时也要明白本国也可以被其他这样的国家提起诉讼。2010 年，澳大利亚诉日本的南极捕鲸案（图 12-9）便是 ICJ 基于任择性条款接受宣言为基础行使管辖权的一个案例。即便是这样，如果所有国家都能够发表接受声明，那么所有国际争端都可以根据国际法在 ICJ 进行解决，可以认为这样实践“法治”的理念与每一个国家自身的国家利益也是相符合的。事实上，虽然 ICJ 认定日本违反了国际捕鲸管制公约而判决日本败诉，但是基于对于“法治”的尊重和为与澳大利亚发展友好关系，日本还是承诺执行判决。

ICJ 规约当事国对于任择性条款接受声明的适用可以使用两种方法进行限制。第一种，可以设定多数国家接受强制管辖或一定国家接受强制管辖为

图 12－9　南极捕鲸案

日本代表团出席国际法院口头辩论（2013 年 6 月）。（图片出处：UN Photo/ICJ－CIJ）

本国声明生效的条件，或者可以对本国声明的有效期进行限定。关于声明的有效期限问题，如果某一个发表了接受声明的国家在发布作废通知后立即终止效力的话，事实上可以被视为是违反了与其他发表了声明的国家之间达成的一种协议的诚实信用原则，因此有必要要求这些国家在发布通知一定时间以后其撤回声明才能生效。反之，发表接受声明之后马上进行单方面起诉的行为则不受控制。此外，针对某件诉讼基于接受声明确立的有效管辖权，在管辖权确立以后即便相关声明被撤回，也不影响法院对该诉讼行使管辖权。

第二种，可以对接受声明本身进行保留。在发表声明时做出的保留可以是要求 ICJ 的管辖权只适用于一定时间以后所发生的争端，或者是要求把关于一定事项或者与特定国家有关的争端排除在管辖权之外。比如，日本在 ICJ 下达南极捕鲸案判决之后，于 2015 年 10 月 6 日对本国的接受声明追加了一条将“关于海洋生物资源的调查、养护、管理和开发问题所产生的争端，或与其相关或与之有关争端”排除在管辖权范围之外的保留。或者，有的国家会做出根据自己判断将一些特定争端排除在管辖权以外的保留（**自发保留**或**自己判断保留**）（图 12－10）。但是由于这一类型的保留与任择性条款的宗旨和目的相反，而且原本对于是否拥有管辖权判断权限的应该是 ICJ，因此这一类保留广受批评。关于 ICJ 是否拥有管辖权的问题，主要由被告方通过初步反对意见的方式提起，然后按照接下来要说到的附带程序进行审理。

（3）附带程序

ICJ 的附带程序包括**临时措施**（**临时保全措施**）、**初步反对意见**、**反诉**以及**诉讼参加**制度（ICJ 规则第 3 章 D 节第 73 条开始）。这里我们要谈到临时措施和初步反对意见。

临时措施（临时保全措施）指的是，在进入案件实质审理之前，当诉讼当事国的利益遭到侵害而判决本身将失去意义时，可以由 ICJ 在判决之前采取的措施（ICJ 规约第 41 条）。ICJ 虽然可以在情况必要的时候下达相关的命令，但是在那之前 ICJ 还是要一定程度地认定其对本案存在管辖权才行。

菲律宾共和国外交部长，基于《国际法院规约》第 36 条第 2 项，宣布菲律宾共和国承认接受国际法院对于就关于以下事项的所有法律争端的管辖权，在与接受同样规定的国家之间不存在特殊协议时，为事实上的义务：

（a）条约的解释；

（b）国际法上的问题

……

但是，此声明不适用于以下任何争端：

（a）与纷争当事国已经达成或将要达成协议将争端提交到其他争端和平解决方式的争端；

（b）菲律宾共和国认为本质上是本国国内管辖内的争端；

……

本宣言到期后，至其向联合国秘书长提出报告为止时依然有效……

图 12－10　自发保留（自己判断保留）的例子——菲律宾的选择条款接受宣言（1971 年）

由于这一制度本身要求存在紧急性，而在关于案件管辖权存在争议时要对管辖权进行确定又面临时间上的限制，因此很难基于确定的管辖权来下达此命令。所以，ICJ 可以根据初步管辖权（*prima facie*）来判断。此外，临时措施的内容与案件实质部分诉讼请求的直接关联也很重要。虽然关于临时措施的效力问题产生过争议，但是在拉格朗案的判决（2001 年）中，临时措施的法律拘束力得到了肯定。

所谓初步反对意见，一般主要指被告国为阻止 ICJ 对案件实质部分进行审理而提出的抗辩。一旦提出抗辩，便会中断案件实质部分审理程序，先行针对该抗辩进行审理。抗辩的内容一般除了前面所说的否定管辖权问题以外，关于法庭不能对诉讼请求进行审理的主张（诉讼请求的不可受理性）也可以在这一程序中提出。

所谓诉讼请求的不可受理性，指即便 ICJ 认可了对案件的管辖权，但是根据类似于下面的这些理由 ICJ 不应进入案件实质部分审理时，便可以主张 ICJ 不能受理相关诉讼请求。其中代表性的理由便是还没有完成国内救济程序（**用尽当地救济原则**）、诉讼内容与第三方国家的法律利益发生关联、诉讼目的已消失（诉由事项消失，*mootness*），除此之外还有起诉方不具备诉讼的利益，以及根据具体的权利义务关系起诉方不具备诉讼当事者资格等理由。如果关于这些理由的讨论必须要与案件实质部分讨论一并处理的话，那么就可以继续审理进程，在案件实质部分对其进行讨论。不过，ICJ 一贯对以争端本身具有政治性为理由提出的诉讼请求不可受理的主张持否定态度。从混合争端论的立场来看，可以认为具有不同侧面的争端都可以通过其法律侧面与司法判决产生联系。

（4）判决的效力与解释、复核请求

案件实质部分的审理程序，在各当事国提出诉状，继而在法庭中完成当事国之间的口头辩论之后，由 ICJ 对相关资料进行讨论并做出判决（图 12－11）。判决需要由参加审理的法官投票表决，在过半数同意时才

能生效。当赞成与反对判决的法官人数一致时，由审判长[①]投出决定性的一票。

图 12－11 ICJ 宣判

正在对国家司法管辖权豁免案（德国诉意大利）进行宣判的国际法院小和田院长（2012 年 2 月）。（图片出处：UN Photo/ICJ/Capital Photos/Frank van Beek）

判决书由判决结果和判决理由两部分构成。其中，判决结果部分具有法律拘束力。而其法律拘束力只对争端当事国有效（ICJ 规约第 59 条）。而且，ICJ 的审理以此判决为终结，不接受上诉（规约第 60 条）。如此，国际法院的判决遵循既对当事国具有法律上的拘束力（约束性），又终结诉讼进程（确定性）的**既判力原则**。这一原则的目的是令诉讼结束之后的法律关系保持稳定，并且避免针对已经下达的判决结论再度引发争端。

ICJ 虽然不承认先前的判决对之后的判决具有约束性质（先例约束性），但是在对同类案件进行处理时，事实上之前的判决会具有先例效果。究其原因，是因为 ICJ 除了一些特定理由，为保持判决的一贯性不会脱离之前的判例。此外，虽然 ICJ 判决的终局性不接受对其进行上诉，但是关于判决内容产生争端时，当事国可以要求 ICJ 对其进行**解释**（规约第 60 条），或者在宣

---

① 译者注：根据《国际法院规约》第 55 条第 2 项，“如投票数相等时，院长或代理院长职务之法官应投决定票”。也就是说，通常情况下是由国际法院院长来投票，但是在特殊情况下则由针对某一案件的“代理院长职务之法官”来投出这一票。

判之后又发现了新的具有决定性的事实时，可以要求 ICJ 对案件进行**复核**（第 61 条）。

（5）咨询意见制度

所谓**咨询意见**制度是指，对于联合国以及与联合国有密切关系的国际组织（除联合国大会和联合国安理会以外，还包括联合国的其他机关以及获得联合国大会许可的联合国专门机关）产生的法律问题，基于相关机关的请求而发表意见的制度（ICJ 规约第 65 条）。比如说，关于加入联合国需要哪些承认条件、联合国有没有权利追究国际法上的责任、以色列在巴勒斯坦被占领土上修建的隔离墙具有怎样的法律效果等具体问题，都曾被向 ICJ 咨询过。

咨询意见本身不具备法律拘束力，但是就像规定了在联合国与会员国之间关于解释和适用问题产生争端时咨询意见具有决定性效力的《联合国特权和豁免公约》（1946 年）那样，基于其他条约承认咨询意见具有法律约束性的时候，咨询意见也可以具有法律约束性。此外，除了请求意见的机关几乎都会遵从咨询意见以外，咨询意见的内容很多时候还起到了明确国际法规则的作用。

请求咨询意见时，请求的主题必须是法律问题，而且其咨询的内容必须限定在请求机构的活动范围之内发生的问题上。特别是联合国专门机关请求咨询意见时，其咨询意见必须与该机关的活动内容有所关联。在实际中，世界卫生组织（WHO）曾经就核武器使用的合法性问题请求过咨询意见，但是 ICJ 以相关问题超出 WHO 的活动范围为由拒绝给予意见。此外，对于相关请求是否满足条件这一问题，ICJ 可以根据咨询请求的具体情况进行广泛的裁量。通常情况下，ICJ 只有在对于咨询请求具有**“不得不”**拒绝的理由的情况下才拒绝给予咨询意见。关于咨询意见的程序可以援用适用于国家间争端的诉讼程序，现在在涉及国家间争端的法律问题时，像西撒哈拉案（1975 年）那样，曾经有过选任选派法官的事例出现。

（6）ICJ的实际应用

具有以上功能的ICJ在成立之初曾被寄予很大的期望。然而，1960年之后，新独立的亚洲和非洲各国对ICJ表现出了消极态度。尤其是在西南非洲案（1966年）中，ICJ根据程序规定并没有对其中的殖民地问题做出判决，因为这些国家认为ICJ的判决偏袒发达国家，进一步成为这些国家对ICJ抱有消极态度的理由。然而，冷战结束后，尤其是在领域争端以及海洋划界争端等问题上，大家重新认识到了利用国际法来解决争端的意义，所以现在又出现了乐于将争端提交给ICJ的迹象（图12－12）。

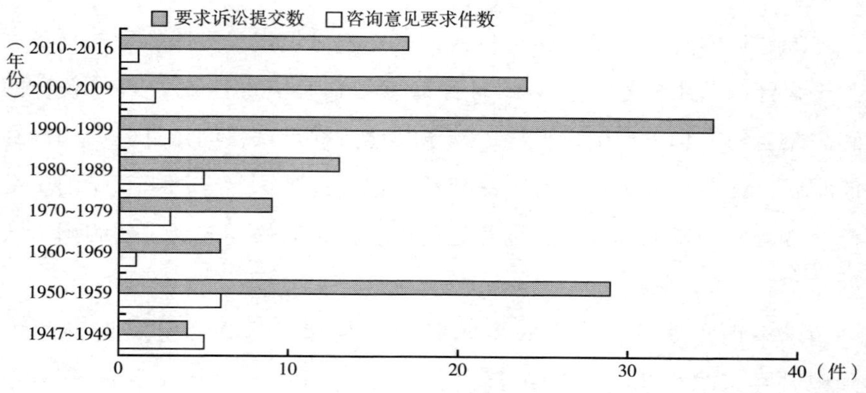

图12－12　提交至ICJ的诉讼件数与咨询意见请求数量

（根据ICJ网站书记制成）

5　联合国海洋法公约中的争端解决制度

（1）解决制度的构造

《联合国海洋法公约》（1982年）规定了关于缔约国间因公约的解释

和适用问题产生争端的和平解决方式（《联合国海洋法公约》第十五部分第279条开始）。在《联合国海洋法公约》的起草过程中，沿海国与船旗国（船舶的登记国）对于彼此的权利义务做出了妥协和调整。为了维持这一平衡关系，公约有必要确保在缔约国间因公约的解释和适用问题而发生争端时存在可以解决争端的相关程序。《联合国海洋法公约》关于争端解决部分的一大特色是，公约从谈判、调解、仲裁和司法解决等几个方面整理了各种各样的争端解决程序。这些程序基于以下三个阶段构成。

第一阶段，争端当事国首先需要基于协议选择和平方式来解决争端（《联合国海洋法公约》第十五部分第一节）。在此基础上第二阶段，当争端当事国没有就争端解决方式达成协议时，或协议选定的争端解决方式没有有效解决争端时，应启动伴随有拘束力判决的义务性程序。

《联合国海洋法公约》的缔约国可以在国际海洋法法庭（ITLOS）（图12－13）、国际法院（ICJ）、仲裁法庭以及特别仲裁法庭中选择一个或者多个选项作为争端解决手段，如果没有做出选择则被视作接受了仲裁法庭的管辖（《联合国海洋法公约》第287条）。如果在《联合国海洋法公约》之外，争端当事国之间不存在由其他特定条约所规定的其他争端解决程序的话（《联合国海洋法公约》第281条、第282条），那么在《联合国海洋法公

图12－13　上空俯视国际海洋法法庭

ITLOS位于德国汉堡。（图片出处：ITLOS Photo）

约》中选择了相同争端解决程序的国家之间发生的争端即通过其选定的方式解决，而选定了不同争端解决方式的国家，则将争端提交给仲裁法庭进行审理（《联合国海洋法公约》第十五部分第二节）。因此，可以预见关于因联合国海洋法公约的解释和适用而产生的争端，必然会被提交至某一特定程序之中。1999 年澳大利亚和新西兰便向其中之一的仲裁法庭提起南方蓝鳍金枪鱼诉讼，但仲裁法庭支持日本关于案件尚未满足义务性程序提交条件的主张，因此否定了自身对案件的管辖权。

此外，在第三阶段，关于一定争端的义务性程序的限制，缔约国可以选择将一部分争端排除在义务性程序适用范围之外（《联合国海洋法公约》第十五部分第三节）。关于《联合国海洋法公约》第十五部分第二节程序的适用限制，该条约第 297 条第 1 项规定，在有关该公约的解释和适用产生的争端之中，“关于因沿海国行使本公约规定的主权权利或管辖权而发生的”争端不被提交至义务性程序之中，而只有同一项中做出规定的争端（比如因沿海国被提出采取了违反公约关于包括航行权利在内的国际性合法的海洋利用的规定的行动时）才会被提交至第二节规定的义务性程序（**义务性程序的适用限制**）。此外，关于科学研究（公约第 297 条第 2 项）和渔业（公约第 297 条第 3 项）的争端也不适用于联合国海洋法公约第二节所规定的义务性程序。

除此之外，缔约国可以通过发表书面声明的方式，宣布就有关划定海洋边界争端、有关军事活动的争端、第 297 条第 2 项以及第 3 项中规定的不属法院或法庭管辖的关于行使主权权利或管辖权的法律执行活动的争端、关于由联合国安全理事会执行《联合国宪章》所赋予的职务的争端等不接受义务性程序管辖。这就是**义务性程序的任择性例外**（《联合国海洋法公约》第 298 条）。

（2）临时措施

对于《联合国海洋法公约》的解释和适用的争端具有管辖权的法院或法庭，在做出最终判决或裁决之前，①为“保全争端各方的各自权利”，或者②为“防止对海洋环境的严重损害”，可以根据情况“规定认为适当的任何**临时措施**”（第290条第1项）。有权规定临时措施的法院或法庭为前面第（1）小节所述的四个法院或法庭，但是在选择通过仲裁法庭和特别仲裁法庭解决争端时，如果由于仲裁法庭设置的迟缓等导致仲裁法庭或特别仲裁法庭没有充足的时间来规定临时措施时，可以由ITLOS代为规定临时措施。但是这些法院或法庭在规定临时措施时，必须保证①该法院或法庭依据初步证明认为其对相关案件具有管辖权，并且同时还要②具有紧急性。除此之外，从截至目前的临时措施的实行状况看来，ITLOS在规定临时措施时，也会考虑如紧急性的判断基准要求权利侵害的不可恢复性等ICJ所认可的要件。

（3）迅速释放

《联合国海洋法公约》的缔约国在一定情况下，在获得合理的保证之后必须迅速释放被逮捕的别国船只和船员（《联合国海洋法公约》第73条第2项、第220条第6项及第7项、第226条第1项）。关于沿海国是否遵守了这一规则而产生争端时，可以将相关争端提交给各个法院或法庭。因此，如从扣留时起十日内不能达成释放协议的话，那么除争端各方另有协议外，被扣留船只和船员国可根据第287条选择的法院或法庭提交争端（公约第292条）。这便是**迅速释放程序**。被捕船只如果被怀疑进行违法作业的话，则要服从扣留国的国内程序。但是由于国内程序有时需要花费相当的时间，因此在这期间应以支付财政担保为条件，基于维持财产价值以及人道主义的考虑，只要求释放船只和船员。

这个迅速释放程序是联合国海洋法公约的特有制度，ITLOS在判例中也多利用这一制度。日本也曾利用这一制度要求俄罗斯迅速释放在其专属经济区被扣押的船只和船员，并以俄罗斯为对象将这一问题提交给了ITLOS进行处理［富丸事件以及丰进丸事件（2007年）］（图12-14）。

图 12－14 富丸事件以及丰进丸事件（日本诉俄罗斯）口头辩论的景象（2007 年 7 月）

为要求迅速释放被俄罗斯抓获的两艘渔船与其成员，日本于 2007 年 7 月正式向 ITLOS 提出起诉，同年 8 月 ITLOS 在判决中认可迅速释放丰进丸号及其船员，但是由于富丸号已经被俄罗斯确定执行没收程序，因此日本的请求目的物消灭，于是法庭无法对迅速释放要求做出裁决。（图片出处：ITLOS Photo）

参考文献

· 杉原高嶺：《国際司法裁判制度》，有斐閣，1996 年。

· J. G. メリルス（長谷川正国訳）：《新版国際紛争処理概論［原著第 4 版］》，成文堂，2008 年。

· 小田滋：《国際司法裁判所［増補版］》，日本評論社，2011 年。

第十三章　守护国家的安全

——安全保障

1　国际社会中“战争”的地位

对战争或使用武力加以限制，同时守护国家的安全，自古以来便是国际法最关心的一个问题。传统国际法下广泛认可的“战争的自由”经过国际联盟盟约、非战公约以及联合国宪章等发展，逐渐地被限制。虽然如此，从最近的例子来看，如1991年**海湾战争**、1999年北大西洋公约组织（NATO，北约）**空袭南联盟**、2001年**阿富汗战争**、2003年**伊拉克战争**、2014年美国等国对于极端组织“伊斯兰国”（IS）在叙利亚境内实施的空袭等，国际社会中的武装冲突并没有因此销声匿迹。

但是，这些武装冲突的法律地位却都是不一样的。同样作为“**战争**”的例子，在法律上如何给每一场战争定性是个问题。为了搞清楚这个问题，首先我们需要了解一下对战争和使用武力进行规制的历史是如何展开的。

2　战争、使用武力的违法化

（1）从正义战争论到“战争的自由”

自古希腊时期以来，关于把战争分为正义战争和非正义战争的正义战争论，就存在着很多论述。近代初期，**格老秀斯**（参照**第一章**）又对正义战争论在法律层面进行了精细处理。在其所著的**《战争与和平之法》**（图 13 - 1）一书中，就将战争比作诉讼，并列举了防卫、恢复以及刑罚三种**战争的正当理由**。然而，在从以罗马教皇为顶点的基督教秩序中脱离出来的独立平等的主权国家所组成的近代国际社会中，并没有一个上级权威可以判断哪一个战争当事者的行为是正当的。因此，到 19 世纪以后，战争正义论开始逐渐式微，而广泛认同国家“**战争的自由**”的观点变得越来越有力。

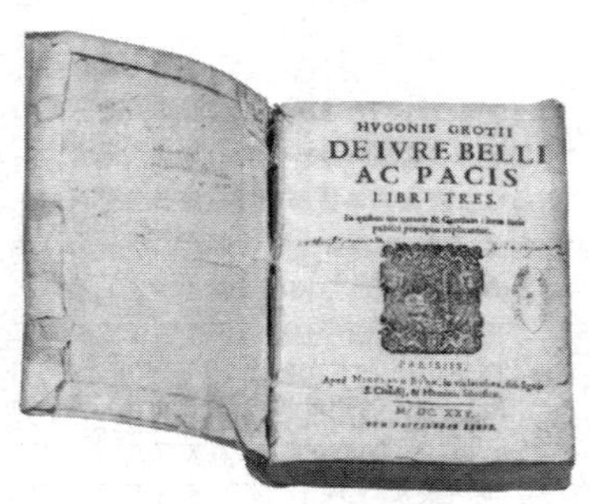

图 13 - 1　格老秀斯著《战争与和平之法》（初版、1625 年）

（专修大学图书馆藏）

（2）战争、使用武力的违法化

人类历史上最初的全球性战争——第一次世界大战，酿成了一千万人以上伤亡的亘古未有的惨剧。之后，作为一战谈和条约的凡尔赛和约的一部分而确定的**《国际联盟盟约》**（1919 年），设立了争端的和平解决程序，在一定情况下禁止诉诸战争的做法（盟约第 12 条第 1 项，第 13 条第 2 项，第 15 条第 6 项）。不过，在这样的国际联盟盟约体系下，对于无法用和平方式解决的争端，依然广泛认同国家诉诸战争的做法（第 15 条第 7 项），也就是说在这个时期战争只是被部分禁止而已。

在这之后，受到当时美国和平运动者推动的“**战争违法化**”运动的影响，最初作为美法两国间条约进行磋商，但最终成为多边条约的 1928 年**《非战公约》**（《关于废弃战争作为国家政策工具的一般条约》）被制定出来。该《公约》禁止用战争“解决国际纠纷”禁止将战争作为“施行国家政策”的工具（第 1 条），这是第一个将一般形态的战争定义为违法的国际条约（图 13 –2）。由于当时国际社会的主要国家都参加了非战公约，因此它是一部拥有较高普遍性的公约。但是，由于该公约对于那些不是正规“战争”（国际法上的战争的定义需要满足至少有一方宣战等**表明战争意图**的行为要件）的事实上的“使用武力”留有很大的合法性解释空间，因此并不是很充分的条约。

第 1 条　缔约各国用各该人民之名郑重宣告彼等罪责恃战争以解决国际纠纷并斥责以战争为施行国家政策工具。

图 13 –2　《非战公约》第 1 条

译者注：此处非战公约译文参考中华民国国民政府外交部编《中华民国加入非战公约案》（民国十八年），第 25 页。（日本国立国会图书馆藏）

经过对《非战公约》的反省，第二次世界大战结束之后制定的**《联合国宪章》**（1945 年），便避免使用在国际法上有特殊含义的“战争”一词，而是宽泛地一般性禁止了“**使用武力**”和“**武力威胁**”（宪章第 2 条第 4 项）（图 13 –3）。

第 2 条（原则）

为求实现第一条所述各宗旨起见，本组织及其会员国应遵行下列原则：

（省略）

4. 各会员国在其国际关系上不得使用威胁或武力，或以与联合国宗旨不符之任何其他方法，侵害任何会员国或国家之领土完整或政治独立。

（省略）

图 13 –3　《联合国宪章》第 2 条

（3）不使用武力原则的确立

人类长久以来梦想的将战争和使用武力违法化，在经过《国际联盟盟约》和《非战公约》之后，终于在《联合国宪章》中得以实现。《联合国宪章》第2条第4项所规定的**不使用武力原则**，是区别于宪章中的**集体安全保障制度**（参照**第5节**）的独立的习惯国际法规则。此外，这一规则作为不允许任何偏离的规范，被国际社会全体所接受，甚至有观点认为其已经是国际法的**强行规律**（参照**第四章第4节**）。

3　不使用武力原则的内容

（1）“武力”的意思

被禁止的“武力（force）”的范围是仅指“军事力量（armed force）”，还是包括除军事力量之外的经济性或政治性的压力的“力量（force）”。以前的发展中国家和原社会主义国家都主张是后者的定义，从《联合国宪章》的起草过程，以及对《联合国宪章》的基本原则的解释进行再确认的1970年《**友好关系原则宣言**》（《国际法原则宣言》）的规定来看，经济性或政治性的压力并不属于不使用武力原则的范围之内，而是属于**内政不干涉原则**，因此对于这一问题，前者的解释较为妥当。此外，近年来的一个新问题是，利用信息通信技术操控别国的信息通信系统或致其瘫痪等**网络攻击**引发物理损害时，是否可以主张其为“武力”的使用问题。目前关于这一问题还没有足够的解释，需要继续关注将来的国家实践。

（2）“使用武力”的形态

被禁止的“使用武力”行为，具体是仅限于指挥正规军入侵别国领域或者炮击别国领域等直接的使用武力，还是也包括通过组织或鼓励非正规军或武装集团对别国进行间接地武力攻击（或称“**间接侵略**”）？在《友好关系原则宣言》中，后者的行为被包括在不行使武力原则中，而且在联合国大会于 1974 年通过的**关于侵略定义的决议**中，也在“最严重和危险的违法使用武力的形态”的**侵略行为**的定义中列入了间接侵略。国际法院（ICJ）在**尼加拉瓜案**中（1986 年实质部分判决）认为，对反叛者提供武器或营地等其他支援，虽然不满足发动自卫权所需的“**武力攻击**”的条件，但是却满足“**使用威胁或武力**”的条件。从这些资料看来，后者关于间接地使用武力也被包括在“使用武力”的概念中的观点更为妥当。

（3）“武力威胁”的意思

可以被认定为“武力威胁”的行为包括，比如使用军事力量示威，向有国境争议的地区集结部队，向别国的沿岸海域派遣军舰等行为。虽然“武力威胁”相较于“使用武力”来说仅仅止于“威胁”的阶段，但是如果假定事实上“使用”了作为用以实施“威胁”的手段的“武力”，那便构成了违法，这样我们就可以判断“威胁”也是违法的。

（4）不使用武力原则适用于内战的可能性

由于《联合国宪章》第 2 条第 4 项规定，在“国际关系上”禁止使用武力，因此如果一国国内发生了政府与反政府势力之间的纯粹性的**内战**的话，这一原则便无法适用。但是，这与**第三国对于某国内战的介入**并不属于同一情况。如果是基于支援反政府方的力量而介入内战的话，便可以被视为是干涉内政，这在今天也被认为是“间接侵略”的违法行为，不过也有主张例外的观点［“**人道主义干涉**”，参照第 4 节（4）］。此外，基于**正统政府的请求**而作为政府一侧的力量介入内战时，虽然传统观点来看可以认为是合法的，但是今天的观点来看，其很有可能因违反**民族自决权**等被视为是违法的。

4 不使用武力原则的例外

（1）例外的范围

《联合国宪章》本身明确规定的不使用武力原则的例外状况一共有三种，即联合国发动的**军事措施**（宪章第42条）、**个别的以及集体自卫权**（第51条）（图13－4）、**对敌国的措施**（第53条第1项，第107条）等，但也有主张其他例外的观点。其中，关于敌国的条款由于原本的敌国都已经成为联合国会员国，因此该条事实上已经成为一个“死条款”。另外，关于联合国发动的军事举动会在**第5节**进行介绍，所以接下来我们谈一谈有关自卫权以及关于主张其他例外的观点。

第51条（自卫权）

联合国任何会员国受武力攻击时，在安全理事会采取必要办法，以维持国际和平及安全以前，本宪章不得认为禁止行使单独或集体自卫之自然权利。会员国因行使此项自卫权而采取之办法，应立向安全理事会报告，此项办法于任何方面不得影响该会按照本宪章随时采取其所认为必要行动之权责，以维持或恢复国际和平及安全。

图13－4 《联合国宪章》第51条

（2）自卫权

传统国际法下的自卫权，被认为是国家基本权利的**自我保存权**的一种。包括对于合法侵害的应对措施，自卫权与紧急避难并没有特殊的区别，在满足**紧迫性**、**必要性**以及**均衡性**要件时便可以被广泛地认可［**加洛林号案**（1837年）］（图13－5）。

《联合国宪章》第51条所规定的自卫权作为应对“武力攻击”的一种

图 13-5　加洛林号案（1837 年）

英国侵入美国领域内，对不顾美国政府管制依然寻求脱离英国统治独立的加拿大叛乱者提供支援的美国船只加洛林号实施攻击，并致其漂落尼亚加拉瀑布的事件。这是关于自卫权的一个早期先例。在英美进行交涉时，美国国务卿韦伯斯特在发给英国公使福克斯的照会中［《韦伯斯特照会》（1841 年 4 月 24 日）］中指出英国的行为所需要的正当化条件，“应限制于自卫的需要必须是刻不容缓的、压倒一切的和无其他手段可供选择以及无时间仔细考虑的”并且“应该不包含任何不合理或者过度的行为”。这些条件后来成为传统自卫权的行使要件。（图片出处：Alamy/PPS 通讯社）

措施，有观点认为其与紧急避难有所区别，在适用要件上也更为严格。不过因为同一条款中也以“**自然权利**”为由认可自卫权，因此将其理解为传统意义上的自卫权的观点也同样有理论基础。比如说，在尚未发生武力攻击时可否认可**先发制人**的自卫便是这样的一个问题。虽然近年来美国才开始主张在对抗恐怖主义威胁时有必要进行先发制人的自卫，但事实上其在 1998 年对阿富汗和苏丹进行导弹攻击时便是以此为根据而发动。如果对于先发制人的自卫不进行严密的特定处理的话，那么很有可能这一观点会被滥用。因此，比较有力的观点认为，在发动自卫权时，即便不用等到对方已经“完成”了武力攻击，但至少也有必要等到对方已经开始“**着手**”进行武力攻击时才行。

在涉及恐怖主义问题时，虽然**武力攻击的主体**一般被限定于国家，但是像“基地”组织这样的国际恐怖组织，或者像自我标榜为国家但是没有被任何国家承认的 IS 这种**非国家团体**是否也包括在内，也是一个问题。美、英等国对应“9·11 事件”，于 2001 年 10 月开始对“基地”组织所藏匿的阿富汗发起军事行动，其法律依据便是自卫权——虽然作为发动自卫权的前提的“武力攻击”的行为主体并不十分明确。此外，在 2004 年国际法院下达的关于**巴勒斯坦隔离墙**的咨询意见中，也以“一国对别国的武力攻击”为前提来对《联合国宪章》第 51 条做出解释。

（3）集体自卫权

《联合国宪章》第 51 条在规定了武力攻击的直接受害国可以行使的个别自卫权之外，还认可了集体自卫权的行使。这一概念并不是传统国际法上存在的概念，而是在起草联合国宪章的旧金山会议上才被引入的。关于集体自卫权的性质，目前有三种学说，第一种认为其是对自卫权的共同行使（A 学说），第二种认为这是对与别国相关的关乎本国存亡利益的防卫权（B 学说），第三种认为其是对别国权利的防卫权（C 学说）（图 13－6）。虽然可以认为 B 学说的理论与国家实践相对更为接近，但是 ICJ 在尼加拉瓜案（实质部分）判决时，还是基于**拥护国际社会的普遍利益**这一观点而采用了 C 学说的解释，不过为了防止其被滥用，ICJ 对其附加了行使要件。而日本 2015 年 9 月通过的日本安全保障法制中新承认的集体自卫权，被认为是更加接近于 B 学说的理论。

（4）关于其他例外的主张

有观点主张作为不使用武力原则的例外，应包括**保护在外本国国民**和**人道主义干涉**。前者认为应认可国家为防止本国国民的生命和财产受到侵害而使用武力。比如为了营救被巴勒斯坦游击队劫持的客机中的本国国民，以色列特种部队于 1976 年袭击乌干达恩德培机场的**恩德培事件**便属此例。后一种观点认为应认可一国为阻止别国发生的危害人类（反人道）行为而实施军事介入的权利。比如北约于 1999 年为了营救塞尔维亚的阿尔巴尼亚族人而对南联盟实施的空袭即为此例。虽然不能否认两种主张都具有一定的正当性，但是目前还不能认为这两种观点已经被确立为国际法上的权利。

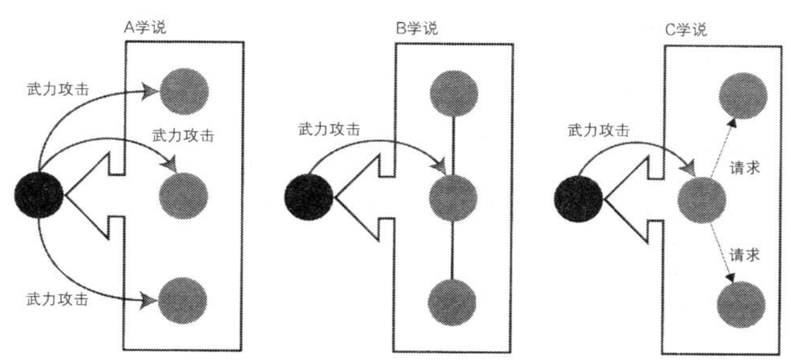

图 13－6　关于集体自卫权性质的三种学说

A 学说：认为行使自卫权的要件是每个国家都受到武力攻击。集体自卫权为个别自卫权的共同行使。

B 学说：虽然本国没有遭到攻击，但是与本国有密切联系的国家遭到攻击，这侵害了关乎本国存亡的利益，以此为根据行使集体自卫权的学说。

C 学说：ICJ 在尼加拉瓜案判决中采用的学说。将遭受武力攻击的国家发表攻击被害宣言为请求行使自卫权的要件，认可国际社会的全体国家行使集体自卫权。

5　集体安全保障

（1）势力均衡和集体安全保障

在国家“战争的自由”被广为承认的 19—20 世纪初，国际社会寄希望于通过结成军事同盟并维持军事同盟间**势力均衡**的方式来维持国际和平。然而，事实上因为对于“势力”强弱的客观判断非常困难，因此两边的阵营都希望形势对己方势力更加有利。其结果便很容易导致**军备竞赛**。同时，由于同盟关系的固定化，很容易产生对对方阵营国家的敌视心理。基于对势力均衡崩溃导致第一次世界大战的反省，一战后，各国商定，在同一个国家集团内部互相不使用武力——即使该国家集团包括一些存在对抗关系的国家，并引入了集结全部国家的力量对抗**侵略**行为以保障被害国安全的**集体安全保障**理念（图 13－7）。

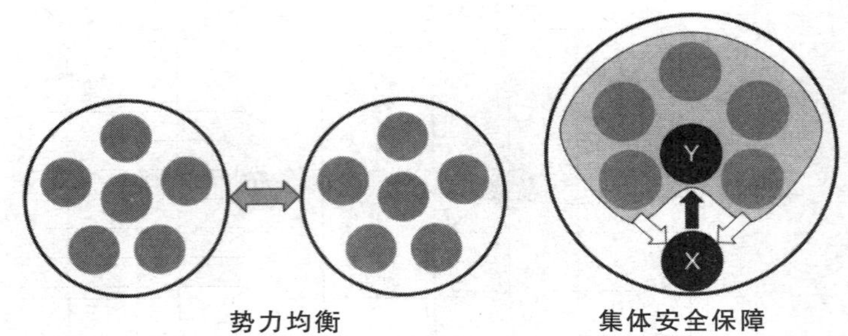

左图：以“战争的自由”、“结盟的自由”和“军备的自由”等三种自由为前提，基于军事同盟之间的力量均衡而达成保障本国安全的目的。特征为将危害本国安全的假想敌国划定在同盟之外。

右图：在包含对立国家的同一个集体内部彼此约定不使用武力。对于破坏约定侵略他国的（X）国，不仅是直接被害国（Y）国，集体内部的全体国家都可以团结一致来消灭侵略行为，以保障被害国的安全。

图 13－7　国际安全保障的方式

（2）国际联盟和联合国的集体安全保障

虽然最早将集体安全保障制度化的是国际联盟（国联），但是国联的集体安全保障具有以下特征：①仅部分**禁止了战争**，②采用了由各国自行决定对被认定为违反联盟盟约发动战争的国家进行制裁的**分权体制**，以及③重视**经济制裁**而仅将**军事制裁**作为辅助性手段等。因此，当 1935 年意大利入侵埃塞俄比亚时，国际联盟没能实施有效的经济制裁，更没能阻止意大利的侵略行径。

对此，吸取了国际联盟的失败教训，联合国采用了集体安全保障体制，该体制的特征是：①不仅禁止战争行为，还对使用武力和武力威胁进行了一般性禁止；②采用了将认定“侵略”和决定采取集体措施的权利交由联合国安全理事会（安理会）（图 13－8）行使的这种一元性的**集体体制**；③在重视非军事措施的同时也重视军事措施；④除认可联合国的普遍性集体安全保障以外，还认可区域集体安全保障等特征，相对来说更具有集权性的实权。

图 13-8　联合国安理会会议场景

（图片出处：UN Photo/ Amanda Voisard）

联合国集体安全保障结构如下所示（图 13-9）。当发生任何对和平之威胁、对和平之破坏以及侵略行为时，首先要由安理会对存在侵略的行为等进行认定（《联合国宪章》第 39 条），在此基础上会“促请”争端当事者接受安理会提出的包括撤军和停火等内容的“**临时办法**”（第 40 条）。若争端当事国拒绝接受安理会的提议，安理会可以要求会员国发动包括经济制裁和外交制裁在内的**非军事措施**（第 41 条）。联合国会员国基于其《联合国宪章》上的义务，必须遵从安理会的措施。如果非军事措施仍然不足，则安理会可以请求采取**军事措施**（第 42 条）。当安理会令会员国采取军事措施时，应与该会员国之间签署**特别协定**（第 43 条）。但在事实上，由于这种特别协定并没有被签署过，所以到今天为止都没有成立过《联合国宪章》当初设计的基于此类特别协定而组织的**联合国军**（“**朝鲜联合国军**”是基于安理会的意见由西方各国自发提供的军队组成的，并不是基于特别协定成立的）。

除上述安理会可以采取的措施之外，在一定限制条件下，联合国大会也可以基于其建议权限（《联合国宪章》第 10 条、第 11 条）敦促各联合国会员国采取非军事措施。此外，区域办法和区域机关也担负着区域集体安全保障的责任（第 52 条），在安理会许可的情况下，区域机关可以开展“执行行动”（第 53 条）。

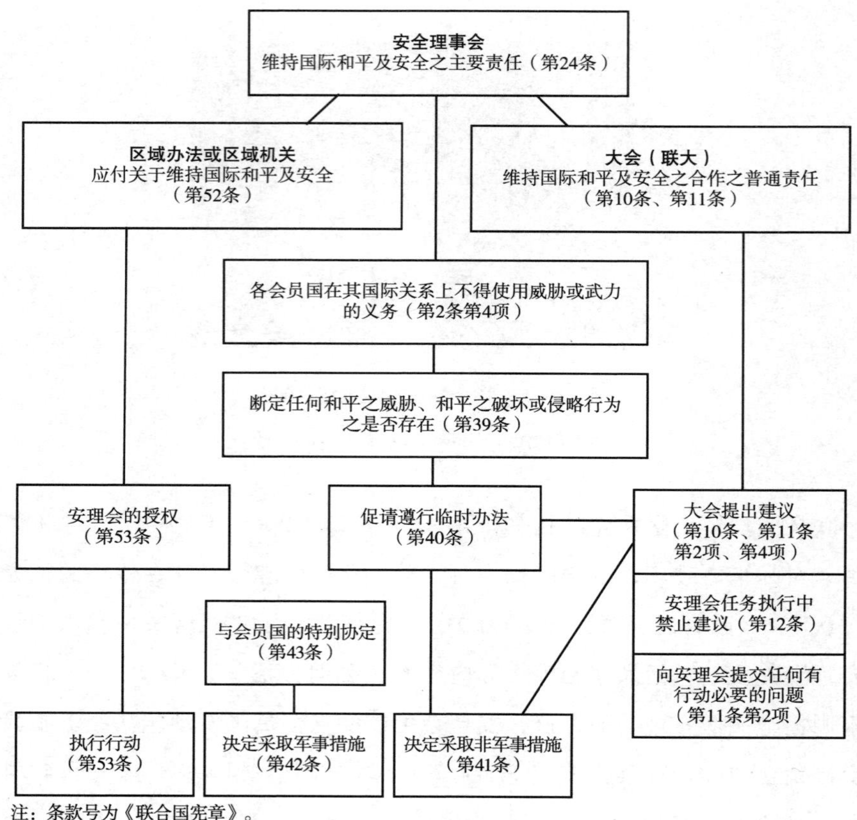

注：条款号为《联合国宪章》。

图 13－9 联合国集体安全保障的结构

（3）冷战时期的变化

在冷战时期，由于安理会在投票程序上设置的**否决权**（《联合国宪章》第 27 条第 3 项），联合国的集体安全保障制度陷入了丧失机能的窘境。而根据联合国宪章第 51 条中的个别和集体自卫权为基础成立的西方军事同盟北约（NATO）和东方军事同盟华沙条约组织（华约，Warsaw Pact Organization：WPO）之间，通过势力均衡的方式主导实现了国际安全保障。

日本虽然没有加入北约，但是日本通过与美国缔结作为双边安全保障条约的**日美安保条约**，实质上成为与东方阵营对峙的西方军事同盟的一员（图 13－10）。

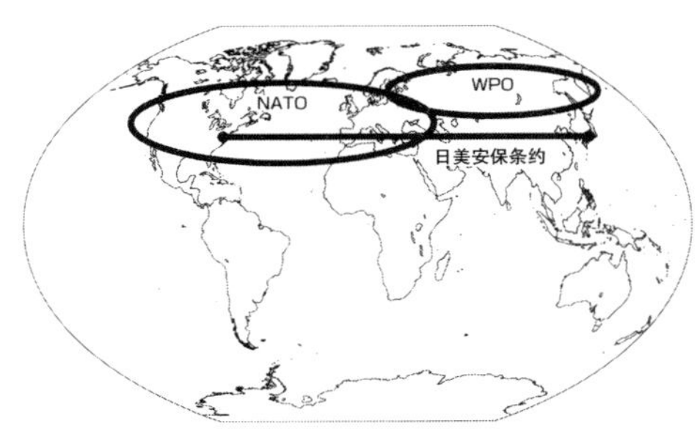

图 13－10　集体自卫组织与双边安保条约

（4）冷战后的集体安全保障

随着 20 世纪 90 年代冷战的结束，在安理会内部开始相对容易形成一致意见、否决权的行使次数锐减的大背景下（图 13－11），联合国宪章预想的**集体措施**（临时办法、非军事措施、军事措施）在现实中变得可以启动，同时对应现实国际关系的变化，还出现了更适应现实国际关系的在内容上变化发展而出的新形态惯例。

1990 年 8 月发生伊拉克入侵邻国科威特事件（海湾危机）时，安理会根据《联合国宪章》第 39 条和第 40 条，认定伊拉克对科威特的入侵存在"**破坏国际和平与安全**"的情况，要求伊拉克遵守包括立即无条件撤军等内容的安理会临时办法（安理会第 660 号决议）。继而在《联合国宪章》第 7 章下，启动了对应宪章第 41 条内容的包括全面经济制裁的非军事措施（安理会第 661 号决议）。可以说这些措施都是以联合国宪章所设想的集体安全保障的典型形态而发挥作用的例子。

虽然安理会做出了种种努力，但是由于伊拉克军队拒绝撤出科威特，于是**安理会**又通过了**第 678 号决议**，在《联合国宪章》第 7 章下，"许可（授权）"（authorize）各会员国为协助科威特可以采取"一切必要之措施"（all

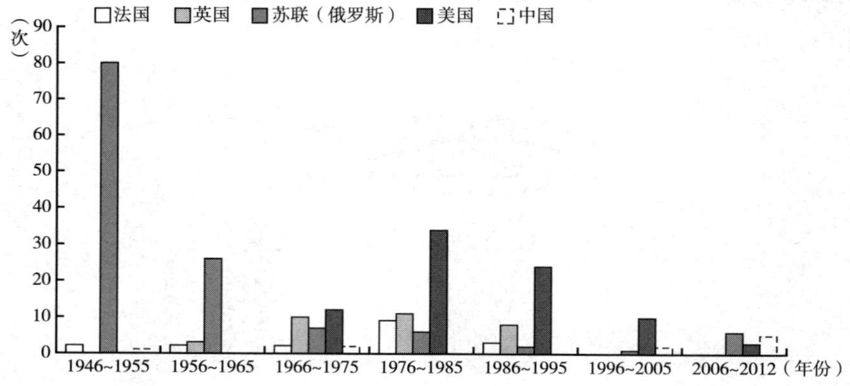

图 13－11　联合国安理会中否决权行使数量的变化

necessary means）。根据这一决议，以美军为首的多国部队于 1991 年 1 月开始对伊拉克发动军事打击，并成功将其驱离科威特。虽然基于联合国安理会第 678 号决议发动的多国部队的武力攻击并不是联合国宪章当初预想的联合国军（《联合国宪章》第 43 条），但由于其具有获得了包括安理会全部常任理事国在内的 9 个以上理事国的多数同意的意义，所以相较于基于个别国家单独判断而发动自卫权来说，更能够充分反映国际社会的客观意见。类似这样的由安理会许可（授权）使用武力的方式，在这之后也被经常应用。在这一过程中，通过限定可以采取措施的目的和时间，以及强化向安理会的报告义务等手段，这种方式在今天已经逐渐被确立为联合国的惯例。

美军于 2003 年 3 月以怀疑伊拉克侯赛因政府持有**大规模毁灭性武器**为由发动的**伊拉克战争**，事实上也是以前面所说的安理会第 678 号决议，和作为海湾战争停战决议规定伊拉克负有销毁大规模杀伤性武器义务的安理会第 687 号决议，以及之后确认伊拉克违反相关义务的**安理会第 1441 号决议**为根据而发动的。然而，由于最终并没有发现可以作为实质根据的大规模杀伤性武器，此次行动被强烈批评为并没有获得使用武力“许可（授权）”，归根到底来说是超过了海湾战争时作为使用武力根据的安理会第 678 号决议框架之外的行动（图 13－12）。

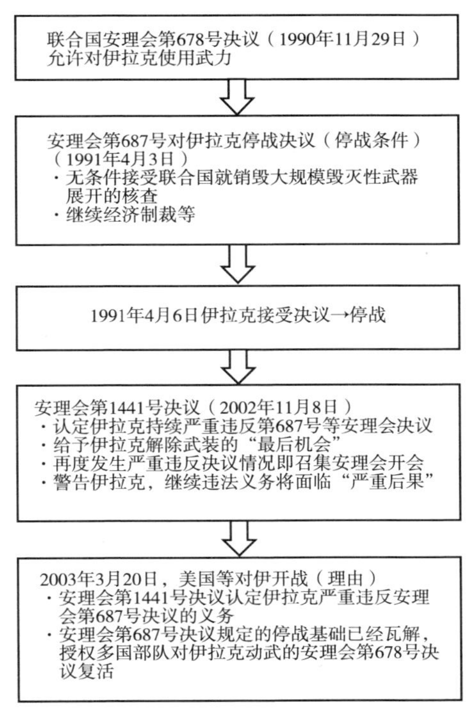

图 13－12　美国关于伊拉克战争的法律依据说明

6　联合国维和行动（PKO）

（1）PKO 的出现和确立

作为《联合国宪章》预设的用以实现国际安全保障的核心制度，集体安全保障制度由于战后立即出现的东西方冷战，结果并没有发挥其预想的作用。此外，在冷战时期，虽然超级大国之间并没有爆发大规模军事冲突，但是世界其他地区还是发生了很多武装冲突。联合国面对这一现实，创造出了作为其能够最低限度维持国际和平的机制——**联合国维持和平行动**（维和行动、PKO）。以对 1956 年发生苏伊士运河危机时基于联合国大会紧急特别会议决议向埃及派遣**第一期联合国紧急部队**（UNEF－Ⅰ）（图 13－13）的成功为契机，在这之后开展的类似活动（在这之后基本都是基于安理会决议发动）到 20 世纪 60 年代开始被统称为“维和行动”。连在此之前成立的自 1948 年以来开展活动的位于巴勒斯坦地区的**联合国停战监督组织**（UNTSO）等监督团，也被归类为联合国维和行动当中。从那时以来，至 2014 年 10 月，联合国已经实施了 69 项维和行动，这其中还有 16 项截至 2016 年 8 月末仍在持续中（图 13－14）。

图 13－13　UNEF－I 的南斯拉夫士兵

（图片出处：UN Photo/JG）

维和行动与为实现集体安全保障而采取的强制措施（集体措施）不同，它需要基于争端当事者与接受国的同意，基于公平的立场来介入争端、开展脱离接触行动、监督停战以及监事选举等活动。由于安理会内部大国不能达成一致导致联合国原本的机能无法充分发挥，而维和行动通过防止争端恶化以及为和平解决争端创造条件等活动，在维持和平方面逐渐地发挥了自己的作用。

维和行动与集体安全保障和集体自卫权不同，由于其并不是联合国成立时所设想的活动，因此在联合国宪章中并没有关于维和行动的明确规定。这

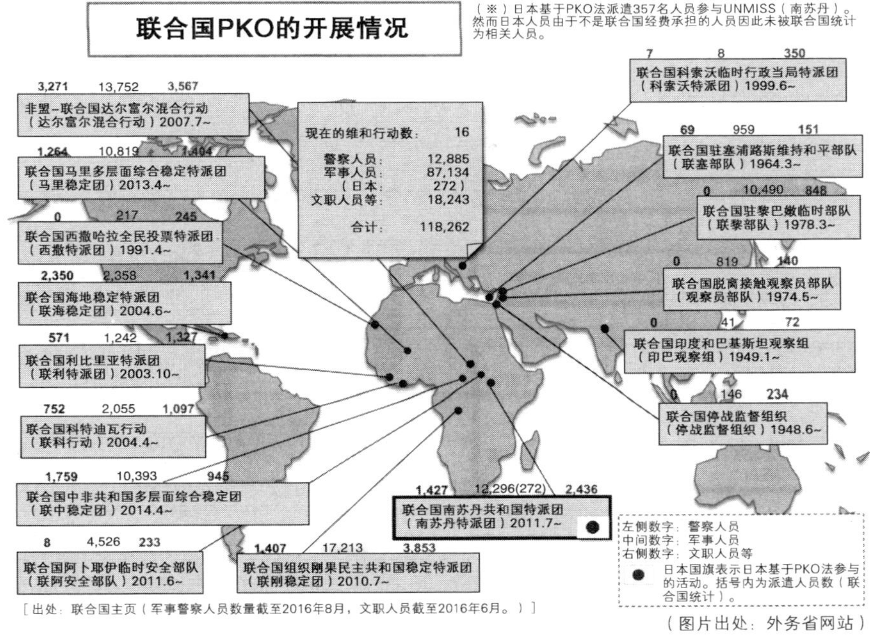

图 13－14　联合国维和行动的开展状况

一活动是联合国对应国际关系的现实，通过积累联合国的惯例、实践的经验发展而来的。因此，维和行动的概念并不固定，而是具有根据国际关系状况而灵活变化的特性。在冷战时期确定下来的最初形态的维和行动具有以下共通的特征：①基于争端当事者和接受国的**同意和协助（非强制性）**，②人员派遣的**任意性**，③对待争端的**公平性**（排除特别利害关系国），④由联合国秘书长**指挥和管制**，⑤**禁止除自卫以外使用武力**等。

（2）冷战后的功能变化

随着冷战的结束，东西方两大阵营之间爆发大规模军事冲突的可能虽然降低了，但是与之相反的是区域冲突和民族争端却变得越来越尖锐。对此，联合国维和机能的需求逐渐变多。另外，虽然相较于以前来说安理会内部形成一致意见变得更容易了，但是各国对于将本国军队置于联合国的指挥之下还是表现出了消极的态度，因此至今仍然没有根据《联合国宪章》第43条建立原本设想的联合国军。在这样一个背景之下，在原本的维和行动与原本设想的联合国军的中间区域，出现了不局限于同意原则和公平原则、被赋予了一定强制性的新形维和行动。

1992年6月，当时的联合国秘书长布特罗斯·加利提出了有关强化联合国实现和平机能的全面提案——《**和平议程**》（*Agenda for Peace*）。在这一提案中，加利将联合国实现和平机能分为**预防外交**（preventive diplomacy）、**创造和平**（peace making）、**维持和平**（peace-keeping）以及**建设和平**（peace-building）等四个方面的活动，并提出了各方面机能强化方案。其中，作为联合国人员的**预防性部署**（preventive deployment）行动，1992年12月联合国向马其顿派遣了**联合国保护部队**（UNPROFOR）。同时，随着1993年6月授权UNPROFOR，以及同年3月授权派遣的**第二期联合国索马里维和行动**（UNOSOM－II）部队可以采取包括联合国宪章第7章中规定的使用武力在内的一切必要措施，定位为创造和平机能的**强制实现和平部队**（peace-enforcement units）的构想成为现实。

但是在冷战后维和行动的变化上，特别是强制实现和平部队的实践导致了例如在与索马里武装集团的战斗中出现了维和部队大量伤亡的情况，所以维和行动很难说非常成功。为此，1995年1月当时的联合国秘书长加利在其发表的《**和平议程：补充**》中，通过总结联合国对索马里和前南斯拉夫地区的维和经验，认识到维和行动脱离同意原则、丧失公平性以及授权使用武力的做法不仅更有可能为维和人员招来危险，而且也降低了维和行动的有效性，因此主张回归最初的维和行动模式。

之后，在2000年8月的联合国和平行动问题小组中，时任联合国秘书长的科菲·安南提出了《**普拉希米报告**》，继续支持基于当事者同意、公平性、除自卫以外禁止使用武力等原本的PKO原则，同时也认可维和部队装配可以充分自卫以及执行任务的装备，并提案采用充分**强势的**（robust）**接战规则**（ROE）。此外，联合国秘书处维和行动局回顾过去六十年维和行动的经验和教训，在2008年1月总结出的针对现在维和行动的性质和任务的

《联合国维和行动：原则和准则》（“拱顶石理论”）中，将同意原则、公平原则以及禁止除自卫以外使用武力等原则继续适用于今天的联合国维和行动中；同时也对于之前认可维和行动采取联合国宪章第 7 章下行动的事实做出了积极评价。通过原本的维和行动实践形成的各个原则与联合国宪章第 7 章规定的强制性如何两立，这在今天也是维和行动留给人们的一个值得思考的重要课题。

参考文献

- 香西茂：《国連の平和維持活動》，有斐閣，1991 年。
- 田畑茂二郎：《国際法（第 2 版）》，岩波書店，1966 年。
- 田岡良一：《国際法上の自衛権（補訂版）》，勁草書房，1981 年。
- 松井芳郎：《湾岸戦争と国際連合》，日本評論社，1993 年。
- 村瀬信也編《国連安保理の機能変化》，東信堂，2009 年。
- 森肇志：《自衛権の基層》，東京大学出版会，2009 年。

第十四章　战争、武装冲突也有规则

——对敌对行为的限制和受害者保护

1　武装冲突法的基本思路和结构

（1）基本思路

国际法规定，当国家间出现分歧或冲突时，应寻求使用从谈判到诉讼的任意一种和平方式解决，除行使自卫权或执行联合国采取军事性强制措施以外，不得使用武力。不过，即便是使用和平方式，也不能保证当事国之间一定能够完成谈判，而即便是要进行国际诉讼也需要当事国之间达成一致同意才可以。因此，在和平方式无法解决问题时，有些国家会不顾**不行使武力原则**而挑起**战争**或**武装冲突**。一个国家内部也可能由于民族问题或者权力斗争发生武装冲突。虽然由于叛乱问题引发的行为不涉及违反国际法上的不行使武力原则，但是政府军与**叛乱者**之间**战斗**的激烈程度常常不亚于国家之间的武装冲突的激烈程度。

国际法对各种各样理由引发的武装冲突中的战斗行为和其他**敌对行为**进行规制，对保护**武装冲突受害者**的规则进行了详细规定。制定这样的规则的背景，除了判断某些武力的使用是否在国际法上属于合法之外，更是出于防止在武装冲突中由异常心理诱发的无节制的杀伤和毁坏的考虑。为此，国际法上形成了让武装冲突中的各方集中精力采取军事上的合理行动，禁止为了速战速决而造成大量不必要的杀伤和毁坏的各种规则。

（2）结构

在使用武力被视为违法之前的时代，有关敌对行为的规则被称为**战时国际法**或者**战争法**。在不使用武力原则确立以后，相关法律越来越多地被称为**武装冲突法**和**国际人道法**。武装冲突法是为了避免使用已被视为违法的战争一词而使用的称呼。20 世纪 70 年代开始，以**红十字国际委员会**（ICRC）为中心，力图基于人道主义立场而对相关领域的规则进行重新梳理，为此开始使用国际人道法的称呼。当初这一称呼指的是保护武装冲突受害者的人道规则，但是由于规范敌对行为的规则也含有人道性要素，因此规范敌对行为的规则也被认为是包含在国际人道法之中。不过，也有人认为，国际人道法的称呼会让人忘记这些法律在本质上含有一定程度内允许进行杀伤和毁坏的规则，因此主张应避免使用国际人道法的称呼。

本章使用的武装冲突法的表述，分为规范敌对行为的规则以及保护受害者的规则两大部分。前者中，1899 年和 1907 年**海牙万国和平会议**中经多数表决通过的关于规范敌对行为的条约被统称为**海牙法**。后者中，1864 年之后由在日内瓦的红十字国际委员会牵头制定的保护受害者的条约被统称为**日内瓦法**。此外，根据攻击目标和保护对象的所在场所为基准制定的武装冲突法又被分成了**陆战法规**、**海战法规**和**空战法规**。

与武装冲突法有密切关系的法律是**中立法**和**军控法**。武装冲突法规定的是武装冲突当事方之间的法律，而中立法是规定武装冲突的当事国与非当事国之间关系的规定。同时，武装冲突法专心于限制在武装冲突中对于武器的使用，而军控法则对大规模毁灭性武器以及**常规武器**的开发和保有进行规制。

2　关于适用武装冲突法的基本问题

（1）国际性和非国际性的武装冲突

武装冲突法主要针对国家间武装冲突即**国际性武装冲突**而制定。国际性武装冲突中发生在武装冲突法允许范围内的对人的杀伤以及对物体的毁坏行为不追究法律责任。一般情况下杀人要负法律责任，但是在国际性武装冲突中，武装冲突法改变了这一规则。国际性武装冲突全面适用海牙法和日内瓦法。其中，作为条约存在的 1907 年**海牙陆战公约附件**（**海牙章程**）、1949 年**日内瓦各公约**以及 1977 年**日内瓦各公约第一附加议定书**为其中最基本的内容（图 14 - 1）。

图 14 - 1　1864 年第一部红十字公约［最早的《改善战地武装部队伤者境遇的日内瓦公约》（《日内瓦公约》）］的签字仪式

总部位于日内瓦的红十字国际委员会在那之后也一直以制定有关保护武装冲突受害者的条约为中心，在 1949 年日内瓦各公约以及 1977 年相关各公约的附加议定书的起草中发挥了重要作用。［图片出处：ICRC ARCHIVES（ARR）］

发生国际性武装冲突之后，适用的法规则会发生很大的变化。因此，判断国际性武装冲突从何时开始发生是个重要的问题。国家军队之间发生短时间冲突即可以被认为发生了武装冲突，不需要国家通过宣战等方式表明战争意图才能适用武装冲突法。

国际性武装冲突以外的武装冲突被称为**非国际性武装冲突**。其中一个典型的例子便是政府与叛乱者之间发生的**内战**。以前，像身处**殖民统治**之下的人那样拥有**自决权**的人民为了实现独立而与殖民国之间发生的战争也被视为内战，但是根据日内瓦各公约第一附加议定书，这些冲突被规定为国际性武装冲突（第 1 条第 4 项）。

非国际性武装冲突中的政府军和警察的行为被视为维持国内法秩序的行

为，而叛乱者的行为会全部被视为构成内乱罪或杀人罪等国内法上的犯罪。国际法虽然不禁止叛乱，但是同样也认可政府为维持国内法秩序而通过暴力手段镇压叛乱。也就是说，国际性武装冲突是国家与国家两个对等角色之间的战斗，而非国际性武装冲突也被国际法认为是警察与犯罪者之间的战斗。因此，像以不违法的互相攻击为前提规范敌对行为的海牙法这样的国际性武装冲突规则在此便不太适用。所以，适用于非国际性武装冲突的武装冲突法，主要以保护受害者的日内瓦法为核心。

适用于非国际性武装冲突的主要条约规则为**日内瓦四公约共同第三条**以及**日内瓦各公约第二附加议定书**（1977 年）。另外，因为在警察与犯罪者的斗争之中不存在战俘的概念，所以政府逮捕叛乱者之后也不对其负有**战俘**的保护义务，而是可以根据国内刑法对其进行惩处，这一点需要注意（表 14 – 1）。

表 14 – 1　适用于武装冲突的最基本现行公约

国际性武装冲突（国家间武装冲突、有被承认为交战团体参与的武装冲突、民族自决权团体参与的武装冲突）	**非国际性武装冲突**（一国内战、与在外国有根据地的非国家团体的武装冲突）
1899 年（1907 年改订）　海牙陆战公约（海牙第四公约）（1910 年生效，缔约国数 41，日本于 1912 年批准）	
1949 年　日内瓦四公约（1950 年生效，缔约国数 196，日本 1953 年加入） 《改善战地武装部队伤者病者境遇之日内瓦公约》（日内瓦第一公约） 《改善海上武装部队伤者病者及遇船难者境遇之日内瓦公约》（日内瓦第二公约） 《关于战俘待遇之日内瓦公约》（日内瓦第三公约） 《关于战时保护平民之日内瓦公约》（日内瓦第四公约）	1949 年　日内瓦各公约共同第三条
1977 年　日内瓦各公约第一附加议定书（1977 年生效，缔约国数 174，日本 2004 年加入）	1977 年　日内瓦各公约第二附加议定书（1977 年生效，缔约国数 168，日本于 2004 年加入）

（2）区别适用和平等适用

如果每个国家都能够遵守不使用武力原则的话，就应该不会发生国际性武装冲突了。因此，如果发生了武装冲突，那么应该至少有一方违法地使用了武力。

从**诉诸战争权**（*jus ad bellum*）的角度来看，违法使用武力的侵略国与行使自卫权的国家同样拥有**战时法**（*jus in bello*）即武装冲突法上的权利，侵略国的官兵即便杀伤了自卫权行使国的官兵也不受处罚，奇妙的是其自身被捕的话还会被作为**战俘**保护起来（参照**术语**）。对此，又出现了认为应当否定违法使用武力国在武装冲突法上的权利的观点。这便是所谓的**区别适用论**。

术语

诉诸战争权（*jus ad bellum*）和战时法（*jus in bello*）

关于武装冲突或战争的国际法主要分成“*jus ad bellum*”和“*jus in bello*”两大类。前者是判断某一行为是否属于合法使用武力的规则，现在包括联合国宪章的不使用武力原则和自卫权行使要件的规定。后者是在武装冲突开始后对所有当事者行为的规范，与武装冲突法和国际人道法为同义词。

不过，每个国家都会主张本国是在合法使用武力，同时，联合国安全理事会（安理会）也几乎没有因为国家间发生武装冲突便判定存在**破坏和平**行为或**侵略行为**。在这样的一个情况下，如果将武装冲突法进行区别适用的话，很有可能导致武装冲突的参与方互相否定对方在武装冲突法上的权利。这样就只能导致出现完全没有法律的状态。此外，即便是在能够确定武装冲突一方的违法性时进行区别适用的话，那也只会导致虽然归属于侵略国，但对于发动违法的武力使用并无责任的下层官兵会失去战俘资格，同时也导致侵略国的**平民**失去保护。可以看出，区别适用在现实中会出现很多的问题，所以实际上几乎看不到区别适用的例子，而是以**平等适用**为原则。也就是说，虽然从诉诸战争权的角度来评判的合法和违法与追究国家责任和侵略罪有关，但它不能直接影响战时法的适用。

非国际性武装冲突与国际性武装冲突之间的一个不同点在于，政府军和警察在执法过程中可以开火，但是作为犯罪者的叛乱方在国内法上不存在杀伤或毁坏的权利。国内法上的这种差别对待，是即便在内战状况下维持法秩序的权限也只能赋予政府的一个必然结果，所以没有必要将这种情况也有意称为区别适用。

3　敌对行为与战斗员

（1）参与敌对行为的资格

武装冲突法认可在满足一定要件的国际性武装冲突中对对方当事者的杀伤和对对方物体的毁坏。因此，武装冲突法对什么人、有什么样的外观、对什么东西、使用什么武器等各个方面设定了条件，而满足所有这些条件之后进行杀伤或毁坏行为的人，在武装冲突法上不被追究责任。在非国际性武装冲突中，政府军和警察只有在符合警察法等法律允许的范围内使用暴力才被视为国内法上的合法，而叛乱一方的行为在国内法上不存在合法余地。对叛乱者基于国内法进行的惩处完全不受国际法干扰。

国际性武装冲突之中，国家**军队人员**（不包括**医务人员**和**宗教人员**）、**民众抵抗者**（未占领地之居民，当敌人迫近时，未及时组织成为正规部队，而立即自动拿起武器抵抗来侵军队者）、**有组织之抵抗人员**以及**民族自决团体成员**被认定为具有作为**战斗员**参加敌对行为的资格。因为被承认这一资格，这些人员在被俘后可以作为战俘被保护起来。除此之外的平民，虽然武装冲突法中并没有明文禁止其参加敌对行为，但是如果其参加敌对行为并以**背信弃义行为**等理由被捕时，可能会被追究法律责任。

（2）战斗员的外观——背信弃义行为与战争诈术

战斗员在杀伤或俘虏敌人时必须通过公开携带武器等方式对外表明自己战斗员的身份。根据陆战法规，战斗员不能伪装成伤者病者、投降者、平民以及医务人员和其他受保护者，或者使用标明保护标志的救护车等特别受保护物来进行伪装。违反这种规定的背信弃义行为将构成战争罪。

文本框

红十字标志的滥用

左图：工地现场使用的绿十字旗。（图片出处：大阪大学吹田校区，2014 年 2 月拍摄）

右图：救灾训练“北方营救 2015”（钏路）中，悬挂绿十字旗登陆的陆上自卫队河川浮桥动力艇。（图片出处：平本和義：《世界の艦船》，825 号，海人社，2015 年，第 13 页）

日内瓦各公约中规定，不论平时还是战时，都禁止滥用红十字标志以及类似表示（例如《日内瓦第一公约》第 44 条和第 53 条）。对于相关标志的滥用，国内法上同样做出限制。日本有关红十字标志使用方面的规定应参照《红十字标志使用限制法》（1947 年）、《商标法》（1959 年）以及《武装冲突事态法》（2003 年）。公约中并没有明确类似标志的范围，而日本红十字会（赤十字社）认为，“用红色系表示的十字标志”便都属于类似标志（《知っていますか？このマークの本当の意味》，日本赤十字社，2015 年，第 7 页）。

根据这一解释，在工地现场经常可以看到的白底绿十字标志似乎可以被认为并不属于滥用范畴。但是，绿十字旗在难以判断颜色的清晨、黄昏以及夜晚很难和红十字旗进行区分，所以可能造成无法判断对方目标是受保护对象的医务设施，还是潜伏有战斗员的工地现场。如果在挂有绿十字旗的工地现场开火杀伤敌军战斗员，那么将其误认为是医务设施的敌军在此时应受保护，那么这种开火行为必然可以解释为是滥用标志构成的背信弃义行为。因此，仅限红色系的解释有点过窄了。

如果是红色系以外便不构成滥用的话，那么所有有可能招来背信弃义嫌疑危险的标志都应该被除去。不过军队公开使用绿十字旗就另当别论了。特别是，陆海空自卫队根据安全管理规则使用的安全引导旗等是可以使用的。

使用除此之外的欺骗敌人的方法被称为**战争诈术**（图 14 - 2），原则上战争诈术是被允许的。伪装和假目标等均属于战争诈术。

图 14 - 2 诈术

第二次世界大战意大利战线中波兰救国军使用的士兵人偶。右侧士兵可以在后方拉动人偶使之更为逼真。这种欺骗手段属于诈术。（© IWM）

（3）攻击对象——战斗员和军事目标

战斗员可以进行杀伤和毁坏的，只能是敌军战斗员或**军事目标**（图 14 - 3）。特别是关于物体目标，遵照**军事目标主义**。人员目标主要指敌方的战斗员，例外情况下也可以将正在直接参加敌对行为的平民列为攻击目标。物体目标，根据日内瓦各公约第一附加议定书的规定，指的是由于其性质、位置、目的或用途对军事行动有实际贡献的，通过对其全部或部分毁坏、缴获或失去效用对攻击者提供明确的军事利益的物体（第 52 条）。军事目标以外的全部物体称为**民用物体**，民用物体不成为攻击对象。

在日内瓦各公约第一附加议定书之前，国际性武装冲突中的当事者领域被分为**设防地方**（**设防城镇**）和**不设防地方**（**不设防城镇**），虽然一直以来有观点认为若一个领域被定义为设防地方，其对企图占领而接

图 14－3 军事目标

2013 年 10 月在大阪万博纪念公园部署的航空自卫队防空导弹（爱国者Ⅲ型 PAC3）部队。公园通常不会被认为是军事目标，但是如果表明其被作为阵地适用地而对军事活动有贡献意义的话，这样的场所也可能转化为军事目标。（图片出处：朝日新闻社）

近的地面部队进行抵抗的话，该地面部队对该地区可以进行**无区别攻击**，而对于不设防地方则只被认可对军事目标进行毁坏。不过，根据第一附加议定书要求，在任何场合都要基于军事目标主义来判断是否可以对某物体进行攻击。

在进行攻击时需要从一开始就对对方战斗员和军事目标进行识别。即便是已对此进行过确认，也要注意防止对平民或民用物体造成**波及损害**（**附带损失**）。如果与对战斗员和军事目标进行杀伤和毁坏的过程中所获取的军事利益相比造成了过分的附带损失的话，那么即便是对军事目标进行的攻击也算作违法行为。然而，与之相反的，对平民或民用物体造成的附带损失只要不过分，便不会被追究法律责任。

在对城镇进行全面轰击时，即便该城市从一开始便接受适用设防地方的相关规则，如果对其中的平民和民用物体进行不加以区分的无区别打击，也构成违法。例如，在对城镇内的兵工厂进行投弹造成过分的附带损失时，也算作无区别打击。此外，对于那些在被毁坏时可能由于内部积蓄的巨大力量的释放而导致周边遭受重大损失的**水库**、**堤坝**或者**核电站**，根据第一附加议定书的规定，这些目标即便可以被列为军事目标，原则上也要对其加以保护（第 56 条）。这一议定书还规定，在进行攻击行为时要注意保护**自然环境**不受广泛、长期和严重的损害（第 35 条、第 55 条）。

文本框

目标识别义务和无人机

左图：日本海上自卫队已经拥有了使用攻击型无人机的经验。在自卫队护卫舰（海上自卫队军舰的统称，与 frigate 概念不同——译者注）上着陆的美国造无人反潜攻击直升机 DASH，可携带两枚反潜鱼雷。日本的 DASH 于 20 世纪 70 年代后期退役。（图片出处：海上自卫队提供）

右图：美国空军捕食者无人机。该机在阿富汗战争中等被用于执行攻击任务。主翼下方可以携带小型导弹。（图片出处：U. S. Air Force/ Lt. Col Leslie Pratt）

无人机最早主要被用作靶机，因此被冠以作为靶机统称的 “drone” 的称呼。传统的无人机虽然是靶机，但是现在已经发展出可以执行从侦查到攻击的多重任务的无人机。无人机的使用在目标区别原则方面引发了讨论。使用不具备充分目标识别能力的观察无人机，并仅依靠无人机的观察便进行射击或发射导弹的攻击行为是违法的。如果使用攻击型无人机的话，那么要求无人机本身和遥控飞行员都要对目标进行识别。

文本框

军事目标主义，附带损失以及无区别攻击

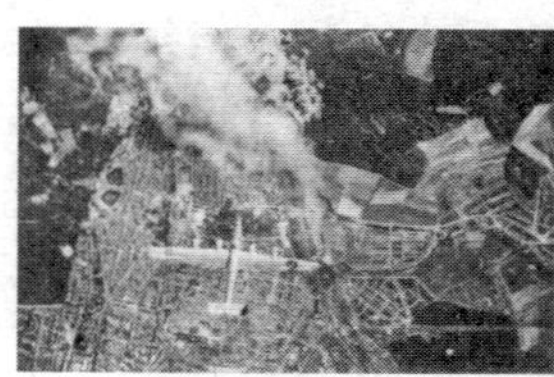

右图：第二次世界大战中，美军动用重型轰炸机破坏敌军交通线。在此类轰炸中常常导致对目标周边地区造成的损失。

文本框

左图：1942 年，美军杜立特飞行队在对东京实施首次轰炸时，轰炸机扫射中曾经杀害过学童。在明确知道目标为学童和平民的情况下仍然实施射击的话，那么学童的死亡便不能被视为附带损失，反而甚至可以以故意无区别攻击构成战争罪为由追究相关行为人的责任。海报为利用这一事件招募少年飞行兵的广告。（图片出处：若林宣《战斗广告——杂志广告中所见の太平洋战争》，小学馆，2008 年，第 105 页）

右图：报道日华事变（即我国称抗日战争、中日战争——译者注）中日本海军航空兵对重庆实施轰炸的新闻。日本陆海军曾多次对重庆等其他不设防城市进行大规模空袭，造成大量平民伤亡。

（图片出处：东京朝日新闻 1939 年 5 月 5 日）

（4）攻击手段——武器的使用限制

即便战斗员展示了适当的外观，并且只针对允许杀伤和毁坏的目标进行攻击，武装冲突法上对于其可以使用的武器也进行了规制。对于武器的规制主要建立在禁止使用具有**无区别效果**的武器以及禁止使用造成**过分伤害**和**不必要痛苦**的武器这两个原则的基础之上。

所有武器都可以被用于无区别攻击或者造成过分伤害。不过，对于那些可以不被如此使用的武器，只要能够注意其使用方式便不被禁止使用。作为武器被禁止使用的，通常是违反这两个规则的任何一条或全部两条的武器。

作为一旦使用便会造成无区别效果而被禁止的武器，其使用通常违反军事目标主义。比如**生物武器**和**化学武器**，由于其具有不受使用者意图控制广泛扩散的无区别性，因此根据习惯法以及**毒气议定书**（《日内瓦议定书》，1925 年）等条约被禁止使用。至于**核武器**，像 1963 年东京地方法院在**下田事件**的判决书（原子弹爆炸判决）所述，对于向广岛和长崎这样级别的城市投放 10000 吨至 20000 吨级别的核武器本身产生的无区别效果明显违反军事目标主义。此外，核武器有大大小小各种各样的使用情况。为此，经常因其造成无区别效果为理由，出现对其进行全面禁止使用的讨论。1996 年**国际法院**（ICJ）关于核武器合法性所发表的**咨询意见**中表示核武器的使用"一般"违反"国际人道法"，然而对此也衍生出对于核武器存在例外的合法使用的解读。此外，咨询意见当中并没有对"在自卫的极端情况下"使用核武器的问题做出判断。

在常规武器当中，燃烧弹和集束弹药因为可以造成大面积杀伤效果而被认为是具有无区别性的。这两种武器的使用已经分别被《**禁止或限制使用某些可被认为具有过分伤害力或滥杀滥伤作用的常规武器公约**》**附加议定书三**（《禁止或限制使用燃烧武器议定书》）（1980 年）以及就《**集束弹药公约**》（2008 年）所禁止或限制使用。**地雷**本身虽然不会造成大范围的伤害，但是从任何人或物都有可能引爆地雷这个意义上来说，它的破坏也具备无区别性。因此，修正后的《**禁止或限制使用某些可被认为具有过分伤害力或滥杀滥伤作用的常规武器公约**》**附加议定书二**（《禁止或限制使用地雷、诱杀装置和其他装置的议定书》）（1996 年）以及《**关于禁止使用、储存、生产和转让杀伤人员地雷及销毁此种地雷的公约**》（《渥太华公约》，1997 年）都对地雷的埋设进行了限制和禁止。

另外一个原则是禁止使用造成过分伤害和不必要痛苦的武器。这一原则主要针对战斗员所使用的武器（图 14－4）。对于平民来说，除了在直接参加敌对行为的时候或受到附带伤害之外，本身不应该使用武器对其造成伤害或痛苦。伤害和痛苦只能施加于战斗员。在此之上，武装冲突法将武器的使用目的设定在夺取战斗员的战斗能力上。因此可以得出结论，在剥夺战斗员的战斗能力之外对其造成的痛苦超出武器使用的目的，因此对于战斗员造成过分伤害或不必要痛苦的武器被禁止使用。

一般的军用子弹弹头都是用坚硬的铜或者铁包裹铅或其他金属芯制作而成。1899年达姆弹禁用宣言中，禁止在国际性武装冲突中对人使用尖端不被金属包裹或弹头上刻有裂纹的弹丸。普通的弹丸已经足够削弱战斗员的战斗能力，像达姆这种在射入人体之后会被压扁或产生其他形变的子弹造成的大面积伤害在军事上是没有必要的。软头弹和空尖弹都会造成与达姆弹类似的效果。

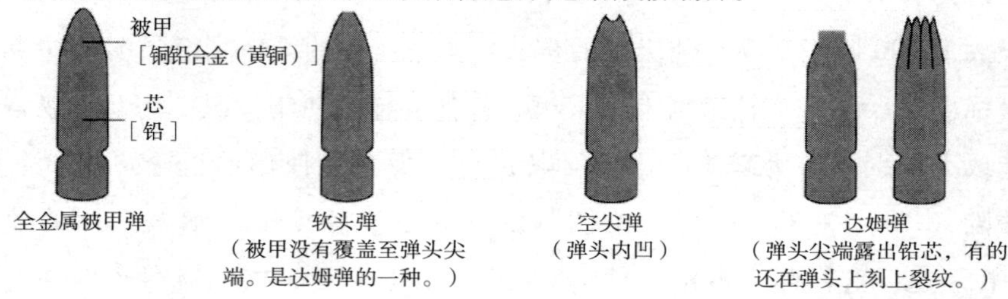

图 14－4　造成过分伤害以及不必要痛苦的武器

（参考图：かのよそのり『銃の科学——知られざるファイァ・ァムズの秘密』（サイェンス・アイ新書）（ソフトバンククリェテイブ，2012 年第 99 页、第 100 页。Mike Walden, Dum Dum Bullets, Police Firearms Officers Association, 2012, p. 19））

对生物武器和化学武器的禁止使用，除了其本身具有无区别效果以外，还因为其常常造成过分伤害以及不必要的痛苦。核武器常常造成强烈的风暴、热辐射以及放射性辐射，如果基于对战斗员造成过分伤害和不必要痛苦的角度来评价的话，有可能判定其为全面禁止使用的武器。

常规武器之中，《禁止使用在人体内易于膨胀或变形的投射物如外壳坚硬而未全部包住弹心或外壳上刻有裂纹的子弹的宣言》（1899 年《海牙公约第三宣言》、**《达姆弹禁用宣言》**）中规定对战斗员使用达姆弹违法，其原因就在于这种弹头可以造成过分伤害以及不必要的痛苦。除此之外，**塑料弹头**因为其碎片在人体内无法用 X 射线检测、可能妨碍伤者的治疗而被**《禁止**

或限制使用某些可被认为具有过分伤害力或滥杀滥伤作用的常规武器公约》附加议定书一（《关于无法检测的碎片的议定书》）（1980 年）所禁止使用。而激光致盲武器也因为其可以烧伤战斗员视网膜而对视力造成永久损害而被**同一公约附加议定书四**（《关于激光致盲武器的议定书》）（1995 年）所禁止。

非国际性武装冲突中政府军和警察在执法行为中为镇压叛乱者而使用武器时原则上要遵守其国内法的规定，而武装冲突法上关于武器使用的规则除有特殊规定之外基本上不适用于非国际性武装冲突之中。

4 受害者保护

（1）伤者病者以及遇船难者

武装冲突的受害者，可以分为在陆地战斗中的**伤者病者**、在海上战斗中的伤者病者以及**遇船难者**、俘虏和平民。保护国际性武装冲突中出现的此类受害者的主要条约为日内瓦各公约以及第一附加议定书。日内瓦各公约共同第三条要求在非国际性武装冲突中保护不实际参加战事之人员以及对于伤者病者要进行收集和照顾。此外该公约第二附加议定书还设定了在非国际性武装冲突中对于此类人员的补充性保护规定。

负责收集和照顾伤者病者以及遇船难者的主要是军队的**医疗部队**。为保护医务人员以及**医疗运输手段**，此类人员应配备有**红十字标志**或**红新月标志**。针对**医院船**和**医务飞机**也有特殊的识别规则。

（2）俘虏

拥有**战斗员资格**者，在国际性武装冲突中即便从事杀伤和破坏行为，只要其遵守了武装冲突法，便可以不被追究任何法律责任。这一特权称为**战斗员特权**。因此其被抓获之后也并不是犯罪者，而是作为战俘（图14－5）被保护起来。武装冲突的当事国虽然可以将战俘囚禁至武装冲突结束，但是要保护其生命、身体、个人财产以及名誉，并要对其提供给养（图 14 -6）。战俘是受保护对象，因此什么人可以被认定为是拥有战斗员资格并在被俘虏后享有被保护资格（**战俘资格**）的问题是个重大的问题。此外，由于军队的随军平民这样的不具备战斗员资格的人员也拥有战俘资格，因此拥有战斗员资格的人便拥有战俘资格，但是反过来说的话却不一定成立。

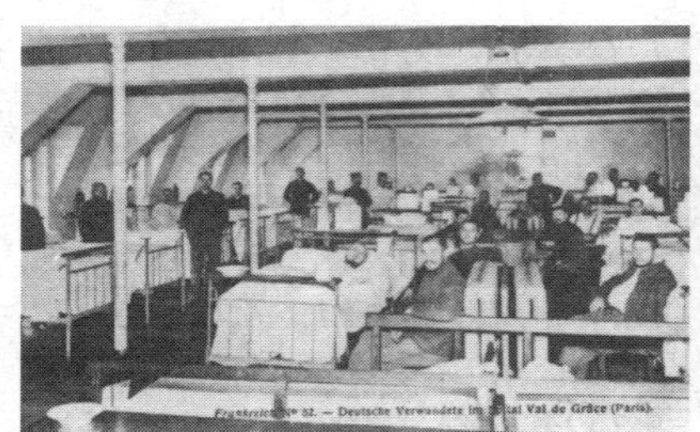

图 14 -5　战俘

左图：第一次世界大战中，在法国 Val de Grace 医院中接受治疗的德军战俘。［图片出处：ICRC ARCHIVES（ARR）］

右图：家人迎接在越南战争中被北越俘虏并关押的美军军官。（图片出处：AP/Aflo）

拥有强大**正规军**的国家通常将战斗员和战俘的资格限定在正规军人员范围内。但是没有强大正规军的国家却主张扩大战俘的资格范围。如果战俘资格范围被扩大，那么就可以保护除正规军以外更多的人。另外，正规军以外的人员多数不穿着制服或佩戴标志，因此很难与平民进行区分。如果推动将对此类参加敌对行为的人员认定有战斗员资格和战俘资格的话，那么有可能会造成误伤平民的情况变多。

《海牙陆战公约附属章程》（1899 年，1907 年）对正规军官兵不附加任何条件便认可其战俘资格，但是对于**民兵**和**志愿军**，则在满足以下四项条件之后才会被认定战俘资格：①由一个对部下负责的人指挥；②有可从一定距离加以识别的固定明显的标志；③公开携带武器；④在作战中遵守战争法规和惯例。而民众抵抗者只需要满足③和④两个条件便可以被授予战斗员和战俘资格。

《关于战俘待遇之日内瓦公约》（1949 年）中，将上述四条战俘资格规定扩大到包括有组织之抵抗人员。此外，根据日内瓦各公约第一附加议定书，将一直被视为非国际性武装冲突的殖民地独立斗争等民族自决团体的斗争定义为国际

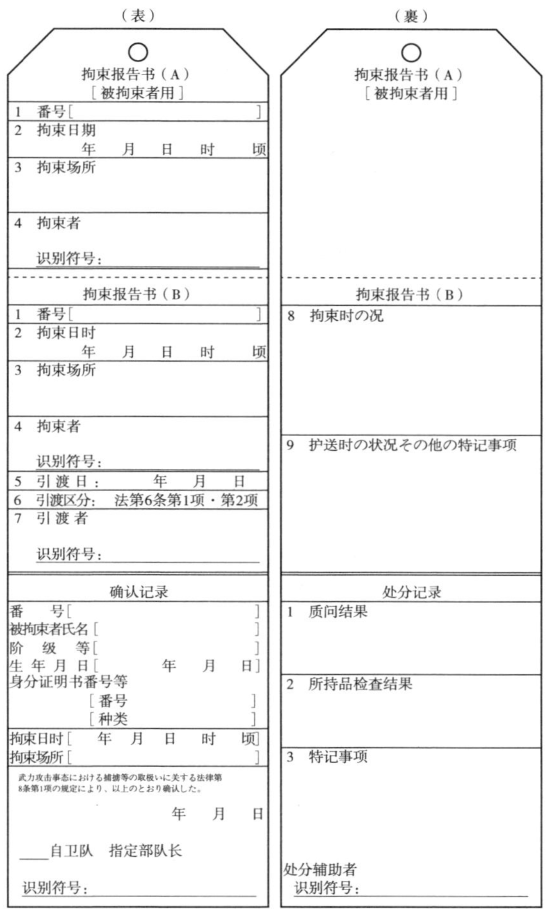
（表）

拘束报告书（A）
［被拘束者用］
1 番号［　　］
2 拘束日期
年　月　日　时　顷
3 拘束场所
4 拘束者
识别符号：

拘束报告书（B）
1 番号［　　］
2 拘束日时
年　月　日　时　顷
3 拘束场所
4 拘束者
识别符号：
5 引渡日：　年　月　日
6 引渡区分：法第6条第1项・第2项
7 引渡者
识别符号：

确认记录
番　号［　　］
被拘束者氏名［　　］
阶　级　等［　　］
生年月日［　年　月　日］
身分证明书番号等
［番号　　］
［种类　　］
拘束日时［　年　月　日　时　顷］
拘束场所［　　］
武力攻击事态における捕虏等の取极いに关する法律第8条第1项の规定により、以上のとおり确认した。
年　月　日
____自卫队　指定部队长
识别符号：

（裹）

拘束报告书（A）
［被拘束者用］

拘束报告书（B）
8 拘束时の况
9 护送时の状况その他の特记事项

处分记录
1 质问结果
2 所持品检查结果
3 特记事项
处分辅助者
识别符号：

图 14－6　羁押报告（拘束报告书）

日本战俘等处理法实施细则规定的拘束报告书“羁押报告”（平成 17 年防卫厅训令 6 号）。对于在前线抓获的人员要填写羁押报告，之后按照战俘等处理法认定关押。

性武装冲突，同时承认了相关团体成员的战俘资格。然而，关于此类情况下区分平民的义务被放宽，因此也产生了此类规定有可能提高误伤平民危险的批评意见。

（3）平民

属于国际性武装冲突当事者的人员，可以被分为战斗员和平民。平民在定义上指除了战斗员之外的所有人员。平民的生命、身体、财产、名誉和尊严等必须受到保护，除非平民直接参与敌对行为，否则禁止武装冲突当事者对平民进行攻击。平民所受到的这样广泛的保护是基于习惯法规则确立的，条约上首先对落入敌方之手的平民规定了保护规则。

落入敌方之手的平民，指的是在武装冲突开始之后在一方当事者境内滞留的另一方当事者的平民或**占领地居民**。为避免在此类敌方统治地区的平民遭受虐待，第二次世界大战结束后制定了《**战时保护平民之日内瓦公约**》(1949年)。

平民保护，同时也保护处于武装冲突中一方当事者控制下的属于己方的平民。也就是说，武装冲突的一方当事者要保护己方平民不受另一方当事者的攻击。除了平民本身不能够成为攻击对象之外，对军事目标进行攻击时也不能对平民造成过分的附加伤害。关于保护不受攻击的条约制定得稍晚，是在以日内瓦各公约第一附加议定书为首的公约中被详细规定出来的。

在非国际性武装冲突中也偶尔使用平民的说法，但是在非国际性武装冲突中不存在国际性武装冲突中被认定的战斗员，因此也不存在意味着战斗员以外人员的平民。非国际性武装冲突中，主要是基于国内法和相关的人权条约来确保对相关人员的保护。作为武装冲突法的日内瓦各公约共同第三条及其第二附加议定书所规定的对于不参加敌对行为者的保护，相对适用于国际性武装冲突的规则来说是较为简单的规则。

文本框

战时心理

在武装冲突中由于敌视心理所导致的激烈行为。比如在第二次世界大战中出发前的美军轰炸机飞行员用白油漆等在炸弹上写有“TO THE WARLORDS OF JAPAN，WE HAVE NOT FORGOTTEN AND THE B－29s WILL REMIND YOU AGAIN AND AGAIN AND AGAIN（敬告日本军阀，我们不忘耻辱，B－29会令你们不断觉悟，”之类的语句。(《20世纪全记录クロニック》，讲读社，1987年，第653页)

文本框

第三方确保执行

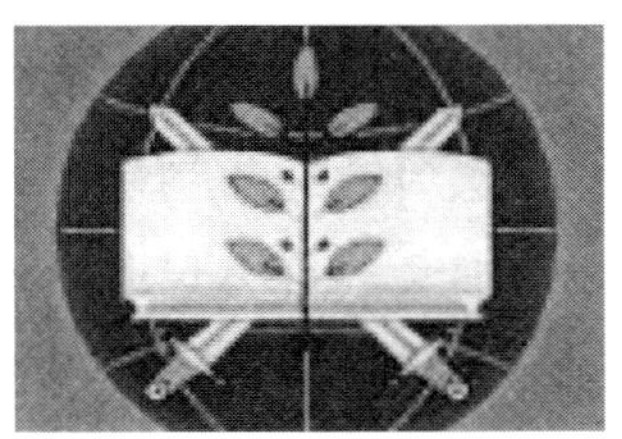

IHFFC 徽章（提供：IHFFC）

作为武装冲突当事国以外的执行确保手段，当事国通过利益保护国或者由独立个人组成的国际调查委员会来进行事实调查的制度。不过，两种制度都无法充分发挥作用。**国际实况调查委员会**（IHFFC）根据日内瓦各公约第一附加议定书第 90 条于 1992 年成立，但是至今没有调查实绩。

5　武装冲突法的遵守

（1）报复

和其他国际法领域一样，确保对武装冲突法义务的遵守，主要靠自力行为。这与在追究对方不法行为的国际责任，谋求赔偿等却无法得到对方回应时所采取的对抗措施一样。为确保武装冲突法上的义务能够被遵守，**报复**作为确保手段（履行确保手段）的地位非常重要。所谓报复是指在对方违反武装冲突法时，对其进行同样的违法行为，通过对对方造成同样伤害来促使对方回头遵守法律的做法。

武装冲突中由于受到异常心理状况的控制，因此被报复的国家可能会再次施以报复进行对抗，以此发生连锁反应。而且，如果对方最初的违法行为是向己方平民进行攻击，那么作为报复的对象，己方也将向对方平民实施攻击，这样的话就会出现对方原本对于违法行为不承担任何责任的平民遭到攻击这样不合理的结果。为此，日内瓦各公约第一附加议定书规定，禁止将此类受条约保护的对象列为报复的实施对象。然而，由于可以指望通过报复手段达到立即终止对方违法行为的即时性效果，因此，很多国家保留在别无其他方法时进行报复的权利。

（2）战争罪惩处

所谓**战争罪**，指违反武装冲突法的行为人实施的可以被追究刑事责任的行为。武装冲突当事国理所当然地可以基于本国刑法对敌国官兵的战争罪行进行惩处。不过，有观点认为战争罪已经是超越了武装冲突当事国法益，而对各国共同法益以及国际社会全体法益的侵害。对于日内瓦各公约第一附加议定书的**重大破坏行为**，也就是说对这些公约所保护的对象进行的杀伤和毁坏行为即构成此类犯罪。此类犯罪可由非武装冲突当事国对其进行惩处。

20 世纪 90 年代以后，针对国际社会全体关注的战争罪，加之**灭绝种族罪**（Genocide）、**危害人类罪**以及**侵略罪**进行惩处的国际性刑事法院被陆续建立。这是因为通过各国对战争罪进行惩处的实效乏善可陈，更多的时候国家会包庇本国国民，因而强调通过国际性法院对于此类犯罪进行惩处的必要性以及促成的结果（参照**第九章**）。

6　中立法

（1）中立的概念和中立义务

武装冲突的存在也会影响到当事国与非当事国之间的关系。在不使用武力原则确立之前，在国际法上，当发生战争的时候没有派遣军队参加战争的第三国自动成为不偏不倚地对待当事国双方的中立国。规范这样的当事国与中立国之间关系的国际法便是中立法。

中立国面对战争全体当事国时受容忍、防止和不作为等三种中立义务约束。**容忍义务**指中立国有义务容忍当事国在武装冲突法和中立法范围内对中立国造成的损害。**防止义务**指中立国有义务防止其领域被当事国用以开展作战行动。**不作为义务**指中立国有义务不对当事国进行援助。除本国遭受攻击之外，在任何国家间发生的战争中均遵守中立义务，而且其中立地位被条约所保障的国家称为**永久中立国**。

（2）现代的武装冲突中非当事国的地位

随着不使用武力原则的确立，以战争合法性为前提展开的中立法也失去了继续存在的可能。也就是说，作为使用武力违法化的结果，如果发生武装冲突的话就意味着至少其中一方当事国违法使用了武力，不偏不倚地对待这样的国家与行使自卫权的国家在事实上是存在困难的。当联合国安理会认定其中一方当事者为和平破坏者或侵略国时则更加如此。

原本不参与别国之间的武装冲突是一种明智之举，而且安理会也几乎不对破坏和平或侵略行为作出认定。从法律上来说，今天在武装冲突中第三国仍然可以选择中立。此外，也出现了一些虽然不投入军队参与武装冲突，但是不站在中立立场上而是对某一方当事者进行援助的**非交战国**。这些非交战国在国际法上的地位依然有待明确。

文本框

阿拉巴马号案

在法国沿岸交火的阿拉巴马号和基萨奇山号

（图片出处：Library of Congress）

美国南北战争时期，南部邦联（南军）向英国的民间造船厂订购了一艘军舰——阿拉巴马号（CSS *Alabama*）。北部联邦政府（北军）要求英国不要向南军移交该军舰，但是军舰秘密离港。在这之后，该舰屡屡取得破坏海上贸易的战果，但是最终被北军军舰基萨奇山号（USS *Kearsarge*）追击至法国沿岸处击沉。

战后美国指责英国没有防止阿拉巴马号离港，双方于 1871 年签订华盛顿条约决定将争端提交仲裁。在日内瓦成立的**阿拉巴马案**仲裁法庭于 1872 年做出裁决，认定英国违反中立义务并命其支付赔偿金。南北战争中南军被认定为交战团体，因此中立法适用于英美两国之间。这一判决明确了有关中立法内容的华盛顿三原则。同时从通过诉讼解决重大争端以及法庭基于国际法做出裁决的角度来说，此案推动了国际诉讼的发展。

7　军控法

（1）武装冲突法和军控法

武装冲突法对于武器进行的控制往往限定于武器的使用，原则上不涉及特定武器的保有。武装冲突法伴随武装冲突的发生而开始适用，与和平时期保有武器等问题毫不相关。此外，武装冲突法允许报复行为，允许使用违法的武器对同样使用违法武器的行为实施反击，这也对确保履行不保有相关武器的义务造成障碍。譬如 1925 年《毒气议定书》对毒气的规定，在规定禁止使用的同时并没有规定禁止保有。

不过对于武器的质量和保有量进行限制的话，不仅可以在发生武装冲突的时候减少损失，同时也可以在和平时期发挥促进缓解紧张关系以及和平解决争端的作用。为此，逐渐出现了对某些武器的保有进行限制的条约。

（2）裁军和军备控制

对于武器的保有限制，可以分为先进行阶段性限制并逐步达成最终全面销毁某种特定武器的目的，以及通过互相限制保有并以此实现相关国家关系稳定化等两种目的。前者被称为**裁军**（disarmament），后者被称为**军备控制**

(arms control)。

裁军思想倾向于认为，没有武器就没有战争，因而可以实现争端的和平解决，为此要通过加强并有赖于联合国集体安全保障体系来保障各国安全；并体现对于个别国家持有某种武器可能引发危险的顾虑。军备控制的思想认为战争的原因并不必然在于保有武器，还由于多边安全保障制度的不完善，因而重视在实行保有限制的同时也要确保军力均衡以及完善核查制度等对于安全的保障。虽然相对来说有区别，但事实上区别并不严格。

（3）大规模毁灭性武器

在裁军方面，核武器等具有强大毁灭性的武器最受瞩目（图 14-7）。虽然基于核遏制战略的考量，保有核武器是有必要的，但是国际社会一直以来都谋求设定核武器保有国的限制以及防止向其他国家扩散核武器。

图 14-7　核武器

左图：1945 年 8 月美军 B-29 重型轰炸机在广岛投下原子弹五分钟后拍摄到的蘑菇云。爆炸强度相当于 10—20 千吨 TNT 当量，爆炸威力可以完全摧毁一座中等规模城市。（摄影：美军。提供：广岛和平纪念资料馆）

右图：苏军的轻型轰炸机及其搭载的核弹。原本只有大型飞机可以搭载的核弹也可以小型化。20 世纪 50 年代已实现可以用战术飞机运载核弹。图中核弹重量为 1.2 吨，爆炸威力相当于广岛原子弹的两倍，约 30 千吨当量。（图片出处：《ヤゴヴレフYak-25/Yak-28)》，（世界杰作机 159 号，文林堂，2014 年，第 3 页。© Yefim Gordon）

战略核武器主要依靠洲际弹道导弹（ICBM）以及潜射弹道导弹（SLBM）和轰炸机来进行投放。SLBM 多以压缩气体将弹体弹出水面后点燃火箭发动机的方式发射。美、俄、英三国的 SLBM 都最多可以搭载十枚核弹头，并分别打击不同地面目标。在遭受首轮核打击之后，较易幸存的 SLBM

可以用来进行核反击。作为核反击的二次核打击在首轮核打击为违法使用武力的情况下，可以被认为是武装冲突法中规定的报复行为。

对于用于测试核武器可靠性的核试验，**大气层内核试验**在条约上最早于1963年被《**部分禁止核试验条约**》所禁止，不过法国和中国当时并没有加入。美苏之间也曾试图针对限制地下核试验进行过持续的磋商。1996年《**全面禁止核试验条约**》虽然已经制定通过，但是其生效还有待有核国家之外的拥有一定核武器开发能力的国家批准。

关于核武器问题，美国和苏联之间曾尝试通过像**限制战略武器谈判**那样缔结协议，对弹头数量和运载手段进行限制。此外，为了防止出现新的有核国家，1968年缔结了《**不扩散核武器条约**》。《不扩散核武器条约》规定，有核国家有义务不向其他国家转让核武器，同时非有核国家在不获取核武器方面要接受**国际原子能机构**（IAEA）的核查。法国和中国在这之后参加了条约，并于1995年决定将该条约无限期延长。

也有条约对核武器部署进行地理性的限制。《**南极条约**》、《**外层空间条约**》以及《**禁止在海底试验核武器条约**》都对核武器的部署进行了限制。同时，拉丁美洲、南太平洋、东南亚、非洲以及中亚地区也有类似的区域条约。此外，近年来对于恐怖分子获取核武器的担忧越来越严重。为此，联合国**安理会**基于**第1540号决议**（2004年）要求各国对此采取必要的国内措施。

虽然围绕核武器存在大量有关裁军和军控规则的条约，但是对于此类问题，ICJ在1996年发表的**关于核武器合法性的咨询意见**中表示，各国不仅要展开全面性核裁军谈判，还有义务对此问题达成一定结论。这一点值得注意。2014年，马绍尔群岛主张《不扩散核武器条约》以及习惯法中存在核裁军的义务，并以此为理由向ICJ起诉有核国家违反国际法。

关于生物武器，1972年《**禁止细菌（生物）及毒素武器的发展、生产及储存以及销毁这类武器的公约**》对其从开发阶段起便进行了禁止。而关于化学武器，1993年《**关于禁止发展、生产、储存和使用化学武器及销毁此种武器的公约**》除使用之外还加入了作为裁军性措施的从开发到保有的禁止，并规定对现有化学武器进行销毁和核查。

（4）常规武器

除核生化武器等大规模毁灭性武器之外的武器被称为常规武器。在核武器出现之前的世界中，拥有战略意义的海军军备便受到过限制。在两次世界大战的间歇期，就曾经签署过华盛顿和伦敦两个**《海军军备条约》**（1922 年，1930 年）。此外，**潜水艇**曾经因为其对海上通商的威胁而被试图制定相关条约将其与**毒气**等并列为危害人类的武器而全面销毁，但最终也没有实现。

第二次世界大战后，虽然核裁军成为主要问题，但是在冷战结束后的欧洲也看到了削减常规武器的动向。1990 年欧洲缔结了《**欧洲常规武装力量条约**》。然而，关于常规武器裁军的条约仍然是凤毛麟角。至于有关那些因为危害人类而被禁止使用、同时被禁止保有的常规武器的公约，也仅止于 1997 年的《渥太华公约》（对人地雷）和 2008 年的《集束弹药公约》了。2013 年制定的《**武器贸易条约**》也仅仅是着眼于防止常规武器的非法交易，而没有对用于国家军队的常规武器的保有和进出口加以限制。

参考文献

· 竹本正幸：《国際人道法の再確認と発展》，東信堂，1996 年。
· 藤田久一：《国際人道法（新版再増補）》，有信堂高文社，2003 年。
· 村瀬信也 = 真山全編《武力紛争の国際法》，東信堂，2004 年。

参考文献

虽然本书在各章末尾均罗列了参考文献，但是在此我们还是将对学习国际法有所帮助的教材作为主要参考文献再一次介绍给各位读者［此处罗列的为过去五年（2012 年以后）较具代表性的教科书和条约集］。

◆教材等

・浅田正彦編著『国際法〔第三版〕』（東信堂、2016 年）

・植木俊哉編『ブリッジブック国際法〔第三版〕』（信山社、2016 年）

・大森正仁編著『よくわかる国際法〔第二版〕』（ミネルヴァ書房、2014 年）

・杉原高嶺『基本国際法〔第二版〕』（有斐閣、2014 年）

・杉原高嶺『国際法学講義〔第二版〕』（有斐閣、2013 年）

・杉原高嶺ほか『現代国際法講義〔第五版〕』（有斐閣、2012 年）

・中谷和弘ほか『国際法〔第三版〕』（有斐閣、2016 年）

・森川俊孝＝佐藤文夫編著『新国際法講義〔改訂版〕』（北樹出版、2014 年）

・森川幸一ほか編『国際法で世界がわかる——ニュースを読み解く32講（岩波書店、2016 年）

・柳原正治＝森川幸一＝兼原敦子編『プラクティス国際法講義〔第二版〕』（信山社、2013 年）

・柳原正治＝森川幸一＝兼原敦子編『演習プラクティス国際法』（信山社、2013年）

・柳原正治『国際法』（放送大学教育振興会、2014年）

・山形英郎編『国際法入門——逆から学ぶ』（法律文化社、2014年）

◆条约集

・岩沢雄司編集代表『国際条約集』（有斐閣、毎年刊行）

・薬師寺公夫＝坂元茂樹＝浅田正彦編集代表『ベーシック条約集』（東信堂、毎年刊行）

・位田隆一＝最上敏樹編修代表『コンサイス条約集〔第二版〕』（三省堂、2015年）

・芹田健太郎編集代表『コンパクト学習条約集〔第二版〕』（信山社、2014年）

◆词典

・国際法学会編『国際関係法辞典〔第二版〕』（有斐閣、2011年）

・高橋和之ほか編集代表『法律学小辞典〔第五版〕』（三省堂、2014年）

・筒井若水編集代表『国際法辞典』（有斐閣、1998年）

◆判例集

・小寺彰＝森川幸一＝西村弓編『国際法判例百選〔第二版〕』（有斐閣、2011年）

・杉原高嶺＝酒井啓亘編『国際法基本判例50〔第二版〕』（三省堂、2014年）

・松井芳郎編集代表『判例国際法〔第二版〕』（東信堂、2006年）

图表一览

索　引

关键词

外　文

中 文

图书在版编目（CIP）数据

图解国际法 /（日）加藤信行等编著；张诗雰译
. -- 北京：社会科学文献出版社；南京：南京大学出
版社，2021.5（2024.12 重印）
（阅读日本书系）
ISBN 978 -7 -5201 -7884 -6

Ⅰ.①图… Ⅱ.①加… ②张… Ⅲ.①国际法 - 图解
Ⅳ.①D99 -64

中国版本图书馆 CIP 数据核字（2021）第 026347 号

·阅读日本书系·
图解国际法

编　　著 /［日］加藤信行　植木俊哉　森川幸一　真山全　酒井启亘　立松美也子
译　　者 / 张诗雰

出 版 人 / 冀祥德
组稿编辑 / 刘骁军
责任编辑 / 易　卉　梁力匀
责任印制 / 王京美

出　　版 / 社会科学文献出版社 · 法治分社（010）59367161
地址：北京市北三环中路甲 29 号院华龙大厦　邮编：100029
南京大学出版社
地址：南京市汉口路 22 号　邮政编码：210093
发　　行 / 社会科学文献出版社（010）59367028
印　　装 / 三河市龙林印务有限公司

规　　格 / 开　本：787mm × 1092mm　1/16
印　张：20.75　字　数：316 千字
版　　次 / 2021 年 5 月第 1 版　2024 年 12 月第 3 次印刷
书　　号 / ISBN 978 -7 -5201 -7884 -6
著作权合同登记号 / 图字 01 -2021 -1505 号
审 图 号 / GS（2021）2723 号
定　　价 / 98.00 元

读者服务电话：4008918866